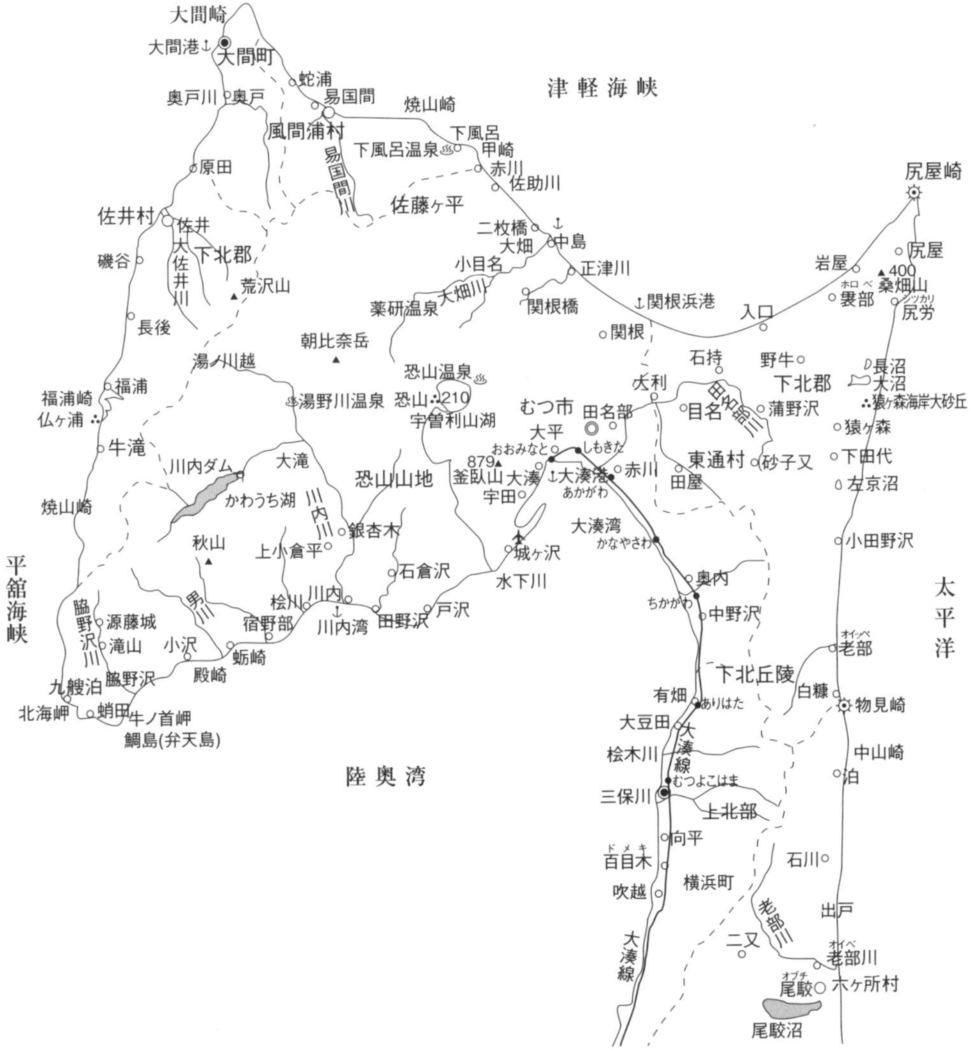

大間崎
大間港
大間町
蛇浦
奥戸川
奥戸
易国間
焼山崎
津軽海峡
風間浦村
下風呂
易国間川
下風呂温泉
甲崎
赤川
原田
佐助川
佐藤ヶ平
尻屋崎
佐井村
佐井
二枚橋
中島
大畑
尻屋
下北郡
大佐井川
磯谷
小目名
正津川
岩屋
400
荒沢山
桑畑山
大畑川
褁部《ホロベ》
関根浜港
薬研温泉
関根橋
尻労《シツカリ》
入口
長後
朝比奈岳
関根
石持
野牛
湯ノ川越
恐山温泉
長沼
大利
下北郡
大沼
福浦
湯野川温泉
恐山
210
田名部
田名部川
猿ヶ森海岸大砂丘
福浦崎
むつ市
目名
蒲野沢
仏ヶ浦
宇曽利山湖
大平
猿ヶ森
牛滝
おおみなと
しもきた
879
東通村
下田代
川内ダム
大滝
釜臥山
大湊
大湊港
赤川
砂子又
宇田
あかがわ
田屋
左京沼
恐山山地
焼山崎
かわうち湖
川内川
大湊湾
銀杏木
かなやさわ
小田野沢
秋山
上小倉平
城ヶ沢
石倉沢
平舘海峡
奥内
太平洋
水下川
脇野沢川
桧川
川内
男川
戸沢
ちかがわ
中野沢
源藤城
宿野部
川内湾
田野沢
老部《オイッペ》
滝山
小沢
蛎崎
下北丘陵
脇野沢
殿崎
白糠
九艘泊
有畑
ありはた
物見崎
北海岬
蛸田
牛ノ首岬
大豆田
鯛島(弁天島)
大湊線
中山崎
桧木川
泊
陸奥湾
むつよこはま
三保川
上北部
向平
百目木《ドメキ》
石川
横浜町
吹越
出戸
老部川
大湊線
二又
老部川《オイベ》
尾駮《オブチ》
六ヶ所村
尾駮沼

▲下北半島全図

下北半島の法社会学

〈個と共同性〉の村落構造

林 研三

法律文化社

目　次

第Ⅱ部　漁撈社会における〈法と慣行〉

第Ⅲ部　漁撈社会における〈個と共同性〉

序章　村落構造論──ムラと村──

はじめに

農漁山村と言えば「故郷《ふるさと》」をイメージする世代は，戦後の「団塊の世代」に多いのであろうか。かつてはその世代を含め多く者が帰省する先には田畑が広がり，あるいは潮の香りが漂っていたのであろう。今や「団塊の世代」の多くは定年退職を迎え，自らの家が子の帰省先となっている者もいよう。その一方で，かつての「故郷」のなかには過疎化・高齢化にさいなまれ，忘れ去られようとしている村もあるのかもしれない。しかしながら，そういった村の構造，村の仕組みから，現在の我々が学ぶべき点は少なくないのではなかろうか。

村の構造や仕組みは「村落構造論」として論じられてきたが，「村落構造論」における村落は，「行政単位としての村」ではなく，主として「生活協同体としての村[1]」を意味していた。両者はしばしば「村《そん》」と「ムラ」という語彙によっても区別されることが多い。それでは，ムラとは何であろうか。ムラの定義はいまだ十分に確立されてきたとは思われないが，ここでは一応，家々が一定のまとまりを有し，何がしかの封鎖性を伴っている集落であるとしておこう。その構成戸数も画一的な規準はなく，おおむね10戸前後から数十戸程度の場合が多かろう。このようなムラがなぜ現在においても存在しているのか（すでにムラは解体したという意見もあるが）に関しては，多少とも日本の明治時代以降の地方制度史を振り返らなければならない。

江戸時代には，領主が年貢や諸役を村（藩制村）単位で徴収，賦課していたこともあり，村は生活・生産上の一定のまとまりを有していた。それ故，このような村を「自然村」と呼ぶこともある[2]。明治時代になって，地方制度はいくつかの変遷を経たが，明治22（1889）年施行の町村制によって，現在の村・行政村の基礎ができあがった。この村はそれまでの藩制村のいくつかをまとめて一つにした場合が多かったのである。しかし，旧来の藩制村が一片の法規によって，すぐさまそれまでのまとまりを消失したわけではない。それらの多くは「大字」，「字」として行政村のなかでの「生活協同体」として存続していった。

この藩制村である「大字」，「字」がおおむねムラに該当する場合が多いが，なかには藩制村がいくつかのムラから成立していた場合もあるし，また「大字」自体が，複数の藩制村（ムラ）の合併である場合もある。ムラの範域はそれぞれのムラ単位で異なっていると言ってもよい。したがって，このようなムラの範域や仕組みを知るには，そのムラでの実態調査が不可欠になる。

村落（以下，本書では村落をムラと同じ意味で使用する[3)]）調査は，戦後の一時期には法社会学研究の主たる領域を占めていた。その理由としては，次の二つが考えられる。まず，戦前からの日本の法社会学がオイゲン・エールリッヒの影響を多分に受けていたこと，とりわけ彼の「生ける法」理論の影響が大きかったという学問的伝統があげられる。第二は，戦後の憲法をはじめとする各種の法制度の民主的改革によって，国家法と現実生活（特に村落社会での）の乖離が大きくなり，後者のなかに潜む諸慣行・習俗を批判的に捉える必要が出てきたことである。その方法論自体にはいくつかの問題があったが，当時としては，この実践的課題を受けて村落調査は行われていた。

現在，「生ける法」の調査研究は農山漁村での入会権や漁業慣行等の個別分野において継続されているが，村落構造論自体は多くの法社会学者の関心をひくものではなくなっている。しかし，研究者の関心が他の領域に移行し，都市住民から忘れ去られていく村落があったとしても，わが国のすべての村落が消滅したわけではない。確かに，村落生活は，戦後，あるいは高度経済成長以後変貌し，現在もその変貌は継続していよう。このことをもって村落の解体・消滅を論ずるのはたやすいが，その際にはこの村落・ムラとは何であるかが予め了解されていなければなるまい。そのためには，少なくとも戦後の法社会学や社会学において，村落がどのように論じられてきたかを概観することが必要であろう。

1　村落類型論——学説史的回顧

戦後村落研究の特色の一つは，日本村落の類型化を図ってきたことである。

社会学では，有賀喜左衛門による家連合論を継承した福武直の同族的村落と講組的村落の二類型論があげられる[4]。他方，法社会学では，戦前の戒能通孝による「行政単位としての村」と「生活協同体としての村」，戦後では磯田進の家格型村落と無家格型村落[5]，川島武宜の家凝集的村落と家拡散的村落[6]，さらに江守五夫の同族制村落と年齢階梯制村落[7]等があげられよう。また，川島はこの二類型論とともに，身分階層制概念によって農村の社会構造の把握を目指している[8]。これらのうち，戒能の類型は，上記でも言及したように，行政村とムラの区分として考えられるものであろう。江守の村落類型論は，民族学の成果をとり入れるとともに，後述のように磯田と川島の類型論の整合化を図ったものである。よって，以下では磯田，川島の村落構造論を中心にそれぞれ簡単にまとめてみよう。

法社会学での村落構造論は，村落秩序を身分的支配関係として把握する点にその特色があった。磯田は村落構成員の属する家の家格に注目した。彼は「家格制」の本質として，次の２点を掲げる。①特定村落に居住する人々の社会的，政治的価値が，その者の属する「家」の価値によって決まること，②その「家」の価値評価は，超世代的に固定化されていること。そして，この家格差は言語関係，通婚範囲，儀礼時の席順等に反映している。例えば，家長や父に対する呼称は，家格の差によって明らかに異なるし，通婚圏も階層内婚の傾向が見られる。また，上層の家格に属する若者と下層の家格に属する老年者が同席しても，前者が上座をしめるのである。

さらに，この家格制は単なる層対層の上下関係として存するだけでなく，その層の構成単位である個人の個人対個人の支配関係によって裏打ちされているとする。この上下・支配関係をもたらしているものとして，本分家関係と地主小作関係をあげる。そして，この双方の関係が重複して作用している場合を「同族型」とし，地主小作関係のみによって支配関係が形成されている場合を「非同族型」として，これらを家格型村落の下位区分として位置づけている。「非同族型」においては，土地関係を媒介とする支配関係に組み入れられない部分—自作農—が存在することになるが，磯田はこれを補うものとして擬制的親子関係を持ち出すのである。

すなわち，島根県邑智郡都賀行村大字潮では，自作農である中層の家格の者が，上層の地主や下層の小作農とそれぞれケーヤクオヤ・コ関係を締結し，これが地主小作関係の間隙をうめているとする。つまり，擬制的親子関係が本分家関係に代位し，村落構造に「スジガネをいれる」ことになるのである。さらに，「同族型」においても擬制的親子関係が本分家関係と重複し，後者を前者が補充する機能を営むことを，山梨県北都留郡桐原村大垣外のオヤブン・コブン関係において例証している。

磯田の村落構造論は，当該村落全体をおおう身分的ヒエラルヒーを確立することに主眼がおかれており，また村落の構成単位としては，家ではなく，そこに居住する個人を考えていることが留意される。このことは，上記の家格制の定義①が村落内での居住者個人の価値，位置づけに焦点があること[9)]，さらに日本の伝統的家族関係の特質を個人としての各家族員の独立主体性の希薄さに求め，これに準ずるものとして擬制的親子関係を捉えていることから見て取れよう。

このような家格型村落に関しての説明に比較すれば，無家格型村落についての彼の論述は少なく，その理論的深化はさほどみられなかった。無家格型村落は家格型村落の反措定として位置づけられているようであり，それ独自の構造原理の提唱はないといってもよいのかもしれない。また，磯田の類型論では村落構造の「原型」抽出に焦点がおかれ，それ故，比較的僻遠な村落があえて調査対象に選ばれていることにも注意したい。

これに対して川島は，磯田の家格概念を身分階層制概念によって捉え直すことによって，むしろその動態的把握を目指している。川島は，この身分階層制を，支配従属の個人的関係の連結体であるヒエラルヒーや，生産手段の所有とそれに基づく収取関係を中核とする階級と区別して用いている。すなわち，身分階層は村人自身の評価による「顔」prestigeと「格」rankの分化によって成立するものであり，家格の横断的階層であるとする。

この農村の身分階層制は，「村落協同体秩序」そのものであり，地主による小作支配を維持し，その対抗関係を隠蔽する機能を有している。川島はこの「村落協同体秩序」を，その構成員が当該村落生活集団に埋没し，同一の価値観，感情等を有しながら，同型の行動様式をとることを期待されている秩序であるとしており，それを「帰一の原理」と呼んでいる。川島によれば，このような

「帰一の原理」は伝統的家族集団においても見られるものであり，それ故，村落と家族の秩序は相同性を帯びていることになろう。むしろ家族の秩序原理が家族外社会としての村落社会に拡大したものとして捉えられている。

身分階層制の村落内での基礎としては，第一次要因としての土地（耕地）と家系，第二次要因としての権力，役職，土地以外の財産，親族的つながり，第三次要因としての親分子分関係，親族関係以外での人的つながり，個人的資質があげられている。これらは第三次要因が第二次要因を規定し，第二次要因が第一次要因を規定するだけでなく，それらが重畳的に相互に規定し合う関係を有している。第一次要因としての土地は，耕地経営規模ではなく，耕地，特に水田所有面積を意味し，これが階層分化要因として重要な意義を有している。この点は身分階層制と地主小作関係との重複を想起させよう。また家系が第一次要因として掲げられているのは，「古い」ということがそれ自体価値を有する伝統主義的価値観が大きく作用している結果である。

さらに，村落外要因としては，国家権力による各種の政策，イデオロギーの強行を川島はあげている。このような村落内外の要因は，政治的，経済的，法的諸条件による可変要因であり，相互に連動している。それらが連動していることは，一つの要因の変化が他の要因にも影響を及ぼすことになろう。そのため，身分階層制は固定的には把握されておらず，種々の要因の量的均衡のもとで成立しているのである。川島の身分階層制は戦前の農村をモデルとしているが，種々の変動を経た戦後の農村では，自ずと変化がみられることはいうまでもない。

この身分階層制とは別に，川島は家凝集的村落と家拡散的村落という村落類型を掲げている。家凝集的村落とは，村落員の生活が強力な家長権によって支配されている家族集団を単位として営まれ，村落内の各戸が封鎖的性格を有している村落である。家拡散的村落とは，各戸での家長権が弱く，むしろ家は開放的な性格を有しており，人々の生活が家族集団外の組織・秩序によって直接規定されている村落である。生業形態からすれば，家凝集的村落は農村に多く，家拡散的村落は漁村に多いという。

川島は，先の身分階層制とこの村落類型を「別の平面で問題としたい」[10]と述べており，両者の直接的関連性はないのかもしれない。確かに，身分階層制の形成，変容については，村落社会の内外の要因が列挙されており，この概念自体が村落のみに限定されず，行政村や日本社会全体に適用し得るものとして構想されている。これに対して，性格を異にする二つの家——村落類型論の指標となっている——は，ムラ内での各身分階層ごとのsubcultureとしての様相をも帯びている。そのため，双方の家が同一村落においても，各階層ごとに存続し得ることになろう。そして，このような家を規定するものは，財産と労働であるとされているのである。

すなわち，家長自身の支配する財産が他の家族員の生活を左右し得るものであるか否か，さらには，家族員の生活維持のための労働形態如何が，当該家の性格を規定するという。そうであれば，身分階層制のもとでの下層農民の多くが小作農であったことは，彼らの家長の支配する財産が住居以外はほとんどなく，家族員の生活を左右する財産を当該家長自身が有していなかったことを意味しよう。この点は，漁村での，地先海面の専用漁業権や戦後の共同漁業権に依存していた漁民とも共通しよう。川島が，下層農民やこのような漁民に開放的な性格の家の存在を認める余地があるとしているのもこの点からではなかろうか。

以上の磯田と川島の村落類型論の図式化を図っているのが，江守五夫である。江守は家格型村落／無家格型村落と家凝集的村落／家拡散的村落の整合性を求めているのであるが，その前提は村落構造と家族構造の対応性である。家格型村落や家凝集的村落においては，そこに存する家族はいずれも家長権が強く，家父長制家族と規定し得るものであり，無家格型村落や家拡散的村落では家父長制の未成熟な家族が対応するという。そして，同族制村落と年齢階梯制村落を両極とする村落類型論を提唱するのである。

同族制村落では，本分家関係を基軸とするため，各戸間での父系的親族関係が強くなり，上層，下層を問わず，どの家においても家長権は強大である。特に，下層農民のもとでは，全家族員の協同労働によってのみその生活が維持できる状態であるからこそ，家長が他の家族員の労働を厳しく統制する必要があったと考えるのである。他方で，年齢階梯制村落では，村落内での年齢集団の力が強く，各戸での家長権を上回る場合が多い。この一例として，家長の婚姻統制権があげられている。同族制村落では，子の婚姻に際しては，家長の意向が大きく影響するが，年齢階梯制村落では，若者組の力によって家長の意向が無視される場合もあるという。

江守の村落類型論の特質としては，次の二点があげられる。第一は，村落構造論での家格制や身分階層制に関しては，川島が言及していた国家権力の関与を捨象しているということ，第二は，家族・親族・婚姻慣行との対応性を重視し，そこからの村落構造を展望するというスタイルをとっていることである。第一の点は，磯田が村落構造の「原型」検出に焦点を合わせていた傾向を継承しており，第二の点は彼の民族学的視点が顕緒に見いだせる点であろう。そして，第二点は第一点と連動していることはいうまでもない。国家権力の関与を一応捨象した次元での村落秩序は，いわば「生ける法」によって構成されることになり，家族・親族・婚姻慣行が小宇宙としての村落内で，その構造原理におおむね沿うように実践されるのである。

ともあれ，ここではこれら三者の村落構造論を取りあげてみた。これ以外にも，山村構造の類型化[11)]をはじめとするいくつかの注目すべき村落類型論が提唱されているが，紙幅の関係上省略せねばならない。総じて，1960年頃までの法社会学の村落構造論では，前述したように，村落内での支配関係の摘出とその批判的分析に精力がそそがれていたようである。そのため，同時期の農村社会学や経済史学で論じられた「共同体」論については，村落構造論の次元ではさほど問題とされていなかったようである。

2　村落社会の諸相

川島武宜は身分階層制を論じるに際して，これが村落内の対立関係を隠蔽している状態を指して「帰一の原理」と呼んだ。これは対内的道徳と対外的道徳の峻別を伴う原理である。この対内的道徳の支配は，その構成単位が何らかの形態によって結合していることを意味する。身分的支配関係はこの結合関係の一つの様相として考えられる。しからば，戦後改革によって身分的支配関係としての結合関係が消失したとしても，他の形態による結合関係自体が現在も存続していることは十分に考えられよう。対内・対外の峻別による村落の封鎖性は，対内的結合関係の存続とともに現存していることもあり得る。本節では，この結合関係のありようを，若干の事例分析のなかで検証してみることにする。

【事例1】 滋賀県旧八日市市（現東近江市）上羽田町北方《きたかた》

北方居住戸は34戸であり（1986年現在），行政上の区を形成しており，水田耕作を中心とする平野農村である。34戸のうち4戸は戦後の転入戸である。これらをのぞく30戸のなかでは，本分家関係をはじめ過去4世代間の通婚・養取による親族関係が錯綜している。しかし，本分家関係は他の親族関係に包含され，これに伴う支配従属関係は往時においてもさほど見られない。当地では，年数回の寄り合いがソグラと呼ばれる集会所で開催されている。これとは別に毎年1月10日に「神事《しんじ》」と呼ばれる寄り合いが，各戸を会場として開かれている。この会場となる家をトウヤと呼ぶ。「神事」に出席する者は各戸の当主（男）であり，その場には女は踏み込めない。またここへの出席戸31戸のみが当地のムラ構成戸として認知されている。トウヤはこの31戸の持回りである。転入戸がムラ構成戸たり得るためには，「ムラ入り」をしなければならない。ここでは，戦後の転入戸のうち1戸が「ムラ入り」をしている。「ムラ入り」のためには，一定金額の入会金の支払い，酒1升の持参，さらに当該戸当主は，その年齢にかかわらず，当地の若者集団であるワカイシに一年間加入し，かつ翌年のトウヤを勤めなければならないとされている。「ムラ入り」した家がトウヤを勤めることによって，それまでの順番は1年ずつずれることになろう。また，当地ではトナリと呼ばれ近隣関係が形成されているが，これはムラ構成戸や北方居住戸に限定されているわけではない。さらに，ソーレンシンルイと呼ばれる北方内での親類は，葬儀の合力基体を構成するが，これもムラ構成戸に限定されていない。トナリやソーレンシンルイはその家と各戸との2戸間関係の束として存在しており，恒常的集団を形成しているわけではないので，ムラの下位区分とはならない[12)]。

【事例2】 群馬県北群馬郡旧子持村（現渋川市）淵上《ふちのうえ》

当地は畑作中心の中山間農村である。居住戸は25戸（1984年現在）であるが，このうち17戸はO姓を名乗り，対外的にはO組と称されている。しかし，対内的には17戸はウエカタ7戸とシタカタ10戸に区分され，それぞれが本分家集団を形成している。これら双方の旧家からなる「元組《もとくみ》」と呼ばれる13戸の集団は，28反歩の山林原野と7反歩の田を有している。現在このO姓戸以外の家が8戸居住し，かつ「元組」結成後に分家したO姓戸も増加してきた。行政的には，隣集落である大谷戸《おおがいど》とともに一つの区を形成し，居住戸は五つの班に分かれている。淵上は三つの班に分けられているが，これらの班は，生活互助組織としての機能をも有している。本分家関係に伴う情報伝達経路も現存するが，実際の祝儀・不祝儀に際しての合力基体は班を基盤に構成されている。しかし，その班構成戸をみると，シタカタの8戸はその近隣関係もあり同一の班に加入している。ウエカタの本家を除いた6戸はシタカタ1戸と他姓戸2戸とともに一つの班を構成している。このウエカタ6戸では，最近そのなかの最も旧い分家を「本家」にみたてて，旧来と同様な情報伝達経路を班内で構成している。この班の一員が「班はイエニンズウ（家人数）である」と述べていることは，当該班が単なる行政末端組織に留まらない存在になりつつあることを示唆している。さらに隣接する大谷戸居住の2戸（シタカタの一員で近時の分家）は，淵上の班に参入しているが，他のシタカタと同じ班ではなく，他姓戸6戸とウエカタ本家とともに第三の班を構成している[13)]。

【事例1】では本分家関係はあっても，同族組織は形成されていない。むしろ過去の高い内婚率によって親族関係の錯綜が見られるが，これはムラ構成の契機にはなりにくい。なぜなら，確かに，この錯綜状況によって，当地のほとんど全ての家が縁続きとなっている。しかし，葬婚時等に見られる互助協同関係は限られた家々の間で見られ，そのような家間関係として親族関係は整序されている。つまり，当地の血縁紐帯の具現化としてのソーレンシンルイは，一定の親等内の者を含む家々からの任意の取捨選択によって構成されているのである。客観的立場から全北方居住戸間での血縁紐帯がみてとれたとしても，当事者の意識，および行為規範上は必ずしも全戸間の結合関係がそこにおいて成立しているわけではない。近隣関係としてのトナリも，中心となる家が隣接する家それぞれと別個に取り結ぶ個々の結合関係の束であり，これらの複合・累積がみられるとしても，当事者意識としてはそこからムラ（村落）が形成されていると考えているわけではない。なぜなら，ソーレンシンルイと同様トナリも，葬婚時を含む当該戸の日常生活での互助機能を有するにすぎず，ムラ全体の事項に関与しているわけではないからである。ムラ構成戸を全て取り込む結合関係としてはトウヤ制があげられるのであり，トウヤが31戸間を等しく周回することによってムラが構成されている。各戸当主が結集する毎年の「神事」は，ムラが具現化する場となるのである。

【事例2】では，ウエカタ，シタカタと呼ばれる同族組織は形成されているが，両者の間での通婚は過去4世代においてはみられないだけでなく，むしろ積極的に忌避されている。この通婚忌避において具現化している両者の対立と，「元組」を媒介とするそれらの連帯のなかで，当村落は存在していた。現在，この「元組」の存在はO組内での旧家と新しい分家との区分を現しているが，それに伴う家格差が何らかの行為規範に現象しているわけではない。しかし，「元組」13戸のうちの1戸は，比較的近時（2世代前）にシタカタ本家から直接に分家した家である。この家はシタカタ本家の意向によって「元組」に組み入れられたと言われており，この点に往時の本家の権威が示されていよう。

当地での本分家関係に伴う系譜認知は現在でも持続し，その結合関係は班との相互補完関係のなかで互助機能を有している。むしろ，班自体が本分家関係に相即するかたちで，その性格を変えてきていると言えるかもしれない。他方で，他姓戸の大半（6戸）を含む第三の班の存在は，その地理的要因によるところが大きいが，結果としてそれらをO組から峻別することになった。すなわち，上記の班別構成は旧来のウエカタとシタカタの本分家集団をおおむね維持し，その対立と連帯の構造を保つとともに，それ以外の家々を別枠に閉じ込めることになったのである。

これらの事例に共通している事象は，旧来のまとまりが多少の加工を加えられて維持されていることである。【事例1】では，戦後転入戸の「ムラ入り」を認め，トウヤ制への組み込み操作によってその封鎖性を維持した。【事例2】では行政上の末端である班別構成を利用することによって，逆に転入戸を排除した。そして，どちらにおいても，このようなまとまりの単位は家であった。村落構成員を家単位にまとめ，その家と家とを結合する契機が，【事例1】と【事例2】で異なっているにすぎないのである。

ここでは，【事例1】の結合契機をトウヤ制に求め，【事例2】のそれを班別構成に求めたい。前者のトウヤ制は「ムラ入り」した家を含め各戸間結合を直接村落へと構成していく契機であるが，当該転入戸当主のワカイシ加入を伴っていた。後者の班別構成は旧来の本分家集団を維持しつつ，各戸が転入戸とともに村落内班員として同列化する契機であるとともに，「班はイエニンズウ」という言葉は，班の構成単位を個人と見ていることにもなる。

年毎の各戸順送りであるトウヤ遂行，これを含めた「ムラ入り」儀礼を転入戸やその当主に課すこと，また班員の葬婚等に際しての互助協同を当該班の全戸に課すことは，村落内外の峻別，村落の封鎖性を現象させるとともに，転入戸と既存の家との「形式的平等性」をもたらすことになる。そして，この各戸の「形式的平等性」とともに，各戸の成員である個人が「班」構成員やワカイシの成員として，村落構成に関与している側面も上記からは垣間見えるのである。

おわりに

村落構造が，村落社会の存在を前提として，そこでの居住者を結集せしめる仕組みを意味しているとすれば，その結集単位を規定することから始められなければならない。居住者はどのような態様でもって村落構成員として統合されているのか。上記の事例からは，居住者は第一次的には家単位でまとめられ，その家と家との結合として村落が構成されていた。この第一次的結集体を家に限定することなく，年齢集団をも含めれば，年齢階梯制村落も射程に入れることが可能であろう。第一次的結集体が相互に結合し，より高次の構成としての村落を生みだすことになる。この結集体の内容，およびそれらの相互結合態様から，既述の村落類型論が提唱されてきたのである。

しかしながら，これらの村落類型は相互の比較を目的とするものである以上，その前提として一定の共通項がなければなるまい。それをここでは第一次的結集体の相互結合自体に求めたい。家格制，身分階層制，年齢階梯制は，いずれも居住者を第一次的結集体を媒介とした村落秩序に組み入れる装置であった。組み込みの規準が家格であるのか，年齢であるのかによって，当該秩序のあり方や権威の所在が異なってくるが，組み込み自体はかわるまい。居住者がそこに組み込まれ，相互の結合関係が構成されることによって，封鎖性を伴う村落が存在することになるのである。そして，この封鎖性，第一次的結集体の結合関係は，居住者の生産・生活上の必要性からも要請されるものであり，その必要性は政治的・経済的・法的要因等によって変化し得る。したがって，封鎖性の度合や結合関係の様相，さらには結合関係自体も，これらの要因によって変容しよう。村落は「生ける法」の次元での対内的結合関係だけでなく，国家法を含めた外的要因とも相即しながら存在しているのである。

現在の村落社会は，確かに，戦前，あるいは高度成長期以前とは異なった状況におかれている。本章では，その変化の一現象である転入戸の存在に絞って，村落の対応をみてみた。そこでは旧来の慣行（トウヤ制）を維持し，あるいは新たな行政末端単位（班）を利用しつつ，従来のまとまりが存続していた。しかし，これまでの村落類型論のいくつかが想定した支配・上下関係は，少なくとも表面的には現象していない。もちろん，ここでは2村落のみを対象としたにすぎないので，早計な結論は導き出せない。それでも，旧来の支配・上下関係の消滅は村落自体の消滅を意味するわけではなく，対内的結合関係の様相の変化として捉え得るということができるのではなかろうか。だとすれば，従前とは異なった様相を帯びているとしても，居住者・居住戸を結集せしめる対内的結合関係とそれに伴う封鎖性が存続していれば，現在でも村落（ムラ）は在るといえよう。

以下の各章では下北半島のいくつかの村落（ムラ）をとりあげる。「なぜ，下北か？」という疑問に関しては，「結語」（と「あとがき」）を参照して頂きたいが，「当時の村落調査から生じた疑問を解く鍵を下北の家族・親族慣行や村落社会に求めたからである」とここでは述べておきたい。下北半島のそれぞれのムラでも，前述のような結合関係と封鎖性を考察していくが，いうまでもなく，全くの封鎖性のみからムラが形成されていたわけではない。封鎖性は同時に外への回路を用意していたという点にも注目していくなかで，村落社会における家族・親族慣行や漁撈組織等を論じる。

上記の磯田進や川島武宜らを中心とする戦後すぐの法社会学界では，ムラやムラでの共同性は個人を抑圧するものとして，否定的に捉えられてきた経緯がある。本稿では現代のムラでのこの「共同性」を再考することによって，そこでの「個」のありようにも視線を向け，〈個と共同性〉の法社会学が目指すべき方向性を展望することもその目的としている。

ここでの〈個と共同性〉は,「個の自立・自律」と「共同性に伴う相互依存・他律」をどう関連づけるかという問題意識を表している。すなわち,「個」と「共同性」が「対抗的な相補性」[14]を有しているとすれば,そこにはどのような論理があり得るのかを追究していくことを意図している。したがって,村落やムラの構成単位を個人とし,その個人を何らかの関係性のなかで把握していくという,前述の磯田進の方法論にも留意していくことになる。

第Ⅰ部では東通村目名を対象とし,第1章ではオヤグマキ,ユブシムスコなどの家族・親族慣行を社会人類学や文化人類学での親族研究を手がかりとして分析し,そこに潜む論理と近代法の論理の対比を試みる。第2章ではこれらの慣行の分析とともに,その慣行と「目名本村」と呼ばれるムラとの関連性を考察した。第3章では民俗慣行としてのオヤコ関係の考察から家族法での生物学的血縁関係の相対化の契機を抽出した。第Ⅱ部の第4章と第5章では脇野沢村と佐井村の漁村での〈法と慣行〉のせめぎ合いのなかでの漁業,その漁業を営む漁撈組織を支える家族・親族関係を考察した。続く第6章では東通村の8漁協の概況を説明し,その組合員の漁民としての共同性を考えた。第Ⅲ部は東通村でも戦前から中川善之助らによって調査・探索されてきた尻屋集落の現況とその村規約(「尻屋村制」)の変遷を考察した。最後の「結語」では,本書の全体を振り返り,ムラでの〈個と共同性〉研究の展望について言及したい。

1) 戒能通孝『入会の研究』(日本評論社,1943年)276頁。
2) 鈴木栄太郎『日本農村社会学原理』(時潮社,1940年)『鈴木栄太郎著作集(Ⅰ・Ⅱ』(未來社,1968年)所収,118頁以下,419頁以下。
3) 村落やムラと同様な意味を有する語句に集落がある。本書では地理的・景観的な立場からムラを見ている場合にはこの集落を使用する。
4) 福武直『日本農村の社会的性格』(1949年)『福武直著作集4』(東京大学出版会,1976年)38～39頁。
5) 磯田進「村落構造の二つの型」法社会学1号(1951年),同「村落構造の『型』の問題」社会科学研究3巻2号(1951年),同「農村における擬制的親子関係について」社会科学研究5巻3号・5巻4号・6巻1号(1954～55年),磯田進編『村落構造の研究』(東京大学出版会,1955年)123～153頁。
以下の磯田進の村落構造論に関しては,上記の論文,著作を参照。
6) 川島武宜「志摩漁村の寝屋婚・自由婚」(初出1954年)『川島武宜著作集第十巻』(岩

波書店，1983年）所収，136～155頁。

7） 江守五夫『日本村落社会の構造』（弘文堂，1976年）71～98頁，以下の江守五夫の村落構造論に関しては，この著作を参照。

8） 川島武宜「農村の身分階層制」（初出1954年）『川島武宜著作集第一巻』（岩波書店，1982年）所収，252～287頁，以下の川島の村落構造論に関しては，上記の川島論文を参照。

9） 福田アジオ『可能性としてのムラ社会』（青弓社，1990年）111頁。

10） 川島・前掲注6）論文所収，145頁。

11） 潮見俊隆編『日本林業と山村社会』（東京大学出版会，1962年）410～441頁。

12） 拙稿「家族・親族慣行と村落社会」早稲田法学会誌37巻（1987年）153～188頁，拙稿「滋賀県八日市市上羽田町北方の村落構造」大胡欽一他編著『東アジアの文化人類学』（八千代出版，1991年）121～148頁参照。

13） 拙稿「同族結合と村落組織」早稲田法学会誌35巻（1985年）311～342頁参照。

14） 吉田民人「<所有>をめぐる１つの社会学的考察」戒能通厚・楜澤能生編『企業・市場・市民社会の基礎法学的考察』（日本評論社，2008年）174頁以下参照。

第Ⅰ部

村落社会における家族・親族慣行

第1章　親族慣行と村落社会の現在

はじめに——ムラの構成準則

日本の村落社会の構造原理については，法社会学だけでなく，他の隣接諸分野においてもいくつかの類型論が提示されてきている。例えば，社会学においては，同族的村落と講組的村落，人類学では，同族制村落と年齢階梯制村落，さらには当(頭)屋制村落等である。序章でも言及したが,法社会学においては，磯田進や川島武宜，さらには江守五夫らの類型論が著名であろう[1)]。しかし，戦後60年以上を経た現在の村落社会を対象とする場合には，これらの類型論とは別の視角も必要かもしれない。確かに，当該村落社会での「基層文化」,「古層」を探る視点からは従来の類型論は有効であるが，現在の村落社会を前提とすると，これらの類型論や同族制村落，家格型村落という村落の実在性には一定の留保は必要となろう。

現在の村落社会を研究対象とする場合は，そこでの「生ける法」としての支配関係と近代法秩序原理の乖離，後者を基準とした前者の批判的分析という昭和20年代の日本の法社会学に共有されていた視角[2)]はさほど必要としない。そういった視角を採用しないとしても，現在の村落社会がムラとして，すなわち「生活協同体としての村」として今なお存続しているのか否か，存続しているとすればそれはいかなる構成・構成準則をとっているのかという点が問題となる。

従来の村落類型論はムラの内部秩序，そこでの権威のあり方についての類型論であったが,「ムラの構成員がどのように決まり，どのように構成されているかという問題と，ムラの内部的な支配構造がどのように秩序づけられているかという問題は，論理的には全く異なったレベルに属する問題[3)]」である。そうであれば，従来の村落類型論がその依り所の一つとしていた家族・婚姻・親族慣行との整合性は,「ムラの構成」に関してはさほど問われることはない[4)]。しかし，このことはこれらの諸慣行が村落社会において全く意義を有しないということを意味しているのではない。そうではなく，ムラの構成準則としての構成員性（membership）の次元と，家族・婚姻・親族慣行の次元とは異なるものであり，それらを一応は分離して考察し，後に両者の関連性如何を問うべきなのである。

このような視角から村落社会をみてみると，一般的にはムラとその構成単位としての「家」，そしてその中間に位置する家間関係が想定されてきた。清水昭俊はここでのムラを「村落共同体」，家間関係を「ムラ社会」と呼び，後者を「たとえば，ユイによる家屋や収穫等に関する協働，あるいは祝儀・不祝儀における喜びや悲しみの共有など」にみられる「個々の家の便宜にのっとって構成・再構成されうる私的な性格が強い[5]」共同性を有するものとしている。清水はこの「村落共同体」と「ムラ社会」を媒介するものとしてのトナリ関係や村内婚を伴う婚姻習俗に注目し，それらによる家々の日常生活共同と「村落共同体」の相関性を論じている。

ムラの構成単位を家のみに限定する方法論については，序章で若干言及したように一定の留保は必要であるが，日常生活共同をもたらす契機には本章でも注目していくことになる。その際，それをトナリ関係や婚姻関係に限定せず，これらを含めた様々なツキアイを伴う家族･親族慣行に焦点を絞ることになる。そして，そこに内在する親族観や家族・親族関係のありようを探り，その関係性から生じる論理がどのように近代法の論理と異なるかを示すとともに，その両者のせめぎ合いに注目すべきことを指摘する。

1　家族・親族慣行と親族概念再考

村落社会での慣行調査は現在の「学問としての法社会学のコアをもはや担うものではない[6]」し，かつてのそれも「滅びゆく天然記念物を調査するかのよう[7]」であったと言われる一方で，親族研究自体もそれを主要なテーマとしていた社会人類学や文化人類学においてすら，1970年代以降はもはやかつての隆盛はみられず，特定地域社会での親族関係についてのモノグラフ自体も非常に少なくなってきている。親族研究のこの状況を「親族研究の死」としてみるか，あるいは親族研究における視点の変化とみるかは論者によって意見が分かれるところであるが，どちらにせよ，その背景にはD.M.シュナイダーや，E.リーチ，R.ニーダムらによる従来の親族研究批判があることは間違いない[8)]。いずれにせよ，これらの研究動向のなかで，あえて日本村落社会での家族・親族慣行を課題とするからには，その現況を示すうえで必要最小限の事例の提示がまず必要となろう。もちろん，ここでとりあげる事例は家･親族慣行の一事例にすぎず，これをもって本邦の家族・親族慣行全体を概観し得るわけではない。しかし，そうであっても，そこにひそむ親族観，ないしは関係性が日本村落社会のそれであることには違いない[9)]。

【事例】 青森県下北郡東通村目名

東通村目名の概況は次章以下で詳しく述べるので，ここでは行政上の「大字目名」は目名本村，向坂，高間木，立山の４集落を含むということのみ指摘しておき，当地のオヤグマキと呼ばれる親族事象の概要について述べよう。オヤグマキには本分家関係だけでなく，姻戚関係，さらにはユブシオヤ・ムスコ関係，モライッコと呼ばれる「里子」[10)]の居住する家をも含んでいる。現在の目名本村では最近の転入戸４戸を除く家々では，全て本分家関係が特定され得る。したがってその系譜関係は分家からさらに孫分家へとたどることは可能であるが，当該総本家のオヤグマキには分家は含まれても孫分家は除外されている。同様に孫分家側のオヤグマキからも総本家は除外される。本分家関係以外の血縁関係については当該家当主のおおむね上下２，３世代を限度とする傾向がある。注目されるのは，ユブシオヤ・ムスコ関係と「里子」である。前者は各戸のアトトリ（男）が結婚するような年齢になると，村内のしかるべき人物（夫婦）にユブシオヤになってもらうことによって取り結ばれるとされていた。しかし，最近では，アトトリの年齢，性別にかかわらず「オヤグマキになるためにユブシムスコをもらった」り，あるいは親どうしが「仲がよかったのでユブシムスコにもらった」，さらには当人同士がキャグと呼ばれる友人関係にあったので「いっしょにキョウダイになろう」という一方の誘いによって，同一人物をユブシオヤとしたというように，その締結理由は様々である。重要なことは，どのような理由にせよ，ユブシオヤ・ムスコ関係にある者が居住する家はオヤグマキに相互に含まれるということである。さらに，当地では戦前から終戦後しばらくの間には，モライッコと呼ばれる「里子」が少なくなかった。これは近隣地区や北海道から子供をもらいうけ，養育したものである。こういった「里子」はその後当地で嫁，聟養子にいったり，あるいはその家のアトトリと結婚する者もいたが，この転出した「里子」の家もオヤグマキに含まれている場合がある。さらに，当地でもトナリと呼ばれる家が各戸それぞれに1，2戸存在しているが，これもまたオヤグマキであるとされている。このようなオヤグマキがシンルイ，シンセキと同義とされていることは，当地の親族関係としてのオヤグマキが単なる血縁・姻戚関係に限定されるものではないことになろう。これらオヤグマキは葬婚時には互いに呼び合うこと等によって日常的，非日常的な互助協同関係を成立・維持させているが，このことはこれらの時に一方が他方を「呼ぶ」ことによって以後オヤグマキとなったり，逆にこのような「呼び合い」がなくなるとオヤグマキでなくなることを意味している。つまり，こうしたツキアイの継続如何が当該戸をオヤグマキに含めているのである[11)]。

上記の事例で示されたユブシオヤ・ムスコ関係や「里子」については，従来は擬制的親子関係という分析語彙が用いられてきた。これは生物学的血縁関係を本来的な関係とし，それになぞらえた擬制として概念化されているのであるが，そこには血縁関係こそが親族関係の中核であるという考え方がひそんでいる。しかし，このような捉え方に対して，近年ではいくつかの親族概念再考の動きがでてきている。とりわけ，前出のD.M.シュナイダーによる従来の親族研究批判，およびそれ以降の研究動向がここで取りあげられなければならない。

シュナイダーは，従来の人類学においては親族概念が性的結合と生殖による普遍的な「系譜関係の網の目」(genealogical grid) として先験的に概念化されてきたとし，そのような概念化は以下の三つの公理から生まれてきたとする[12)]。まず，社会・文化的世界は常に親族，経済，政治，宗教の四つの領域，制度から成立するとされていたこと，そしてそれらのなかで「親族関係は人間の生殖とそれに付随する人間間の関係性に関連して」おり，「人間の生殖は性的，生物学的過程として公式化されている」こと，さらにこの生物学的関係は，社会的，文化的属性とは異なり，親族員の生物学的近接性に応じた紐帯，結合を生み出す一方で，それは「人間の条件に固有な自然的紐帯」である故に，他のいかなる関係にも優先されてきたが，その背後には「血は水よりも濃い」という西欧の格言に示される特殊近代西欧的な民俗観念[13)]がひそんでいるとした。このような親族関係の意義, 重要度は本来は経験的に検証されるべき事項であるが, それが先験的に規定されていたのである。つまり，子を生み，生ませることによる親と子のつながり，一般的には系譜関係がどの人間社会においても存在し得るとしても，それが西欧近代社会と同様の意義を有するとは限らない。にもかかわらず，西欧の人類学者は自らが生まれ，育った社会での民俗観念に色濃く染められた親族概念を前提としていたので，他の非西欧社会研究においても親族関係を「特別扱い」することになり，L.H.モルガン以来の親族研究の隆盛をもたらしたのである。

この特殊近代西欧的親族概念の特質を，シュナイダーはミクロネシア・ヤップ島での調査報告の再解釈を通じて指摘している。すなわち，ヤップ島でのタビナウ *tabinau*，チィタマギン *citamangen*，チィティニゲン *citiningen*，ファク *fak* 等が父系拡大家族，父，母，子としてそれぞれ翻訳（英訳）された報告書は，ヤップ島の現実realityをはたしてどの程度正確に記述しているのかという問題提起である。英語圏での父子関係，母子関係は生物学的血縁関係，ないしはそれをモデルとした関係として把握され，原則的に生得的で，不可変的なbeingな関係である。他方で確かにチィタマギンはファクを「生ませた」者であるが，両者の関係は前者による後者の保護・養育，後者の前者への忠誠・服従を示す種々の行為によって担保される可変的なdoingな関係性である。このような対比からは,「性と生殖」に必ずしも限定されることのない新たな親族関係が展望できるはずであったが，シュナイダー自身は従前の生殖に関わる自然的身体構成要素natural substancesの領域に親族概念を押しとどめ，そのような親族の定義を作業仮説として，その存在如何，その意味，意義をそれぞれの社会・文化において探ることを提唱している。

生物学的関係を基調とする親族観念は現代の生殖補助医療や代理母がもたらす問題とも関連するが，つまるところ，それは近代的な人と関係性についての一般的観念に基づいている。「「誰」が本当の親戚かについて議論し得るということ自体が，個人はその取り結ぶ何らかの関係性よりも前に存在しているということを意味していた[14]」のであり，そうであれば「人であることを保障するのは，その人の有する関係性ではなくその個人の状態である[15]」ということになろう。その「個人の状態」とはまさに生物学的事実としての人の誕生，存在であり，まさに「私権の享有は出生に始まる」（民法3条）ということになる。

シュナイダーはヤップ島の事例を近代西欧的親族観念の対比として示していたが，生殖に由来する自然的身体構成要素の分有sharingよりも，土地，食物，労働，居住の分有，あるいは行為遂行perfomanceや行為規範code of conductを強調する親族概念の可能性はそれ以前においても指摘されていた[16]。これらを踏まえ，M.マーシャルは「系譜関係の分有」をも含めて「全ての親族関係に共通するものは分有である。そのような分有は多くのいろいろな方法で象徴され，多くのいろいろな行動を通じて表現される」のであるから，そのような行動，行為規範に焦点を合わせることによって，「かかわり合いcommitmentと非限定目的的持続的結合という緊密な個人間interpersonalの関係性[17]」としての親族概念を導き出している。

最近では，J.カースティンがラングカウィ島*Langkawi*マレー人の親族研究において，親族関係ではなく「関係性」relatednessという語彙を用いながら，彼らの「関係性」は「生殖という行為と共食と共住の双方に由来する」が，これらは決して相互に無関係ではないとする。つまり，生殖に由来する「関係性」は血縁関係を生むが，「血への主要な寄与は食物であり，血は親族関係それ自体と同じように，いつも可変的，流動的である」ので，人と人の「関係性」の指標は結局はこの摂食feedingに求められる。そして，この摂食は胎児が子宮という子の「最初の家」で母の血によって養育される時からすでに始まっており，誕生後の母乳，そして同じ家での共住とそこでの一つ竈で料理した食物の共食によって，共通の身体構成要素を有することから「関係性」という語彙で示される親族関係が生まれ，維持されるのである[18]。彼女のこのような視点は親族関係の過程論的見方を意味し，「人々が完全な人――すなわち，親族員kinになる」過程としての共住や共食が重視されていることになる。

親族関係化過程に留意する点はM.ワイスマンテルやR.C.ケリーも同様である。ワイスマンテルによれば，高地エクアドルのズンバグウァ族*Zumbagua*においても共住，共食が親子関係や親族関係の成立に寄与しているが，「ある日に子どもに食事を与えることによってその者が正当な父になるわけではない。ある晩にある女性を妊娠させることによってでもない。(そこには) 十分な時間と努力が投与されていない。男性が女性の妊娠と子の生誕を通して共に暮し，子が胎盤のなかで成長するように何回も性交を繰り返し，彼女，そして後には新たに生まれた子に食事を与え，世話をする時に，彼は彼が生ませた子の父になる[19]」という。他方で，ケリーは高地ニューギニアのエトロ族*Etoro*に関する著作において，一般的に親族関係を「個人が出現し，完全な（すなわち成熟した）社会的人social personに発展する過程を詳細に記している文化的諸概念に基づいた社会関係」であり，「これらの過程は存在の霊的要素と身体的要素の双方の獲得と変形を含むものである」が，双方の要素は両親からのみ得られるわけではなく「食物もまた人が霊的，身体的に完成していくうえでの本質的な要素である[20]」としている。

これらの非西欧社会を対象とした研究成果を概観してみると，親族概念の構成に際して一つの共通項が抽出できよう。それはシュナイダーがヤップ島の事例について述べていたdoingという性質である。マーシャルの「分有」もカースティンらの過程分析やケリーの親族関係の定義においても，既述の「近代の人と関係性」の捉え方に通じる生得的でbeingな事象としての親族関係は考えられていない。一定の親族関係はそれを支える行為遂行（共住，共食を含む）によって構築・維持されていた。そうであれば，このような観点から先のオヤグマキの事例を分析することも可能であろう。

ここでのオヤグマキの指標は葬婚時の「呼び合い」であった。互いの「呼び合い」とそれに応えての一定の行為遂行という行為規範，日常生活での互助協同行為や「オヤグマキである」という「行為遂行的発言[21]」が，オヤグマキであるための共通項であった。オヤグマキのような語彙が親族語彙であるとするには，確かにL.ホリーが言うように，それが血縁関係に繋留されているという認識を前提としよう[22]。しかし，逆に血縁関係があったとしても，それが系譜的な遠さによる親族の「たそがの地帯[23]」を経由することなく，総本家と孫分家の関係のように人為的にオヤグマキから排除され，他方で血縁・姻戚関係がなくとも葬婚時に「呼ぶ」ことによって新たにオヤグマキたり得るのであれば，それは決してbeingな事象ではない。

このような新たな組み込みと排除の過程のなかで，現在においても全居住戸が他のいずれかの居住戸のオヤグマキであることは，このオヤグマキであることが当地での居住の前提となっているとも解せる（最近の転入戸4戸はいずれも既存居住戸のオヤグマキであった）。このことはオヤグマキという関係性が当該戸の当地でのアイデンティティ，「完全な（すなわち成熟した）社会的人」になるための前提条件となっている。そして，それが決して生得的な不可変的関係ではなく，行為遂行如何によって新たな設定，消滅を可能とするものであることが，他の様々な法・社会的状況の変動に即しつつそれ自身が存続することを可能としてきたと考えられよう。

2 「人」と行為者——おわりに代えて

現在ではムラや「村落共同体」は，しばしば「区」，「(大) 字」等の名称のもとに行政上の末端組織とされることが多いが，このことがムラ外からの「減反」等の各種の法・政策的要請をムラ自体にとどめる一方で，[24] 親族慣行に伴う家間関係は一見すると公式法の間隙で個々の家々を縦横に結び付けているように思われる。しかし，この家間関係とそれをもたらす行為遂行が当該戸のムラでの居住，さらには居住に基づくムラ構成員性の前提とされることは，それらが実はムラによって強制されていることになろう。そのムラが各種の公式法の「受け皿」になっているとすれば，そこでの親族慣行においてもすでに公式法が「多かれ少なかれ」作動していることになる。ここで「多かれ少なかれ」と述べたのは，公式法とは異なり，かつそれに馴化されきれない論理がそこに含まれていると予想するからであり，本稿ではその一例としてdoingな，行為遂行如何による親族観を取りあげてみた。

この親族観は行為遂行主体である個人を内含していた。そういった個人は親族関係のなかの個人であるが，それを敷衍すると，人であることpersonhoodはそれ自身の状態，存在ではなく，当該社会での一定の関係性によって規定されるという論理が抽出できるのではないか。この論理は近代法のもとでの抽象的な主体ではなく，具体的な行為者を想定することを可能とする。ここでの具体的な行為者は新たな関係性に入る以前にも一定の関係性に取り込まれており，後者の関係性が当該行為者の地位を構築しつつ新たな関係性を取り結んでいくものである。[25)]

現代の法社会学が近代法の枠組みを問い直す必要にせまられているとすれば，抽象的な主体やall or nothing的な法的構成を前提とせず，それとは異なるこの具体的な行為者に焦点をあてることも必要であろう。その際，村落社会という居住戸間の様々な関係性――ツキアイ――が凝集した場のありようの探求は，そのような方向へと進む際の一つの範例となりえるだろう。それはかつてのように批判的分析の対象ではない。その対象がすでに現行の公式法によって何がしかの影響を受け続けているとしても，それは法による一方的な規制ではなく，法とのせめぎ合いが想定されるのであり，そのせめぎ合いにこそ前述の問い直しの契機が潜んでいると思われる。[26)]

1）拙稿「村落構造論（法社会学）」『事典　家族』（弘文堂，1995年）参照。

2）六本佳平『法社会学』（有斐閣，1986年）149頁。

3）森謙二編著『共同体・宮座・家族』（シオン短期大学，1997年）8頁。

4）戒能通孝はドイツ社会史における「村の形成」に関して，「人間が單に與へられた形態のままで受入れるのみであるならば，血族的結合以上の結合関係が，本質的には意識的な内在原理として發展することはあり得ないことであって，その限り與へられたものを批判し，此れを自己のための組織に再組織することに於て，人間の非血族團結が生まれて來るのである」と述べ，「村民の共通の利害を中心とする團軆」こそが村落を形成してきたとする。戒能通孝『法律社会学の諸問題』（日本評論社，1943年）62～63頁。

5）清水昭俊『家・身体・社会』（弘文堂，1989年）172頁。

6）棚瀬孝雄編『現代法社会学入門』（法律文化社，1994年）Ⅱ頁。

7）和田安弘『法と紛争の社会学』（世界思想社，1994年）10頁。

8）Michael G. Peletz,“Kinship Studies in late twentieth-century Anthropology”, in *Annual Review of Antholopology* 24（1995）p.345,　最近の邦語文献で親族理論を回顧したものには，瀬川昌久「人類学における親族研究」『岩波講座　文化人類学　第4巻　個からする社会展望』（岩波書店，1997年），またdescent論については渡辺欣雄『民俗知識論の課題』（凱風社，1990年）の第2章「Descent理論の系譜」参照。

9）調査研究，フィールドワークは所詮特定の事例研究にすぎないという批判があるが，「ひとつのフィールドを掘り下げていけば，そこにはトータルな社会につながる問題がひそんでいることが見えてくる」（須藤健一編『フィールドワークを歩く』〔嵯峨野書院，1996年〕21頁）のであり，逆にそのような「掘り下げ」がないものはフィールドワークではない。

10）当地のモライッコについては次章以下でも説明しているが，慣行上の「里子」として見なせるのではないかとの判断から，必要に応じて「里子」と記することにしたい。

11）オヤグマキの詳細については，拙稿「親族・慣習的行為・村落——下北村落とオヤグマキの法社会学」札幌法学　8巻1号（1996年）（本書第2章）を参照。

12）以下のシュナイダーの理論については，D.M.Schneider, *A Critique of the Study of KINSHIP*（The Universityof Michigan Press, 1984）による。

13）M.Strathernによれば，これは19世紀，20世紀西欧の親族観である。M.Strathern, *After nature*（Cambrige university press，1992），p.45.

14）M.Strathern, *ibid.*，p.53.

15）M.Strathern, *Reproducing the future*（Manchester University Press, 1992）p.26.

16）M.G.Silverman, 'Banaban adoption'，V.Caroll，'Adoption in Nukuoro' in *Adoption in Eastern Oceania*（ed.V.Caroll, University Press of Hawaii, 1970）.

17）M.Marshall, 'the nature of nurture' in *American Ethnologist*, 4-4（1977）, pp.656-657.

18）J.Carsten, 'the substance of the heat of the hearth:feeding, personhood, and relatedness among Malays in Pulau Langkawai' in *American Ethnologist* 22-2（1995）, pp.223-241.

M.Bouquetも'relatedness'という語彙を用いている。M.Bouquet, *Reclaiming English kinship*（Cambrige University Press, 1993）.

19）M.Weismantel, 'Making Kin : Kinship and Zumbagua Adoptions' in *American Ethnologist* 22-4（1995），p.697.

20）R.C.Kelly, *Constructing Inequality*（The University of Michigan Press, 1993），p.521.

21）野家啓一『言語行為の現象学』（勁草書房，1993年）156～159頁。

22）L.Holy, *Anthropological Perspectives on Kinship*（Pluto Press, 1996），P.167.

23）渡辺欣雄『沖縄の社会組織と世界観』（新泉社，1985年），147頁。

24）拙稿「ムラと農業——滋賀県下の一農村の事例から」農業法研究25号（1988年）参照。

25）棚瀬孝雄編著『紛争処理と合意』（ミネルヴァ書房，1996年）136頁参照。

26）拙稿・前掲注11）においては，東通村目名におけるこのせめぎ合いの一端を生産森林組合の成立と親族慣行の活性化のなかで考察した。

第2章　親族・慣習的行為・村落——下北村落とオヤグマキ——

はじめに

本章では前章でも簡単に紹介した青森県下北郡東通村目名でのオヤグマキとユブシオヤを考察する。オヤグマキやユブシオヤといった民俗語彙は現在においても当地では日常的に用いられているが，このことはその用法等がかつてと必ずしも同一であることを意味するわけではない。これらの語彙によって示される家族・親族慣行だけでなく，多くの旧慣が戦前，戦後を通じて変化してきた可能性は否定できない。戦後だけに限定しても，高度経済成長，過疎化と開発，交通網の発達，都市への出稼ぎの増加などの社会的・経済的諸要因は，村落社会での諸々の慣行に何がしかの影響を与えてきたことは間違いなかろう。そして，この影響は常にこれらの慣行の衰退，ないし簡略化をもたらしたと語られてきた。この方向をさらに進めれば，「いまではもう行われていないが」という但し書をつけてこれらの慣行は記述されることになる。

しかし，はたして全ての慣行がこのような方向をたどっているのであろうか。簡略化，衰退を論じるには，それ以前の「衰退していない」，「簡略化されていない」慣行を想定し，それがどのような過程で衰退したのかを論じなければならない。この場合でも「衰退していない」とされた慣行は，歴史的なある時点では完全な慣行であると一応は規定され，それ以前も同一であったかのように語られることが多い。

確かに，このような村落社会での慣行調査に際しては，当該地の古老に話を聞くという場合が多く，そのため，その記述は時間的設定が多少なりとも曖昧になってこよう。このことは，民間信仰，人生儀礼の場合だけでなく，本稿の課題である家族･親族慣行に関してもあてはまろう。当該家族･親族慣行が「経験的に復元できる」過去から，つい最近にいたるまで，あるいはそれ以前から「経験的に復元できる」過去の時点まで変わることなく存続していたかのように記述される。そうでなければ，その慣行はすでにかつての事象であり，それ故「原型」，「基層」を求めるという体裁がとられることになろう。そして，どちらにおいても，多くの場合，法の影響は軽視されている。後者の場合は別としても，わが国の「経験的に復元できる」過去には，すでに近代法が存在していたにもかかわらずである。

これに対して，種々の諸慣行と法との関わりが論じられる場合には，当該慣行の変化をも射程に入れる記述となる。しかし，戦後においては主としてその批判的分析を目指してきたために，社会的・経済的要因による変化を強調する場合と同様に，諸慣行の消滅，ないしは解体という結論を導き出しがちであった。そこでは近代法の適用が当該地のいわゆる「近代化」をもたらすものとして予想されていたように思われる。しかしながら，法の適用は必ずしもその趣旨通りに効果を生み出すわけではない[1)]。この「意図せざる結果」がどのような過程をへて生じてくるのかは，当該社会での様々な要因によって左右され，同一の要因が同一の結果をもたらすとは限らない。特に，家族・親族慣行という日常生活レベルでの法の効果を記述する場合には，このことがより妥当するのではなかろうか。

家族･親族事象を含む「日常生活での法の研究は広範囲なものであるよりは，むしろ集中的でなければならない。それは日々の世界を一般的範疇に融合するよりは，むしろその特異性を記述しなければならない」し，そのためには「小さな町，田舎じみた場所，都市の近隣地区に行き，それらの場所で人々が自らの法的価値，法行動のローカルな宇宙local universeを構築するように，彼らが法と接触し，それを使用し，あるいし無視する方法を見る[2)]」ことを必要とするとは，A.サラットらが述べるところである。しかし，これらは文化人類学においてはすでに当然の調査対象であり調査手法であった[3)]。本稿ではこれらのことを念頭におきながら，青森県下北郡東通村の一集落での「集中的」調査によって得られた資料に基づいて，家族・親族慣行のありようを記述し，その変動要因を探っていくことにしよう[4)]。

▶目名集落の風景（2012年９月撮影）

1　目名地区と家族・親族構成

本稿の対象地は東通村の目名本村であるが，今日の行政上の目名地区（大字目名）には，この目名本村とともに向坂，高間木（大所），立山の四集落が含まれていることは前章でも指摘した通りである。平成８（1996）年８月現在では，目名本村には単身世帯であるが当人が病気のため空き家となっている１戸を除いた40戸（図２－１〔→章末52頁〕参照），高間木には10戸，向坂には９戸，立山には５戸が居住している（住民票では72世帯）。高間木は，向野とほぼ同時期の，向坂はそれ以後の開拓集落である。向坂の９戸のうち２戸は隣接するむつ市と目名本村からの転入戸であり，残りは全て目名本村居住戸の分家である。他方で高間木居住戸のうち６戸は目名本村からの，１戸は立山からの分家であり，残りの３戸のうち１戸は目名本村居住戸のもとで炭焼きをしていた者が定住している。

この２集落に比して，立山は藩政期末期に開墾された集落であり，単独の神社と墓地を擁している。1960年代に当地を含む下北半島のいくつかの集落を調査した竹内利美によれば,「立山の六戸は幕末開拓された根津屋新田入植戸のあとである。ここは風間浦村の佐賀平之丞の拓くところであったが，農耕の自立は困難をきわめた。明治初年の一二戸前後から，むしろ戸数は減少している。そのため佐賀氏は昭和四年ころに目名部落の共有山野の一部と目名地籍の農地を交換し，ここを手ばなした。部落（目名）ではここをふくめて，約三〇町歩の開田耕地整理を行い，各戸に四反ずつ配分し，残余は立山の六戸に小作させた[5]」という。

戦後の農地改革によってこれらは解放され,その後１戸がむつ市に転出した。現住５戸はいずれも本村目名居住戸の分家筋ではなく，その始祖を福島県の会津や岩手県の久慈市にもとめる家もあり,「部落費」の徴収等を担当する「月番」も１ケ月ごとの５戸の輪番である。しかし，毎年の「寄り合い」を高間木集会所で行ったり，９月23日の神社祭礼時には高間木居住戸を招待しており，日常的な生活協同は高間木と緊密である。

目名の部落会[6]は，本村と向坂，高間木，立山の居住戸からなるが，向坂に居住するむつ市からの転入戸は加入していない。部落会の役員は会長１名，副会長１名，理事１名，監事１名であり，任期は２年である。役員会は毎月１回開かれているが，部落総会は年１回である。総会は以前は12月25日前後に開かれていたが，現在は新年会をかねて１月３日に開催されている。毎月28日には「部落費」が徴収されるが,その額は農家が2000円,非農家は1000円である。目名地区の農家数は50戸であるが，農家と非農家の区分は「農地の所有」を指標としており，実際の農業従事者の有無で区別しているわけではない。したがって，農地を全て他者に貸している家も農家として数えられており，その基準からすると目名本村の非農家は５戸である。

当地では「書記」と呼ばれている専属の行政事務員１名が「部落事務所」に常駐しているが，その給料がこの「部落費」から支払われている。「書記」は税金関係をはじめとして，行政上の各種の事務を取り扱っている。

当地での村落集団としては,「目名生産森林組合」,「牧野組合」,「水利組合」,「老人クラブ」,「ババ会」,「神楽会」等があげられる。「牧野組合」は畜産業を営む農家によって,「水利組合」は新橋，湯ノ上，戸井橋などの区域に田を有する農家によってそれぞれ構成されている。この「水利組合」には石持などの他のムラの農家も加入しており，また目名地区の全農家が加わっているわけではない。「老人クラブ」は60歳から加入資格があるが，これも全員が加入しているわけではなく，かつ隣の向野集落の者も加入している。

「神楽会」はかつての「目名青年会」を再組織化したものである。大正期に「ワカゼ」[7]を再編した「目名青年会」（15歳から35歳までの男子）は当地での年序別集団系列の中核を占め，目名神楽と呼ばれる目名神社への奉納神楽も彼らによって伝習されていた。しかし，その後会員が12，3名に減少したこともあり，昭和44（1969）年頃に新たにこれを再組織化したものが「神楽会」である。現在は「神楽会」の構成員たり得るための年齢制限はなく，「好きな者が集まっている」状態であるという。これに比すれば「ババ会」は比較的旧慣を維持している集団といえよう。これは後述する「目名生産森林組合」の構成員である旧来の38戸から構成され，毎月２戸が当番として食事の準備等をして，目名集会所において念仏講を行っている。38戸は必ず「ババ会」構成員を出さなければならないため，かつての45歳以上の女性という年齢制限は撤廃され，現在では比較的若い女性も参加している。

さらに，目名本村での村組としては「上カベ」と「下カベ」があげられる。むつ市から東通村砂子又方面に通じる道路が本村を貫通しているが，その道路によって本村居住戸が「上カベ」（図２－１の1から18）と「下カベ」（図２－１の19から42）に区分されているのである。この区分はかつては協同労働の単位として機能していたが，今日では，「恐山詣り」に両者が交互にいっている程度である。この「上カベ」，「下カベ」を横断するようにして班別構成がとられているが，これも部落会の下部組織としてはほとんど機能していない。

当地はかつては土地の売買や生産労働等への規制がきびしかったことで知られている。明治26（1893）年の「村方約定書」には「本村内各自ノ所有ニ係ル宅地田畑及森林ノ地所ハ，本村内各自を除ク他村ノ人ニ売渡ハ勿論，質入書入等堅ク不相成候事」とあり，さらに大正12（1923）年頃の「規約書」では「本村ノ共有財産ハ，慣習ニ従イ各自ノ名義ヲ以テ之ヲ有シ，各々其持分ニ応ジ権利ノ存スルアルモ，之レ主トシテ村民ノ団結心ヲ凝固シテ，共存共営ノ目的ヲ達セントスルニ外ナラズ，故ニ財産ノ共有保存ハ主ニシテ，権利ノ自由ハ之ヲ従トス，依テ共有者ノ一人ニシテ他日本村ヲ退去セントスルモノアルトキハ，事情ノ如何ニ不拘，其持分ノ権利全部ヲ，無償ニテ村方ニ返上スルモノトス」と規定されていた。[8)]

また毎月15日をはじめとする各種の村休みが休日と定められ，かつての「村規約」にも「休日に出稼スル者アルトキハ其ノ日ノ作料ヲ没収ス，但シ遠方へ出稼スルカ又ハ其前日ヨリ出稼スルトキハ此ノ限リニ非ズ[9)]」と定められていた。毎月15日の村休みは，兼業農家の増大に伴い漸次実効性が失われてきたが，部落会としては5，6年前に廃止したという。他方で，当地の共有財産である共有山林は，今日では「目名生産森林組合」の管理下におかれている。

「目名生産森林組合」は昭和38（1963）年に結成され，共有山林約750町歩を管理している。役員としては当初は理事11名，監事1名であったが，現在は理事は3名に変更され，理事の互選よって組合長が選出される。さらに目名神社の氏子総代3名も役員としてあげられているが，これは組合員38戸が目名神社の氏子であるためである。この共有山林は戦前からの目名本村の部落有林であり，それを当組合が引き継いだのであるが，全ての土地の登記がえが終了したのは昭和50年頃であり，それまでは「目名保全会」が管理していた。また，組合員38戸がすべて戦前から今日にいたるまで同一であったわけではない。戦前に1戸が離村しており，その持分は当該戸の分家（目名本村居住）が継承した。さらに，昨年（平成7年）は跡取りが他に転出したままになっていた家の持分を，高間木に居住するその分家が継承している。この場合は跡取りの転出後数年を経ており，その間当該分家が組合員としての義務を代行していたのである。高間木居住戸が組合員となったことで，当該組合と目名本村との同一性は喪失し，組合員たるための住居制限も目名地区（大字目名）居住とされるに至った。

組合員の義務としては共有山林の手入れや総会への出席があげられる。山林の手入れは年3回行われており，この際の作業員は男女を問わない。しかし，作業にでられない場合には7000円が徴収される。[10)]また総会も年1回（1月末か2月初旬）開催されており，これへの欠席についても3500円が徴収されている。組合員は毎年薪材の払い下げを受けている。各組合員は5タナの薪材が分与されているが，これはほぼ各戸が1年で使用する分量である。しかし，最近では分与された薪材を自家で使用することなく売却してしまう家も少なくないという。

当該組合の成立は，それまでの目名本村と共有山林の相即性からの離脱を意味し，これによって部落会としての収入および協同労働もほとんどなくなった。前述の「部落費」が徴収されるようになったのもこれ以降である。竹内利美は1960年代中頃の目名について，次のように述べていた。「目名一村の枠内で，共有土地の占有権と居住権とを相即的に扱い，団結して生活の保全につとめてきた旧い体制は，戦後の開拓と開田，そして稲作の安定による農業経営の一応の自立とによって，大きくゆすぶられ，……居住戸は権利享有者としからざるものとに両分した。しかも，開拓は部落の周辺におこなわれたので，そこに『分村』の形をとる新集落が形成された。共有権の有無はそのまま『住みわけ』の姿として部落内にあらわれたのである[11)]」。

現在ではこの「住みわけ」自体も，前述のごとく高間木居住戸が「目名生産森林組合」の組合員となり，本村にも非権利者が居住することによって動揺してきている。さらに，「目名青年会」や「村休み」といった当地での生活協同を支えてきた集団や慣行も1960年代以降漸次解体，ないし再編されてきたといえよう。しかし，このような村落組織の状況のもとでも，ユブシオヤ・ムスコやオヤグマキと呼ばれる家族・親族レベルでの慣行は存続してきているのである。否，むしろこのような村落組織の動揺期であるが故に，これらの継続がはかられているのかもしれない。この点は後述することにして，次に当地の家族・親族構成の概況について述べることにしよう。

当地では前章でも簡単に指摘したが，分家はベッケ，親戚，親類はオヤグマキと呼ばれている。ここでは目名本村での，現在の家族構成，通婚圏，世代継続数などについてふれておこう。まず，本村居住戸40戸の同居世代・員数別家族構成は**表２－１**（**→章末55頁**）のごとくである。1，２世代同居家族が27戸，約69％を占めていることが知れよう。**表２－２**（**→章末55頁**）の各戸の世代継続数を見てみると１代の家が４戸あり，これらは全て1，２世代同居家族に含まれている。この４戸のうちベッケは１戸にすぎないが，他の３戸も既存の家との親族関係を有しており，それらのオヤグマキに含まれている。これら４戸を除いた36戸での現当主と前当主の続柄を示したものが**表２－３**（**→章末55頁**）である。長男以外が当主となっている場合が11例見られるが，分家後２代を経過した家１例以外では７例までが長兄が幼死，戦死ないし病死している事例であり，長男が各戸の継承者となる傾向が認められよう。

この現当主と前当主のそれぞれの世代での婚入者の出身地は**表2－4**（**→章末56頁**）で示した。ここで目名出身者とした者のなかには後述する「里子」（モライッコ）を含めている。前当主世代では目名出身者が約43％を占めていたが，現当主の代になると約14％にまで急減し，その一方で東通村内の他集落出身者や隣接するむつ市出身者が増加している。しかし，全体的な通婚圏の広さはさほど変化しておらず，両世代とも下北地方出身者が大多数である。これを現住する完全夫婦のうち，夫婦養子である１組と婚出後夫婦で帰郷している１組を除いた計35組の夫婦について見てみたのが**表2－5**（**→章末56頁**）である。竹内利美の調査時と比較すると，目名本村での内婚率の低下，東通村内，および下北郡内からの婚入者率の上昇が知れよう。

当地での本分家関係を見てみると，系譜の本源としての本家は７戸（**図2－1**の⑦，⑨，㉒，㉚，㉛，㊱，㉟）存在する（以下の家番号は便宜上筆者が付したものである）。本村内で最も多くベッケを分立させているのはＡ姓戸の㉒であり，本村内では７戸（⑱，㉓，㉔，㉕，㉘，㉝，㉞）のベッケを擁している。このうち㉕からはさらに⑧，⑳が分立し，⑱からは㉑，㉑からは③が分立しており，③，⑧，⑳，㉝が現当主で三代目であるほかはすべて世代継続数が不明である。これに対してＢ姓戸⑨からは４戸のベッケ（⑪，⑯，⑰，㉜）が分立しているが，世代継続数が不明なベッケは１戸のみで，⑰は二代目，⑯，㉜は三代目である。また⑪からは⑭が分立しており現当主で三代目である。Ｃ姓戸㊳からは㉙，㊱，㊴，が分立し，㉙からは⑬が分立した。Ｄ姓戸㉚からは⑤，④，㉗が，④からは⑥が分立しており，⑥は現当主で三代目である。さらに，Ｅ姓戸㉛からは⑩と㊵が分立したと言われており，⑩も三代目である。概して㉒からのベッケを除けば，他の本家筋からの分家分立は多くはない。これは当地では従来からベッケの多くが，向野，向坂，高間木，さらにはむつ市田名部へ分立させていたためである。

当地の家族・親族慣行において注目されるのはユブシオヤ・ムスコ関係とモライッコと呼ばれた「里子」慣行[12)]であろう。ユブシオヤ・ムスコ関係は，主として各戸の跡取りが婚姻適齢期になると，集落内のしかるべき人にユブシオヤになってもらうことによって成立する。このときはムスコの実父が酒１升を持って当該の人に頼みにいき，承諾が得られると，後日「親子の盃」をかわすことになる。そして正月や家屋の建前などのシンセキが参集するような祝いの時にそのことを披露し，かつユブシオヤはユブシムスコの婚姻に際しては仲人となる場合も少なくない。このようなオヤを求める理由としては，「一人前にしてもらうためにオヤになってもらう」，「実の親が言えないことでもユブシオヤなら言えるから」という教育的な目的があげられる一方で，かつてはオヤグマキであったが「縁が遠くなったので近くするため」，さらにはより直接的に「オヤグマキになるためユブシムスコをもらう」とも言われている。

他方のモライッコである「里子」は，戦前から戦後のしばらくの時期まで，当地において見られた。津軽地方からの「里子」が多かったというが，他にも近隣地域や北海道からの場合もある。多くの場合は自家での労働力として使用していたが，「実の子と同様の扱いをした」といわれており，ナンキンコゾウのような「奴隷制養子」[13]とは異なる様相を示している。事実，モライッコは成人後は離村した者も多いが，その家の跡取りと結婚したり，分家したり，さらには集落内の他家に嫁，聟《むこ》にいった事例もある。次に掲げるのは当地に伝わるモライッコ「デゴ」の実話であり，当地における「里子」慣行の実状を示唆していると思われる。

「もらいっ子「デゴ」は20年ほど前《(ママ)》70才で死亡したが，3才のころ北海道の室蘭から目名にもらわれてきた男の子であった。元来目名のAさんの家にもらわれたが，知能の低い子で，その後Bさんの孫バサマがもらい受けて育てた。そのころB家では製炭業をやっており焼き子を雇っていたので，デゴにコビリを持たせてやると，途中で半分も食べてしまうような子だった。

20才になって徴兵検査の年令になると，親が来て室蘭につれていったが，知恵おくれなので親が腹を立てロープでたたいたので耳が聞こえなくなってしまった。半年ほどしてからこうして実の親はデゴを見放し，「青森県下北郡東通村目名行」の札をつけて デゴをひとり汽車に乗せてよこした。

蒼前様のお祭りのとき，「目名行」の荷札をつけたデゴが汽車に乗っていたのを見た人がいたので，B家ではまた家につれてきて住まわせていたが，何年かたってデゴの従兄という人がたずねて来てB家に泊まったが，家人が畑に出かけ婆さんだけが留守をしている間に，家の中の物品を盗んで北海道へ帰って行ってしまった。それでもB家ではデゴを死ぬまで大事にあつかったという[14]。」

2　オヤグマキの事例

本節ではオヤグマキのいくつかの事例を提示してみよう。オヤグマキという語彙については，下北半島の各村落においてもしばしば聞かれるもである。竹内利美は当地では「各姓の系譜はだいたい分明で，本源的な家とみられるのは，一一戸である。古いところはすでに明確な分派伝承を失っているが，ともかくこうした本支の系譜につながる家々は，オヤグマキの名で一応一つのまとまりをもってはいる[15)]」としていた。つまり，オヤグマキは本分家関係に限定されているとしている。これに対して，より体系的にオヤグマキについて記述を行っているのは蒲生正男・大胡欽一である。彼らはむつ市北関根の事例から，オヤグマキを次のように定義していた。

「シンルイあるいはシンセキとオヤグマキは相互に代替しうる用語である。「ホンケ・ベッケでオヤグマキ」もあるが，「ヨメにやったり，ヨメをもらったり」の関係もオヤグ マキであり，したがって自己ならびに自己の血族の婚姻関係によってオヤグマキは変動するものである。……オヤグマキは，自己の近親の血族，血族の姻族，姻族などおよそ自己を中心とした尊属２世代，卑属２世代が中核になっているものといえよう[16)]。」

当地のオヤグマキも自己を中心として尊属，卑属ともほぼ２世代にその範域が限定される傾向がある。しかし，当地では１世代前までは村内婚率が決して低くはなく，そのため旧来の家々にとっては目名本村に限定しても，何らかの縁続き状態にある家々は少なくない。そのような家では「ちかいオヤグマキ」と「とおいオヤグマキ」に分けたり，葬儀に際して「手伝いをもらう」オヤグマキとそうではないオヤグマキに分けることが多く，かつこの両者を問わず，具体的にどのような「つながり」でオヤグマキに含まれるのかが当事者自身にも不明な場合もある。しかし「どの家が本家であるのか」という質問にはどの家からも明確な答えが得られたことは既述の通りである。

さらに本分家関係や血族，姻族以外にユブシオヤ・コ関係や「里子」，さらにはキャグ[17)]と呼ばれる「気の合った者」やトナリと称される各戸と隣接する家もオヤグマキに含めている事例もある。特にユブシオヤ・コ関係はその締結自体がオヤグマキへの参入手段として考えられている事例もあり，全ての事例においてこれは「ちかいオヤグマキ」に含まれている。オヤグマキがシンセキ・シンルイと置換し得る語彙であるとすれば，このユブシオヤ・コ関係やモライッコ，キャグがオヤグマキのなかでどのようにして組み込まれているかが，当地の親族事象を理解する一つの鍵となろう。それ故，本節ではこれらの関係を中心にしてオヤグマキの事例をあげ，村外に転出した当事者（エゴ）の兄弟姉妹等については煩雑さを避けるためにその多くを省略することにする（以下，文中の◯で示す数字は図２－１〔→章末52頁〕の番号と対応している）。

【事例１】図２－２（→章末53頁）参照

エゴ（話者）の父（没）はaの父（没）のユブシムスコであり，㉓の前当主（没）のユブシオヤ　であった。エゴはbの父（没）のユブシムスコであり，また，こちらから頼んで⑭の長男を「ユブシムスコにもらった」。⑭の長男がユブシムスコになったのは小学生の頃で　あった。またエゴ の長男は転出した⑮の前当主（没）のユブシムスコであるが，これはエゴの妻と⑮の前当主の妻が「仲がよかった」ので長男をユブシムスコにしたという。エゴやその父がユブシオヤやユブシムスコを積極的にもつようになった理由は，当家は３代しか続いておらず，「オヤグマキが少ないので，増やしたいと思ったからである」という。「ちかいオヤグマキ」はこれらユブシオヤ・コ関係による家とともに本家およびエゴの家からの婚出先，本家からの婚出先も含まれるが，本家の本家は含まれていない。

しかし，図中のc，dの婚出・養出先がオヤグマキに含まれているのは，その血縁関係のみによるものではない。なぜならば，c，dの母は当初当地外に婚出したが，後にその夫とともに早世したため，c，dは当家に引き取られここで養育されていたからである。他方で，その本家への婚入者の生家fやエゴの父の父gの生家も含まれていない。これはgがその家の「里子」であり，現在ではgを育てた人もすでに死亡しているのでツキアイがなくなったからであるという。同様にユブシムスコであった前当主がすでに死亡している㉓も含まれていない。これらとは逆に，「ちかいオヤグマキ」ではないが，最近当家のオヤグマキに含まれた家が⑨（図では省略）である。

⑨がオヤグマキに組み入れられたのは，2，3年前の⑨での結婚式に当家が招待されたことによる。⑨と当家は血縁·姻戚関係はなかったにもかかわらず，⑨が当家を結婚式に呼んだ理由は，「(自分の家が）商売しているから」であるという（⑨は当地で雑貨商を営んでいる)。エゴの妻は，「⑨のような旧家に対しては，こちらから先に呼ぶことはできなかったが，むこうが呼んでくれたので，それ以後はお互いに呼び合うようになり，オヤグマキとしてつきあっている」と述べていた。さらに当家のトナリもオヤグマキに含まれる。

【事例2】図2－3（→章末53頁）参照

エゴ（話者）の父のユブシムスコは㊴の現当主とa（没）であった。エゴ自身は当家のむつ市の分家から養取されたが，村会議員をつとめたり，「目名生産森林組合」結成に際しての中心人物の一人でもあった。彼のユブシムスコとしてはbとc，dおよび㊳の現当主の父の弟f（むつ市在住）があげられる。エゴのユブシムスコ達は，彼らが20歳頃に彼らの父母が酒を持って頼みにきたという。昔であれば，「オヤはムスコに何か買ってやったり，ムスコは野菜などを持ってきた。今もお互いの家で何かあれば手伝いに行き合う」。しかし，fはむつ市在住なので今ではそういうツキアイはほとんどないという。

エゴの家の「ちかいオヤグマキ」にはエゴのユブシムスコの家とエゴの父のユブシムスコのaの家と㊴を含んでいる。さらに，図中のgはむつ市生まれであるが，幼少期から当家で養育された「里子」であった。そのgの婚出先も「ちかいオヤグマキ」に含まれている。「ちかいオヤグマキ」はこれら以外では，本家とそこからの分家，当家の分家をはじめとして図2－3に示した。これらのなかでhについては「昔からのツキアイ」であるとして，その血縁関係ないし姻戚関係のみによるのではないとされた。ここでは当家からの婚出先iやそこからの婚出先jは含まれているが，jからの婚出先であるk，bへの婚入者の生家p は含まれていない。

【事例3】前掲図2－3参照

ここでは**【事例2】**のエゴ（話者）の家の分家mのオヤグマキをみてみよう。

図2－3の分家の当主mの父（没）のユブシオヤはjの父であったが，m自身のユブシオヤは㉟の現当主であり，父子でユブシオヤが一致しているわけではない。この㉟の現当主のユブシムスコには他に⑲の前当主（没）と㉔の現当主がいる。mがユブシムスコになった理由は㉔の現当主がすでにユブシムスコになっており，「一緒にキョウダイになろう」と誘ってくれたからであるという。また，⑲の前当主はすでに死亡したが，その妻は健在であるので，前当主が生きていた時と同様のオヤグマキとしてのツキアイはあるという。

mの家の「ちかいオヤグマキ」をみてみると，これらj，⑲，㉔を別とすれば，本家と共通するオヤグマキは図2－3のh，および本家の本家nのみであるが，nはmとマタイトコでもある。他に⑯，㊵を含んでいるが，その理由は双方とも2，3世代前に「本家（**【事例2】**のエゴの家）から嫁，聟《むこ》をだしたから」であるという。しかし，双方とも**【事例2】**では「ちかいオヤグマキ」に含まれていないだけでなく，⑯については明確にオヤグマキではないとされていた。

【事例4】図2－4（→章末54頁）参照

エゴ（話者）は㉛（図2－4では省略）の前々当主（没）のユブシムスコであり，エゴの父（没）は最近他集落に転出した家の前々当主（没）のユブシムスコであり，ここでも父子のユブシオヤは一致していない。エゴのユブシムスコ はいないが，aの娘をユブシムスメにしているという。これはaには男の子がいないためであるという。さらにエゴの長男は⑭の現当主のユブシムスコである。これらのユブシオヤ・ムスコ関係にある者の家とともに本家とそこからの分家はここの「近いオヤグマキ」に含まれているが，分家の分家は含まれていない。

この事例で注目されるのはbとcの場合であろう。bの母とエゴの母，エゴの父の母とcの父の母が「チカクシタ」（仲良くなった）ので，b，cとオヤグマキになったという。しかし，bとはトナリでもあり，bの当主はそのことを理由としてあげている。これに対して，cとの場合は両者が同じ他集落出身者であったので「チカクシタ」という。さらに，㊴の前当主とエゴの父はかつて同じ製材所で働いていたので，㊴もオヤグマキになったという。この事例においては，エゴの家への婚入者の生家とそこからの婚出先はオヤグマキに含まれているが，その生家への婚入者の生家dは含まれていない。

【事例5】図2－5（→章末54頁）参照

エゴ（話者）のユブシオヤはaであり，ユブシムスコはbとcの２人である。このうちbの結婚式のときにはナコードになり，またcのユブシオヤになったのは最近であるが，これもcの結婚が間近にせまったので，ユブシオヤになってくれるように頼まれたという。しかし，エゴ自身の結婚のときには，aではなく分家のオジ（隣集落居住）がナコードであったという。エゴによればユブシオヤやユブシムスコとは「チノミチのある者と同じツキアイをする」としてオヤグマキに組み入れている。これら以外の「ちかいオヤグマキ」は図2－5に示しているが，ここで注目されるのは，dとfである。両者とも当家への婚入者生家であるが，当地居住のdはすでにオヤグマキではないとされていた。さらに，上田屋のfについても「自分の代で終わりだろう」と述べている。また，gの母（没）は 当家の「里子」であったためにオヤグマキに含めている。この事例においても，婚出先か らのさらなる婚出先であるh，iは含まれるが，婚入者生家jは含まれていない。

【事例6】図2－6（→章末54頁）参照

エゴ（話者）のユブシムスコはaであり，エゴの長男のユブシオヤはbである。エゴがaをユブシムスコにしたのは約20年ほど前であり，「縁がうすくなるので，むこうからムスコにもらってくれと言ってきた」という。エゴによれば，「ユブシムスコをとるのはオヤグマキになるためである」し，「普段の生活でもしょっちゅう行き来していればオヤグマキだ。だからトナリとは血縁関係はないがオヤグマキのツキアイをしている」。エゴの「ちかいオヤグマキ」には，このトナリである隣家，ユブシオヤ・コ関係にある者の家，本家と高間木の分家，妻の生家，さらに，cの婚出先も含まれていたが，本家の本家は含めてはいない。cはエゴの妻の母方のイトコであったが，妻の生家で養育されていた。

この事例でのd，fは当家の「里子」であった。dは北津軽郡出身であり，「小学生くらいの時にうちにきた」が，成人後は故郷にもどったという。fは成人後は当地のやはり「里子」であった女性と結婚し，現在は神奈川県に居住しているという。どちらも当然「ちかいオヤグマキ」に入り，ツキアイは続いているという。

この事例のなかで，オヤグマキとしてのツキアイが消滅した例としてとりあげられるのは，エゴの父のユブシムスコとの関係である。父の死亡後もオヤグマキとしてのツキアイをしていたが，その者が「むつ市に移転したのでツキアイはなくなった」という。このようにオヤグマキのツキ　アイが中絶するのは転出によるだけではない。エゴの母を媒介とするgとは「ちかいオヤグマキ」ではなかったが，オヤグマキの一員として葬婚時には「呼び合う」ツキアイをしていた。しかし，4，5年前のgでの法事に際して，gから「オヤグマキのツキアイをやめたい」と言ってきたので，それ以後はツキアイをとりやめているという。

3　家族・親族慣行のゆらぎ

1　親族研究とオヤグマキ

本節では前節でのオヤグマキの事例を念頭におきながら，当地の家族・親族構造について若干の分析を試みよう。その際，まずとりあげなければならないのは，オヤグマキという語彙の用法であろう。「行ったり来たりしていればオヤグマキになる」ということは，オヤグマキそのものではなく，オヤグマキと同様のツキアイをするということを意味しているのであろうか。この点は，かつてD.M.シュナイダーが論じていた点でもある。彼はオバaunt，オジuncleという語彙を例として，非血縁者に対しても同様の語彙で呼びかけるのは，「オジさんのような役割を担う人」，「オバさんのような役割を担う人」を意味しているにすぎないとした[18]。

しかし，このことは本来の「オジ」，「オバ」という親族員を近代生物学的血縁関係から把握することを意味し，シュナイダー自身が従前の親族研究に対する批判のなかで論じていた西欧的先入観にとらわれていたことになろう。すなわち，前章でも言及したように，シュナイダーによれば西欧の人類学者が親族研究に力をいれたのは，自らの西欧社会での「血は水より濃い」という民俗意識や生殖についての特殊近代西欧的観念に染まっていたからであるという[19]。「血は水より濃い」故に，血縁関係者と非血縁関係者が区別され，親族語彙は前者にのみ限定される。「オジ」と「オジさんのような役割を担う人」の区別はまさにこのことを表している。

オヤグマキに含まれるユブシオヤ・ムスコや「里子」は，非血縁者である場合が多い。これらの事象については，前章でも若干言及したように，従来は「擬制的親子関係」として語られてきた。しかし，この「擬制」とは，常に「擬制」ではない血縁関係を前提としている。血縁関係は近代生物学的関係であろうが，民俗生物学的関係であろうが，ここではさほど関係しない。問題は「擬制」と「擬制でない」関係の区別にある。この区別をすること自体が「暗黙の前提」とされ，その指標は生物学的，あるいは民俗生物学的血縁関係に求められる。すなわち一方はこの関係を有し，他方は有しない。そして本来の関係が前者である故に，後者は前者の「擬制」ということになる。しかし，このような指標を掲げること自体が「血は水より濃い」という近代西欧社会特有の観念の表出であろう。

近年の親族研究では，シュナイダーによる従前の親族研究批判を踏まえて，非西欧社会での親族を，生殖という生物学的血縁関係以外の視点から把握しようとする試みが盛んである[20]。これらを概括したL.ホリーは「概念として意義を有するためには，親族関係kinshipは，分有される身体的，精神的構成物とそれらの伝達から生じる関係性relatednessという文化的に特別な観念として理解されねばならない[21]」と述べている。

ここでの「関係性」という一般的な観念は，それぞれの社会においてその内容が付与されていくのであろうか。当該地でのオヤグマキには確かに血縁関係をたどることによって組み入れられている者と，そのような関係はなくてもオヤグマキとされている者がいた。便宜上前者をタイプⅠとしてこれに本分家関係を含め，後者をタイプⅡとしておこう。

タイプⅠのオヤグマキは，おおむね前述の蒲生・大胡の言う「自己を中心とした尊属2世代，卑属2世代を中核とする」ことになる。つまり，自己（の家）からの分家，ないし本家と，上下2世代の範囲での血縁関係者，婚出先，婚入者生家を含む。さらにこの婚出先からの婚出先も含むのに対して，婚出先への婚入者の生家は除外される傾向がある。また，自己の家への婚入者の生家への婚入者生家も同じ傾向があろう。

この点については，蒲生正男がかつて岩手県下の一村落での親族の組織化に関して，「婚出なり婚入者をだしたカマドから〝分出・婚出〟したカマドを含むが，そのカマドに婚入者を出したカマドは除外している。いわばカマドの「単系性」を前提とした「単性的」unilateralなカマド間の組織原理が働いていると言えよう[22]」と述べていたことが想起される。当地のオヤグマキについての「単系的」，「単性的」な傾向については留保されるべきであろうが，エゴの家からの分出･婚出の連鎖によってオヤグマキに組み込まれる傾向は見てとれる。この点を敷衍すれば，生殖を媒介とした身体構成要素substancesの伝達による「関係性」によってこのタイプのオヤグマキが構成されていることになろう。

タイプⅡは，ユブシオヤ・コ関係や「里子」を含むオヤグマキであるが，ここではタイプⅠの生殖を媒介とした身体構成要素の伝達は見られない。双方とも当該者のみの関係であり，世代継続性がないことは上記の事例から知れよう。そして，「里子」が当該家での共住期間をへて，その後の分出後にオヤグマキに組み入れられているのに対して，ユブシオヤ・ムスコ関係はムスコとなる者が一定の年齢に達した時に締結される。このような差異にもかかわらず，両者はともに関係者が当初は当地居住者であり，かつその後の葬儀，婚礼時での「呼び合い」，「手伝い」等のツキアイの継続を条件としてオヤグマキに含まれているのである。当地からの転出後であってもこのようなツキアイ如何がオヤグマキの指標となっている。そうであれば，ここでの「関係性」はツキアイという相互扶助的な行為遂行によって生み出されていることになろう。

しかしながら，このタイプⅡを特色づける指標は，タイプⅠのオヤグマキにも共通しよう。そうであれば，このツキアイという慣習的行為がオヤグマキを生み出し[23]，持続せしめる第一の前提条件になり，タイプⅠ・Ⅱはその下位区分ということになろう。この慣習的行為をなさしめる契機がタイプⅠとⅡでは異なっているにすぎない。このような理解に対する反論として，この種のツキアイを指標にすると，他の近隣関係や友人関係と親族関係の区別が不分明になるとの指摘がある[24]。しかし，この反論の前提は親族関係，友人関係，近隣関係を予め区別している。つまり，これらの関係性が異なるものであることを前提としているのである。

当地の事例では，トナリ，キャグ，さらには「チカクシタ」，「同じ製材所では働いていた」という種々の理由によってもオヤグマキになり得る。とすれば，当地の民俗意識ではこれらの区別は，少なくとも第一の前提とはされていない。それらを包括し得るものとしてオヤグマキが考えられているのである。そうであるとすれば，オヤグマキの範囲を決めるツキアイの継続如何には，人為的な選択が加わることになろう。誰をユブシオヤにするのかと同様に，タイプⅠにおいても，おおむね上下２世代の範囲内とはいっても，その範囲の全てとツキアイを継続するわけではなく，**【事例２】**と**【事例３】**でのような差異を生み出してくるのである。

２　家族・親族慣行の変遷

本項で注目されるのは，1960年代前半から中頃にかけて当地を調査した竹内利美らによるオヤグマキとイトコマキの区別，ユブシオヤ・コ関係についての記述である。竹内によると，前述のように本分家関係による家々のつながりはオヤグマキであり，「親族仲間」はイトコマキと呼ばれ，両者は「村内では混融して一つの交際圏を家ごとに描くといった方がよいようである。さらに，ユブシゴ（ヨボシゴ，エボシゴ）の慣習が近年まで残っていて，男子（主に跡取）は結婚適令期になると，しかるべき人物を村内から立てて，オヤになってもらった。――そしてその家同志は親族に準じた交際を持続した[25]」。

この指摘によると，ユブシオヤ・ムスコ関係は当時すでに消滅過程にあったが，それにかかわる家々は「親族に準じた交際」，すなわちツキアイを持続していた。しかし，これはイトコマキとともにオヤグマキに含まれていたわけではない。これに対して，現在では，イトコマキという語彙自体が当地では知られていない。否，少なくとも，日常会話においては用いられていない。かつイトコマキの意味するところである本分家関係以外の血縁・姻戚関係，およびユブシオヤ・ムスコ関係は，すでに指摘してきたようにオヤグマキに含まれている。

つまり，この約30年間にイトコマキという語彙の消滅とオヤグマキという語彙の用法の変化があったことになろう。オヤグマキの範囲がイトコマキ，ユブシオヤ・ムスコ，さらには「里子」をも含むまでに拡大したのである。そしてこのような拡大が可能であったのは，当時のオヤグマキ，イトコマキ，ユブシオヤ・ムスコとされるそれぞれ家間関係の機能に一定の共通項があったからではなかろうか。1960年代の当地の本分家関係では，「土地所有に格別の格差はなく，分派の年代も古いので，本家の優位も目立たず，家交際の面で他と若干のちがいがみられる程度で，マキとしてあまり特殊の機能はもたな[26]」かった。このことは各種の家間関係における「家交際」，ツキアイでの共通項の存在を示唆し「混融して一つの交際圏を家ごとに描く[27]」ことにもなる。この共通項の存在が，本分家間と同様のツキアイをしている家，つまりトナリ，キャグをはじめとして，イトコマキやユブシオヤ・ムスコをオヤグマキに組み入れる十分条件となったのである。

ユブシオヤ・ムスコ関係が世代継続性を有していないことは事例のなかで既述したが，このことはユブシオヤ・ムスコ関係が当事者ごとに変更可能であることを意味し，「家交際」の対象を選択，拡大する「戦術」としてこれを用いることができることになる。このような「規則」に拘束されることのない融通性はキャグにもあてはまり，行為遂行如何によって左右されるというオヤグマキの性質ともなじみやすい。そして，これらがオヤグマキに組み入れられることによって，オヤグマキ自体の人為性が増し，最近においても容易にその生成と消滅を可能にしていることは，**【事例1】**のエゴと⑨の場合や**【事例6】**のエゴとgの場合からも知れよう。そして，このような視点からみれば，「ユブシムスコをとるのはオヤグマキになるため」という説明や，「キョウダイになろう」という誘いによってユブシムスコになった**【事例3】**，「チカクシタ」のでオヤグマキになった**【事例4】**なども理解できよう。

さらに，前述の竹内の指摘によれば，当時ユブシオヤ・ムスコ関係はすでに消滅過程にあった。にもかかわらず，現在ではこの関係が当地の家々を縦横に結び付けていることは，1960年代以降にこの慣行が再び盛んに行われだしたということになろう。上記の6事例でのユブシオヤ・ムスコ関係においても，少なくない事例がこの時期以降に取り結ばれており，これを組み入れたオヤグマキ自体にもこの変化はあてはまろう。このような傾向は家々の「関係性」がこれらの諸慣行によって再度生み出されてきたことを意味する。それでは，なぜこれらが再度生じてきたのか，またこの傾向のなかで，なぜイトコマキではなくオヤグマキが拡大したのであろうか。

ここで，タイプⅠのオヤグマキのなかには具体的な血縁・姻戚関係が不明な場合が少なくなかったが，そのなかでも本家の特定だけは明確であったことを想起したい。この点は竹内の指摘とも一致しているが，このことは当時の「本源的な家とみられるのは，一一戸である」という状態がそのまま現在も継続していることを意味するわけではない。竹内の言う11戸がどの家なのかは特定できないが，現在の「本家」とされる家が7戸であることは，過去約30年間に旧来の38戸のうち転出したのが1戸のみであることを勘案すると，「本源的な家」についての認識やその系譜認識が変化したと推測されよう。そして，もしそうであれば，この変化は系譜関係の集中と拡散によって生じるであろう。すなわち，それまでの「本源的な家」が他家に系譜の本源を求めることによる系譜関係の集中と，「本源的な家」であった総本家とその孫分家のツキアイの消滅による系譜関係の拡散である。

問題は，このような変化を伴う家族・親族慣行が何故活性化してきたかである[28]。ここではその原因を当該村落社会の諸状況から考えていきたい。まず，戦後当地では高間木，向坂，向野といった枝村が発生し，それらに分家が多く分出した。このような枝村に対して目名本村を区別していたのが，旧来の38戸がその権利を有している共有山林の存在であった。多かれ少なかれ，これに基づいて各種の協同労働，村規約が目名本村を「半自律的社会領域」the semi-autonomous social field[29]としていたのであろう。しかし，前述のように，昭和38（1963）年から始まった「目名生産森林組合」への権利の移行，さらには各種の村規約，村休みの廃止，そして当地の村落組織を最も特徴づけていたとされる年序体系の中核をしめる「目名青年会」の改組などが，この「半自律的社会領域」を弛緩せしめてきたのである。

特に「目名生産森林組合」の結成とその組合員の目名本村外居住の認容は，確かに法的な次元での各組合員の確定とその権利の確保には役立ったであろう。しかし，このことはこの組合員と非組合員の峻別を，それまでの協同労働等の各種の行為の実践によるだけでなく，公式法にも依拠せしめることになるとともに，目名本村と「目名生産森林組合」を分離しよう。分離された目名本村は，もはや行政上の地区でもないことによって公式法の世界から解き放されることになった。ここにおいて，これまでの共有山林を基盤としない，あるいはそれに拘束されることのない目名本村内のつながりが求められ，旧来の家族・

親族慣行をそのための「戦術」として利用したのではなかろうか。昭和38(1963)年以降の登記がえの進行過程が，本稿で論じてきた家族・親族慣行の活性化と並行していることは，このことを示唆しよう。

このような解釈を前提として，再度オヤグマキの用法の拡大とユブシオヤ・ムスコ関係の活性化を考察しよう。再三言及したが，竹内利美の記述を前提とすると，1960年代中頃以降に各戸相互のツキアイ，葬婚時の「呼びあい」，「手伝いあい」などの規範を伴うオヤグマキ，イトコマキ，ユブシオヤ・ムスコが再度注目されるようになった。しかし，イトコマキが「親族仲間」として，シンルイ・シンセキと同義であるとすれば，本稿ではその多くを省略したが，目名本村外にもそれらは存在しよう。

とりわけ，現当主世代での村内婚率の低下は目名本村外との通婚の増加，その結果としての目名本村外のシンルイの増加をもたらす。このようななかで，当地での各戸の結びつきを強化するためには，目名本村外のシンルイなどとの結びつきとは異なった連帯が求められよう。そのためには本村内での結びつきの構成単位とその機能を異質化する必要がある。機能での異質化は本村内での日常生活でのツキアイの強調によって図られる。このことは従前の本分家関係，婚家・生家関係，ユブシオヤ・ムスコ関係，トナリ関係でのツキアイの共通項の存在を前提とすれば，その共通項の強調によって図られることになり，その結果が多様な契機による日常生活上の互助協同の促進ということになるのであろう。

その一方で構成単位の異質化とは本村外の家との差異化であり，構成単位を本村内の家に限定することが必要である。このためにユブシオヤ・ムスコ関係を再度活性化することが図られた。なぜならばユブシオヤは主として各戸の跡取り予定者である長男が，本村内の各戸の当主である「しかるべき人物」に依頼することによって本村内での家々の結びつきを生みだすものであるからである。確かに，ユブシオヤ・ムスコ関係は本村の枝村である向坂，高間木，向坂の各戸当主とも取り結ぶことも可能であり，その事例もある。それにもかかわらず，その多くが目名本村の居住戸間で取り結ばれていることは，この関係締結が本村居住戸のつながりの強化を目的としてきたことになろう。このようなユブシオヤ・ムスコ慣行の活性化過程で，本村外のシンルイをも含み得るイトコマキという語彙の消滅，そして本村内のイトコマキのオヤグマキへの組み込みによるオヤグマキという語彙の変質，そして総本家と孫分家の間のような系譜関係の消失，「本源的な家」の減少が生じてきたのではなかろうか。

おわりに

当地のオヤグマキは単なる自己の尊属，卑属のみを包含するだけでなく，ユブシオヤ・ムスコ，「里子」，さらにはキャグなども含み得る事象であった。本稿では，このオヤグマキが双系的であるか，父系的であるかといった親族構造を探求することを主たる目的とはしなかった。現在の家族・親族研究で問われているのは，そのような一般的範疇によって類別することではなく，当該の民俗語彙が当事者においては何を意味し，それがどのように変動してきたかであろう。少なくとも，当地ではオヤグマキという語彙は現在に至るまで使用され続け，ユブシオヤ・ムスコ関係も継続されている。しかし，このことはその内容，機能がいつの時代においても同一であったことを意味していない。そして，このオヤグマキが親族関係kinshipであるか否かは，家族・親族関係をどのように定義するかによって異なろう。家族・親族関係を生殖や遺伝子的関係genetic relationを特権視する「血は水より濃い」との特殊近代西欧的民俗観念に埋没したものとして把握するならば，オヤグマキは親族関係であるとは言いにくいであろう。

本稿ではこの西欧的前提を回避するために，「関係性」という概念によってオヤグマキを把握しようとした。「関係性」をもたらすものとして，ツキアイという慣習的行為をとりだし，その実践によって相互が結びつくとき，そこにオヤグマキという関係性が生じるのである。重要なのはこの結びつき如何であり，結びつきを生みだす契機の異同はさほど問われない。ここに生物学的血縁関係だけでなく，様々な契機が入りこむ余地が出てくるし，またそれらを許容しえる幅（allowance）が生まれる。そして，この幅が様々な変動をオヤグマキに持ち込むことを可能にしつつも，それを存続せしめていくことになるのである。

この変動を生み出す一契機を，本稿では「目名生産森林組合」の結成に求めた。この結成は，組合員の確定と権利の確保がそれまでの当地での村規約，慣習ではなく，公式法にも依拠することになったことを意味しよう。従前の村規約なり慣習への依拠は，その逸脱者へは集落自体が制裁を科すことが可能であろうが，逆にその遵守も集落自体が負わなければならない。この場合の遵守は，山林の手入れなどへの出役のように当事者自身の行為遂行によって絶えず担保され続けられなければならなかった。「目名生産森林組合」の結成という法的措置は，共有山林についてのそのような行為遂行によるつながりの担保を軽減しつつ，他方で目名本村との分離をももたらした。このことが「部落会」の収入や「部落会」としての協同労働の消滅をもたらし，逆に「部落費」徴収に至ったのである。

さらに，目名本村では組合員以外の居住が始まることによって，それまでの共有山林を基盤としていたつながりに代わるものを求めることになり，オヤグマキがここで再度利用されることになる。このオヤグマキという関係性では，もはや共有山林との関わりを有していない故に，その保全等の特定の目的に制限されることない日常生活でのツキアイが主題化してくる。このことによって，これにユブシオヤ・ムスコ関係や「里子」関係などが包摂されることとなろう。そして，このツキアイの主題化過程が当地の家族・親族慣行の変動過程として現象してきたのである。つまり，ツキアイという慣習的行為を通じて目名本村が構造化され，構造化されるなかでオヤグマキという名のもとでのツキアイが，その内容を変化・増殖させながら再生産されていったのである。

1）この点は入会慣行と生産森林組合の運営とにおいても見られよう。すなわち，生産森林組合は入会林野の個別私権化に伴う危険を避け，「林業経営のスケールメリットを発揮させよう」という意図によって昭和30年代に奨励された。しかし，昭和40年代になると，様々な原因によって「未整備の総有形態の入会林野はもちろん，整備の結果近代的協業組織に生まれ変わったはずの生産森林組合の所有森林にあっても，収益の公共費用への充当を契機にして，共同体的原理に基づく運営の復活した事例が少なくない」武井正臣・熊谷開作・黒木三郎・中尾英俊編著『林野入会権』（一粒社，1989年）142～143頁。なお，S.F.Moor, *Law as Process*（Routledge & Kegan Paul, 1978), p.50も参照。

2）A.Sarat and T.R.Kearns,“Beyond the Great Divide : Forms of Legal Scholarship and Everyday Life” in *Law in Everyday Life*（ed.A.Sarat and R.T.R.Kearns, The University of Michigan Press, 1993), p.60.

3）L.Nader and T.Plowman,“Anthropology and Everyday Scholarship” in *American*

Anthropologist vol.98 no.3 (1996), p.625.

4） 本章と次章での資料は同一期間の調査によって得られたものである。

5） 竹内利美編『下北の村落社会』(未來社，1968年) 225頁。

6）「部落会」，「部落」という語彙は，当地では日常的に使用されているので，本稿においても必要に応じてそのまま使用する。

7）「若者組は大正初期の頃まで「ワカゼ」と呼称されていたが，大正四年「目名青年会」と改称し，時代の要望に答え組織をかえているが，従来の若者組の伝統や機能はそのままひきつがれたようである」東通村教育委員会編『青森県下北郡東通村民俗調査報告書第6集　目名・尻屋・小田野沢』(1987年) 37頁。

8） 竹内編・前掲注5) 228～229頁より引用。

9） 同上247頁より引用。

10） 平成8年には1.5日分の山林の手入れを東通村生産森林組合に委託したが，その料 金が高額であったため，来年以降も委託し続けるかどうかは検討中であるという。

11） 竹内編・前掲注5) 226頁。

12） 前章でも言及したが，当地でモライッコと呼ばれる事象はおおむね里子に相当するので，本稿でも括弧付きの「里子」と表記したい。

13） 川島武宜「日本封建性のアジア的性質」『川島武宜著作集第十巻』(岩波書店，1983年) 所収，23～28頁参照。

14） 東通村教育委員会編・前掲注7) 41頁より引用。

15） 竹内編・前掲注5) 231頁。

16） 蒲生正男・大胡欽一「地域社会の流動と停滞」九学会連合下北調査委員会『下北　自然・文化・社会〔復刊版〕』(平凡社，1989年) 453頁。

17） 立花勇は「下北ではケヤグ又はキャグともいわれ……下北の場合はエボシオヤが村落内の疑似親族制をあらわしているのに対し，ケヤグは部落外の人との擬制親族関係をあらわしており，祝儀不祝儀の折などオヤグマギとしての交際を続けながら社会的又は経済的に特別の関係で結ばれている同士あるいは家同士をいうことばである」(立花勇「下北の擬制親族について」うそり11号〔1974年〕12頁) としているが，当地では同じ目名内においてもキャグと呼ばれる者や家が存在する。

18）「親族語彙は親族の者や親類でない人に適用されることもある。この場合は親族語彙は役割，ないし行動規範のみを示している。……親族語彙が適用された人物が必ず親類であるということを，親族語彙の用法のみから推測することはできない」。「オジの妻，オバの夫が「オバ」，「オジ」と呼ばれるということは，なんらかの親族の役割が彼らに対してむけられているということを意味しているにすぎない。彼らは親類であるかもしれないし，ないかもしれない。なぜならば，彼らが何と呼ばれているかということと，彼らが親類として数えられるか否かは，同じ問題ではないからである。」D.M.Schneider, *American Kinship* (The University of Chicago Press, 2nd edition, 1980), pp.100-101.

19） D.M.Schneider, *A Critique of the Study of KINSHIP* (The University of Michigan, 1984), pp.165-177.

20） M.Marshall, "the nature of nurture" in *American Ethnologist* VOL.4 No.4 (1977), pp.643-662, M.Bouquet, *Reclaiming English kinship* (Manchester University Press, 1993), J.Carsten,"the substance of kinship and the heat of the hearth:feeding, personhood, and relatedness among Malays in Pulau Langkawi" in *American Ethnologist* Vol.22 NO.2 (1995), pp.223-241.

21) L.Holy, *Anthropological Perspectives on Kinship* (Pluto Press, 1996), p.171.

22) 蒲生正男「日本の伝統的家族の一考察」『民族学からみた日本』(河出書房新社, 1970年) 65～66頁。

23) 拙稿「親族慣行についての一試論」札幌法学7巻1号 (1995年) 129頁以下参照。

24) L.Holy, *ibid.*, p.168.

25) 竹内編・前掲注5) 232頁。

26) 同上231頁。

27) 同上232頁。

28) 立花勇はこのことに関して,「下北の厳しい自然と乏しい生活の中で地縁的な結合としての村落共同体に安堵できず, かといってせまい範囲のしかも互いに重複しあう血縁関係でも充足されず, それよりはかつての村落内の重要だった義理を媒介とする擬制親族関係によって自分たちの社会的存在をより確かなものにし, 社会生活の精神的なよりどころしようとする先人たちの意志 (それが意識的であれ, 無意識的であったにしろ) をくみとらざるを得ない」と述べている。立花勇『下北の民俗あれこれ』(1989年) 23頁。

29) Cf., S.F.Moor, *ibid.*, pp.54-81.

【付記】 本稿の基礎資料は平成8 (1996) 年6月18日～20日, 同年8月2日～18日までの期間に行われた筆者の単独調査によって得られたものである。

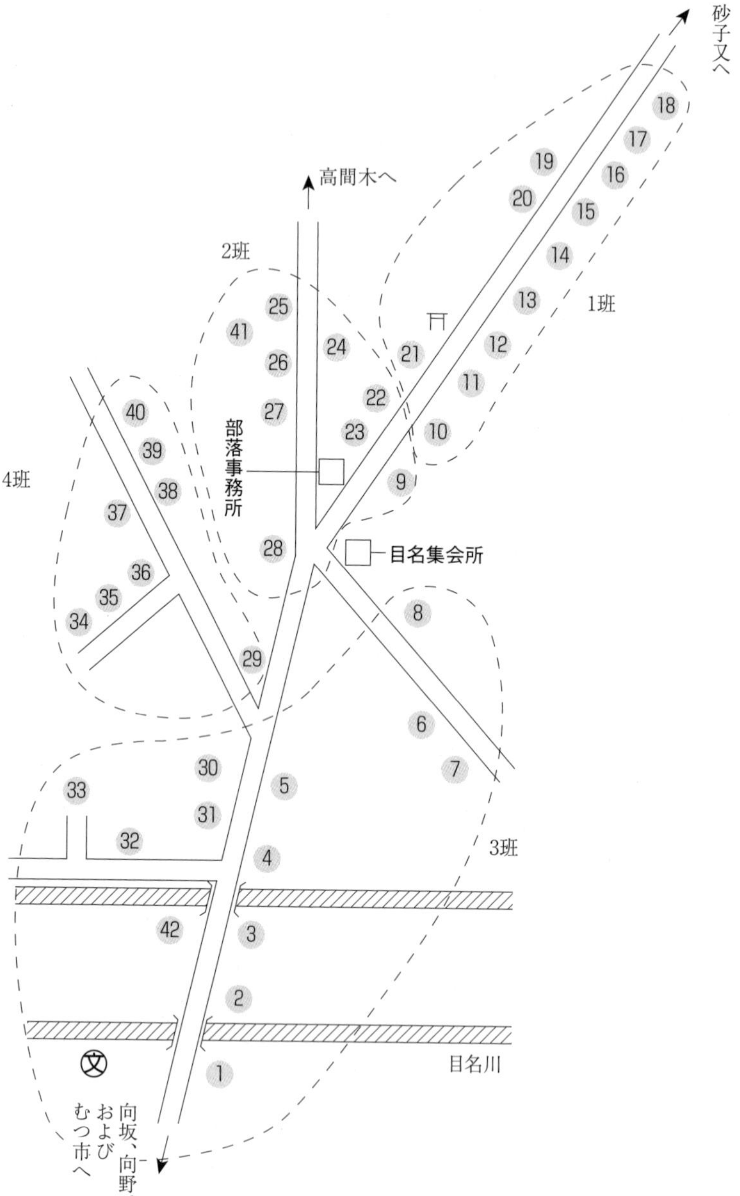

▶図２－１　目名本村の家屋配置図

注：番号は便宜上筆者が付したものである。⑮は向坂に転出。

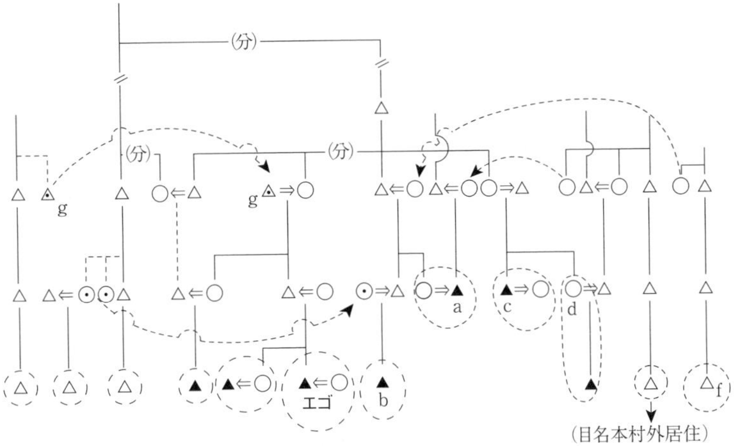

▶図2－2　オヤグマキの事例1

注：▲はエゴ（話者）のオヤグマキの家の当主。◬，⊙は「里子」である。以下，図2－6まで同様。

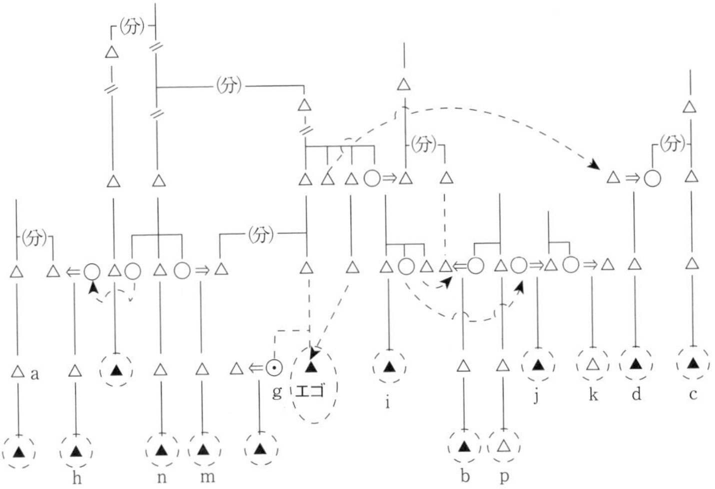

▶図2－3　オヤグマキの事例2・3

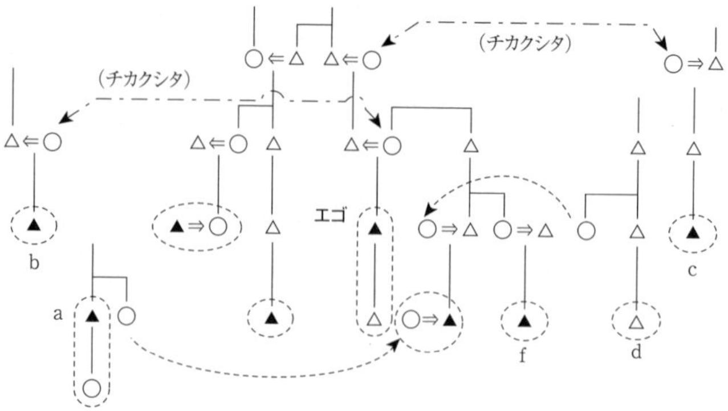

▶図 2 − 4　オヤグマキの事例 4

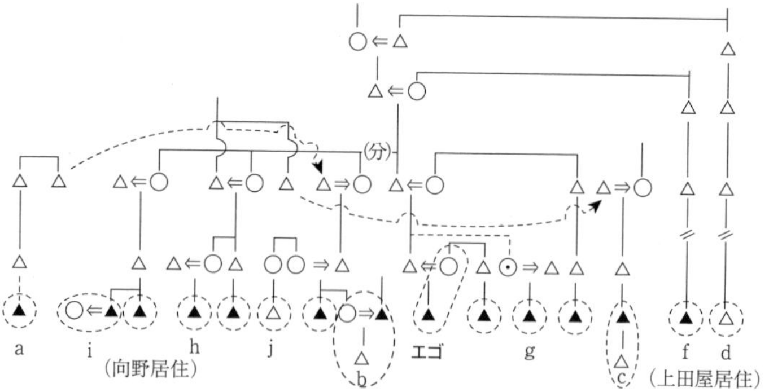

▶図 2 − 5　オヤグマキの事例 5

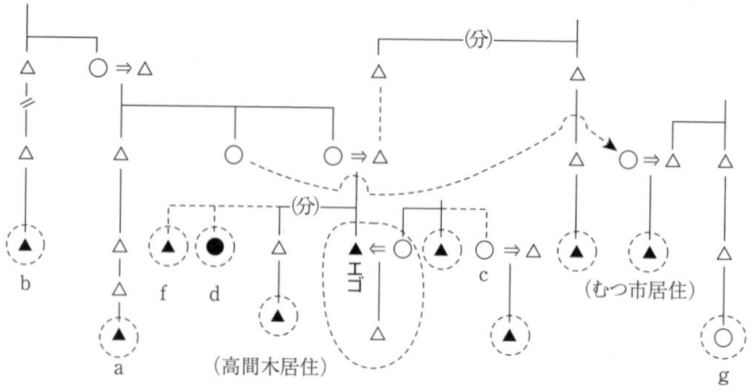

▶図 2 − 6　オヤグマキの事例 6

世代＼員数	1	2	3	4	5	6	7	8	9	計
I	3	8								11
Ⅱ		4	8	3	2					17
Ⅲ				5	2	1	3			11
Ⅳ									1	1
計	3	12	8	8	4	1	3		1	40（戸）

▶表２－１　同居世代・員数別家族構成

1代	4戸
2代	1戸
3代	12戸
4代	0
5代	1戸
6代	0
7代	1戸
不明	21戸

▶表２－２　世代数継続数

前当主	現当主	戸　数
1m	1m	18
1m	2m	1
1m	4m	2
1m	a m	2
1m	－	2
2m	1m	3
2m	2m	2
2m	－	1
a m	2m	2
a m	a m	1
＊	1m	1

▶表２－３　当主の続柄

注：1mは長男，2mは次男，4mは四男，a mは婿養子，＊は不明，－は未定

世代＼出身地	東通村									川内町	大間町	大畑町	むつ市	横浜町	三戸郡	東津軽郡	野辺地	三沢	不明
	目名	上田屋	下田屋	砂子又	岩屋	鹿橋	野牛	袰部	向野										
前当主世代	16	2	0	0	0	2	1	0	0	0	0	0	7	1	1	1	0	1	3
現当主世代	5	1	2	2	3	0	1	1	1	1	1	1	12	1	2	0	1	0	1

▶表2－4　婚入者の出身地

出身地	A		B	
目　名	5	14.7%	30	40.6%
東通村内	11	32.4%	14	18.9%
下北郡内	14	41.2%	18	24.3%
青森県内	4	11.8%	10	13.5%
青森県外	0	0%	2	2.7%

▶表2－5　完全夫婦の通婚圏

注：Aは1996年8月現在，Bは竹内編『下北の村落社会』p.231より。

第3章　下北村落におけるオヤコ慣行
──ユブシオヤ・ムスコ関係と「里子」慣行──

はじめに

近年，生殖補助医療についての議論が高まり，わが国でも法務省や厚生労働省の審議会などにおいてその法制化をめぐる議論が続いている。そこでの論点の一つは「親は誰か」である。特にAIDや代理母出産の場合に，妻のAIDに同意した夫，遺伝子上の父と母，遺伝子上の母と異なる分娩の母などが並存し，出生子の親は誰であるのかが議論の対象となってきている。本稿ではこういった生殖補助医療をめぐる法制化の議論やその是非に踏み込むつもりはない。ここではこうした議論が生じる背景に存すると思われる「血縁主義[1)]」および「基準としての実親子関係・擬制としての養親子関係」という図式に疑問を提示するために，多様な民俗的なオヤコ関係から生まれる家族・親族事象に焦点を絞りたい。このことは親子法上の「血縁主義」への批判を法解釈学とは異なる視点，法社会学からの視点から論じることになる。

「法社会学のアイデンティティ」が模索されて久しいが，最近の法社会学界においては積極的に実定法，ないし法解釈学との関わりを求めたり，あるいは紛争処理過程論に活路を求めているように思われる。このような方向性を本稿で否定するつもりはないが，それらだけが法社会学の存在意義なのであろうか。「法の影（shadow of law[2)]）」のもとではあっても，実定法とは相対的に自律した領域を構成しながら，その領域で作動する慣行・規範，つまり「生ける法」を追究することも，法社会学の一つの使命であったはずである。この方向性は従来村落社会という場で追究されてきたが，そこには終戦直後の川島武宜の「生ける法」論の影響が大きく，特に家族慣行については「実定法と慣行のズレ」と「後者の否定」が直接連動していたように思われる。

しかし，「生ける法」はこのズレを明示するためや「否定されるべき慣行」

としてのみ存在したのではない。わが国での「生ける法」研究が主として村落社会という場で追究されてきたことが，〈村落社会の変貌＝「生ける法」研究の衰退〉の一因となったとすれば，それは「生ける法」研究にとっては不幸な事態と言わねばならない。もともと「生ける法」は旧来の村落社会にのみ存在したわけではない。現在の村落社会であっても，さらにはそういった空間領域に拘泥することのない法領域においても，「生ける法」は作動し続けているのではなかろうか。

本稿の対象は村落社会での家族慣行であるが，そのような慣行は高度経済成長を経るなかで衰退すると予測されていたし，その後の何の検証もなく「すでに衰退した」と断定されている場合もあった。にもかかわらず，次節以下で論じるように，家族慣行の一部はむしろ活性化している。本稿ではこのような慣行を記述・分析するなかで，家族についての「生ける法」を論じていきたい。

ここでの家族についての「生ける法」とは，家族・親族を構成する「生ける法」である。但し，家族・親族事象を構成する重要な要素としては夫婦と親子があげられるが，ここでは上記のように後者を中心とすることにしたい。後者を中心とすることによって，家族・親族における血縁関係の位置づけがより鮮明化されると思われるからである。このことは血縁関係を重視する，あるいは逆に軽視するという意味ではない。先の親子法での「血縁主義」批判は，〈血縁＝真実〉としたうえで，血縁関係としての親子とは異なる法的親子を擁護しているように思われるが，[3] 本稿では親子関係における〈血縁＝真実〉という前提を相対化することを意図しているのである。

1　ユブシオヤ・ムスコと「里子」慣行の概況

本節では青森県下北郡東通村目名でのユブシオヤ・ムスコとモライッコと呼ばれる「里子」慣行，そしてオヤグマキ（当地で親族を意味する民俗語彙）の概況を述べることにしよう。オヤグマキについてはすでに前章までで一応の考察はなしているが，そこではむしろユブシオヤ・ムスコ関係を含むオヤグマキ慣行の変遷過程を中心に考察した。本節では前章で整理した事例とは異なった事例をも対象としながら，むしろ当該地のもう一つの慣行である「里子」（モライッコ）にも焦点をあててオヤグマキを再考していくことになろう。なお，当該地の家族構成をはじめとする概況等については前章を参照していただきたい。

ただ，当地での「里子」慣行については，行論の必要上再度ここで説明をしておこう。このモライッコと呼ばれる子は，その名が示すように「もらわれてきた子」であるが，モライオヤとの養子縁組はなされていない。よって，慣行上の「里子」に該当しよう。主に幼少期の子どもを津軽地方などから連れてくる場合が多かったが，なかには当地の居住戸の子どもでありながら，当地の他戸の「里子」になっている例も見られる。いずれにせよ，このような「里子」については「実の子同様にあつかった」と言われることが多かった。他地方出身の「里子」は成人後生地に帰る者もいたが，もらわれた家から分家したり，嫁にいったりする者も少なくはなかった。『東通村民俗調査報告書　第6集（昭和61年度）』は，「里子」慣行について以下のように記している。

「もらい子はむつ市の一部や東通村に広く見られた慣習である。戦前までの下北は畜産，山林，農，漁と仕事がいくらでもあったので，多くは津軽や三戸地方から，小学校へ入るころの男の子や女の子をもらってきて育てたものである。もらい子は学校に入れてやり食事なども自分の子と同じようにさせ，子供にもできるような夏の馬の送り迎えなど，女の子だと子守や，炊事の手伝いなどをさせていた。」
「もらい子の籍は，もらい親が寄留届をするのが普通で，入籍はさせなかった。大きくなると男の子だと自分の家の婿にしたり，女だと息子の嫁にすることも間々あり，本人の人柄によっていた[5)]」

今回の調査において確認できた「里子」の人数は20名であり，同時期に複数の「里子」を育てた家もあった。このなかには当地区内外に分家したり，婚出・他出して現在に至っている者もいる。注目されるのは，これらの「里子」が育てられた家，モライオヤ（以下，「里親」と表記する）の家とはその後も交際を続け，オヤグマキとして相互認知されている場合もあることである。「里親」と「里子」には血縁・姻戚関係が無い場合が多いが，そうであってもオヤグマキとしていることは，当地のユブシオヤ・ムスコ関係と同じである。

ユブシオヤ・ムスコ関係は「縁が遠くなった」ので締結される場合もあるが，全く親族関係がない者との間で締結され，以後，彼らが属する家々が相互にオヤグマキと認知されるようになる場合もある。このユブシオヤ・ムスコ関係については，前掲の『東通村民俗調査報告書』は次のように記している。

「男の子が小学校（高等科）を卒業すると，親は村の人格者や，村でも信頼されている人を選んで「エボシ親」（ヨボシ親ともいう）になってもらう。エボシ親を頼みにいくときは，実父が酒一升を持って「オレノワラシ，エボシ息子ニモラテケロ」といって息子をつれていってお願いする」
「まれには，エボシ親のほうから「お宅の息子をエボシ息子にしてくれないか」といって申し込むこともあったが，たいていは実父のほうから願うのが普通だった。エボシ親とエボシ息子との関係は冠婚葬祭はもちろんのこと，普だんのつきあいも実の親戚と同様で，エボシ息子は何か大きな事業をすると等の重要な身のふり方などでも，エボシ親に相談するしきたりであった[6)]。」

ここでの「エボシ親」とは本稿でのユブシオヤであることは言うまでもなく，現在では成人後や，結婚を間近に控えた時期などに依頼することも少なくない。後者の場合はユブシムスコの結婚に際しての仲人をつとめることもあるが，どちらにせよ，前章でも述べたように，ムスコの「後見人」としての役割が期待されており，複数のユブシムスコを有するオヤもいる。そして，ユブシオヤ・ムスコ関係に組み入れられた家々は「普だんのつきあいも実の親戚と同様で」，それぞれオヤグマキとして認知しあうことになるのである。しかし，本来はユブシオヤ・ムスコ関係の結果にすぎないはずの「オヤグマキとしての認知・ツキアイ」を目的として，そのユブシオヤ・ムスコ関係を締結する場合も現在では少なからず存在している。

現在当地に居住する者のなかでのユブシオヤを有する者，ユブシムスコとなっている者は30名であり，すでに死亡したユブシオヤ・ムスコをも含めた場合，この関係によってお互いにオヤグマキであると認知しあっている家々は目名地区ではのべ56組（目名本村ではのべ49組）存在する。生存する30名を生年代別に本村居住者数とともに表示したものが表３－１である。もちろん，この表での現在の本村居住者数は必ずしも本村で生まれ，育った者全員ではなく，さらに他出した者も年代ごとに一定の割合で存在するとは限らないので，ユブシムスコ数の年代別比率（B／A）もそれ自体としては正確ではない。しかし，そうであっても経年の一応の傾向性はここで読みとれるのではなかろうか。そ

▶表3－1　ユブシムスコの比率

生　年	本村現住者数（A）	ユブシムスコ数（B）	B/A
大正時代	10	5	0.5
昭和元年～9年	4	3	0.75
昭和10～19年	9	4	0.44
昭和20～29年	13	9	0.69
昭和30～39年	9	6	0.67
昭和40～49年	8	3	0.38

こで注目されるのは，昭和元年から昭和40年代生まれの者までを比較すると，昭和10～19年生まれの者の比率が最も低く，昭和20～29年，30～39年生まれの者の比率との間に明らかな有意差が認められることである。

この点については，前章でも引用した竹内利美らの報告書の次の一節が参考になる。「ユブシゴ（ヨボシゴ，エボシゴ）の慣習が近年まで残っていて，男子（主に跡取）は結婚適齢期になると，しかるべき人物を村内から立てて，オヤになってもらった[7)]」。ここで記述されている「ユブシゴ」は本稿でのユブシムスコであるが，その慣行が「近年まで残っていて」と説明されている。具体的な状況は竹内の記述からは不明であるが，この慣行が衰退過程にあると認識されていたことは確かであろう。ここでの「結婚年齢期」を20歳代前半から中頃と想定すると，昭和30年代後半におけるこの年代に該当する年齢層は昭和10年代生まれとなり，この世代がそれ以前の世代と比してユブシムスコになる比率が低かったことが，このような竹内の記述に表れたと推測される。しかし，この低下はそのまま持続したのではない。それ以後の昭和20年代生まれの者になると再度その比率は上昇し，以後，昭和30年代生まれの者も実数は少ないが，ユブシムスコになっている比率は高い。このことは竹内らが調査した時期以後の昭和40年代中頃から50年代にかけて再度この慣行が活性化してきたことを物語るものであり，その傾向は現在でも変わっていないと思われる（この理由についての考察は前章参照）。

そうであれば，現在の当地での親族事象としてのオヤグマキを論じる場合には，先述の「里子」はもとよりこのユブシオヤ・ムスコ関係も無視するわけにはいかない。下北地方，特に目名地区のオヤグマキについては，いくつかの先行研究で言及されてきたが，これらの「里子」とユブシオヤ・ムスコ関係を共に包摂するものとしては述べられてはこなかった。竹内利美もなぜか「里子」自体には言及していない。確かに，竹内の論稿は家族・親族事象を主眼とするものではなかったが，当地区の「姓別戸数と居住地」を記した箇所では，現在も存続している「里子」の家を「別姓分家」，あるいは「傍系男子あるいは養子形式による分家」とのみ記している[8)]。後述する事例でも取りあげるように，「里子」が分家することはあったが，「里子」自身は法的な「養子」ではないし，日常的にも「養子」とは区別して取り扱われている。そうであっても，「里子」であるモライッコはその名称が示唆するように，コであることには間違いない。コという点では，実子・養子もユブシムスコ（ユブシゴ），モライッコ（「里子」）も変わりないが，それではこれらの共通点は何であろうか。この点については，次節で事例を分析しながら考察することにしたい。

2　事例紹介

本節では「里子」やユブシオヤ・ムスコ関係を含むオヤグマキの事例を紹介していきたい。前述のように，20人の「里子」と56組のユブシオヤ・ムスコ関係が確認でき，それぞれの関係する家々は相互にオヤグマキである認知されているが，目名地区，特に目名本村ではほとんどの家のオヤグマキにはこれらの関係が含まれている。特に当主のユブシオヤ・ムスコ関係は必ず「近いオヤグマキ」になる。前章でも示唆した当地区での錯綜する親族関係からすれば，ある家のオヤグマキが当地区居住戸の多くを含む場合が少なくない。そういったなかで，オヤグマキに含まれる家々を全て同等に扱うのではなく，差異化する傾向を具体化しているのが前章でも指摘した「ちかいオヤグマキ」という表現である。これは具体的には「祝儀・不祝儀時に１人，ないしは２人の手伝いを頼む」オヤグマキであり，それ以外の「とおいオヤグマキ」とは明らかに差異化されている。

この「ちかいオヤグマキ」にはユブシオヤ・ムスコ関係以外では本分家関係や当主の配偶者や母といった婚入者の生家，さらには子の配偶者の生家や子の婚出先などが含まれている。「里子」については，「里子」や「里親」自身，さらには「里子」と「一緒に育てられた」者（「里親」の実子・養子など）が生存中は，それぞれが属する家々は相互に「ちかいオヤグマキ」とされるが，当事者の死亡や世代交代を経ると順次除外されていく。この点についてはユブシオヤ・ムスコ関係や，姻戚関係と同様な扱いがなされているといえよう。ユブシオヤ・ムスコ関係においても，当事者の死亡後は次第に「ちかいオヤグマキ」からはずされてきているのである。本節では主として当地区内に居住するこの「ちかいオヤグマキ」に焦点をあてて事例を紹介していくことにしたい。

【事例1】

Aは2町2反の田を耕作している。Aの実母は実父の後妻であった。父の先妻は当地のX家出身であったが，先妻との子は戦死している。Aは三男であったが，実兄2人は幼死し，実弟は病気加療のため入院中である。Aの姉妹のうち1人は東通村に隣接するむつ市に居住しているが，他の1人は近隣集落に婚出後，青森県外に移転した。県外移転後はその妹とはお互いに連絡をとりあっていないので，彼女の住所も不明であり，そのためオヤグマキには入らないとしている。Aは分家三代目で，本家はBであり，Aの妻は東通村に隣接するむつ市の出身である。

当家には「里子」が昭和10年頃からいた。その者は結婚後，当家から分家した。AのユブシオヤはC夫婦であるが，これはAの父の父（婿養子）の生家の当主でもある。他方でAの長男は平成7年にD夫婦のユブシムスコになっている。これはA自身がDに頼みに行ったという。翌年その長男は結婚したが，その時の仲人はD夫婦がつとめた。また，Aの妻は目名地区外の出身であるので，当地内での妻方のオヤグマキは存在しない。当家の「近いオヤグマキ」には本家，C家，D家，X家，そして当家から分家した「里子」の家が含まれる。田を1町歩借りている家は本家の本家であるが，「近いオヤグマキ」には含まれないとしても，オヤグマキの一員ではある。

【事例2】

上記の**【事例1】**での「里子」Eの事例である。Eは青森県外出身であったが，両親は当地で炭焼きをしていた。3歳の時にA家にきたが，その時は「20歳で戻す」という親と親の約束があったという。しかし，実際には昭和29（1954）年に結婚した後もA家に同居し，昭和35（1960）年頃に現在地に分家した。この時にA家から分与されたのは，田3反，原野9反と15坪の家屋であり，当初はマキストーブとランプの生活であったという。Eの妻もF家の「里子」であったが，現在はGの妻となっているF家の実子とは姉妹のように育てられたという。そのため，現在でもG家はE家のオヤグマキに含まれている。

EのユブシオヤはHである。結婚の直前にユブシムスコになった。Hとの年齢差はほとんどないが，これは当初はHの父がユブシオヤになる予定であったが，その父が「上の子にしろ」と言うので，Hの兄（とその妻）がユブシオヤになった。その後その兄が死亡し，妻がHと再婚したので，H夫婦がユブシオヤになっている。さらに，本村在住のIもHのユブシムスコなので，ユブシオヤが同じということで，ユブシキョウダイと言ったりする時もあり，その家も当家のオヤグマキに入る。Eによれば，本家よりもユブシオヤとのツキアイが強いという。

このIはむつ市出身であるが，J家の「里子」であった。昭和40年代年にK家の「里子」と結婚し1年間はJ家に同居していた。その後むつ市に転出したが，後に当地に戻ってきている。Hのユブシムスコになったのは，その直前であった。現在居住している宅地は「里親」から分与されたという。生家や「実のキョウダイ」とのツキアイはない。

【事例3】

Lの家の本家はM家で，Lで分家三代目である。妻は東通村内他集落出身で，田を2町歩耕作している。Lの母は津軽郡出身でその妹とともに当地のN家の「里子」であった。妹はその後当地のO家へ婚出し，姉が当家に婚入してきたのである。しかし，その姉であるLの母は早世したので，Lの父親は再婚し，その後に男児（弟）が出生した。現在，その男児は実母（後妻）とともに東通村内に居住している。LのユブシオヤはP夫婦で，Lが結婚する前にユブシオヤになってもらったという。一方，L自身のユブシムスコはQ（昭和30年代生）である。

当家のオヤグマキには本家，分家，さらにLの姉の婚出先（目名在住），ユブシオヤの家とユブシムスコの家，さらにO家を含むが，母の「里親」の家であったN家については，「育てた人もかなり以前に亡くなったので，あまり強くない」とされている。しかし，津軽地方の母の生家とのツキアイは継続しているという。

最近当家で法事があったが，その際の席順は上座から本家，ユブシオヤ，同じ本家からの分家，そしてLの妻の生家，その次に当家の分家であり，ユブシムスコであるQはこれらの家よりも下座に位置していた。さらに，このQのオヤグマキにはユブシオヤのLは含まれても，ユブシオヤのユブシオヤであるPは含まれていない。

【事例 4】

Rの本家はS家で，Rは分家二代目である。田８反歩を耕作しているが，他に２反歩の田を当地区在住のTに貸している。Rの次男が約10年前に分家したが，その時には田６反と宅地２反を分与した。Rの妻はD家の「里子」であり，そこから婚入してきたが，すでに死亡している。Rは昭和46（1971）年頃にTに頼まれてその長男のユブシオヤになった。一方，Rの長男は，その数年前にFのユブシムスコになった。これはFとの親族関係が「遠くなったので，ユブシムスコにくれ」とF自身が頼んできたからであるという。

R家にとっての「近いオヤグマキ」は本家，Rの母の生家，D家，Rの姉の婚家，F家，T家，そして目名地区内の分家①である。「近いオヤグマキ」以外のオヤグマキ（「遠いオヤグマキ」）としては，D家の分家，本家の本家，その本家の本家からの分家，②家，③家，立山の④家，さらに⑤家（目名本村）があげられていた。これらの「遠いオヤグマキ」は単に系譜関係，親族関係に依拠しているのではない。②家とはそこの子と「Rの長男が友人である」という理由があげられていたし，④については，６，７年前にRの長男が④の家屋を建てたことがオヤグマキになるきっかけとなったという。最後の⑤は，⑤の兄が病死したため当該家を⑤自身が継承したが，その兄の子（関東地方在住）がRのユブシムスコであるために，オヤグマキに含まれている。さらに，この事例での分家①と⑤の関係であるが，Rや同居している長男にとって⑤はオヤグマキであるが，分家①にとってはそうではないという。

【事例 5】

U家は**【事例 4】**のR家の本家であり，V家の分家であるが，世代継続数は不明である。田2町歩を耕作している。当家では戦前と戦後に「里子」がいた。戦前の「里子」は津軽地方出身の兄妹で，兄はW家の「里子」に，妹が当家の「里子」になった。当時この妹は5，6歳であったが，その後Uやその姉妹と一緒に育てられ，22，3歳の頃に隣接する集落に婚出したが，その婚出先は今も当家のオヤグマキである。他方の兄は成人後に出身地に戻った。戦後には，昭和20年代の前半，「サハリン生まれ」の兄弟を青森県・五所川原からU自身が連れてきた。このうちの弟はW家の「里子」になり，兄が当家の「里子」になった。兄弟とも後に自衛隊に入隊し現在は県外に在住している。これら4人のうち，当家のオヤグマキに含まれるのは，当家の「里子」2人の家に限定されている。その理由を尋ねると，他の2人は「ほとんどこの家にいなかったから」と説明された。

Uの妻は当地のO家の生まれであるが，幼少の頃当地のY家の「里子」になり，そこから当家に婚入してきた。さらに，Uの母もK家（**【事例 2】**）の分家（むつ市）の子であったが，その姉とともにK家の「里子」になり，K家から婚入してきた。姉は⑥家に婚出した。Uの長男は現在青森県内に在住し，次男は県外に在住しているが，その次男はZのユブシムスコである。U家のオヤグマキには，本分家や先の「里子」2人以外では，これらY家やK家，さらに家やZ家，⑥家も含まれている。この事例では話者（U）は妻や母が「里子」であったことを明言していた。

3　家族・親族事象の展開——多元的オヤコ関係

前節の事例でも見られたように，オヤグマキには本分家関係や姻戚関係以外では，ユブシオヤ・ムスコ関係（以下，a関係と略称）や「里子」・「里親」関係（以下，b関係と略称）が含まれている。前者の本分家関係や姻戚関係からなるオヤグマキについては，下北半島についての先行研究でも言及されていた。前章でも引用したように，竹内利美は「本源的な家とみられるのは，一一戸である。古いところはすでに明確な分派伝承を失っているが，ともかくもこうした本支の系譜につながる家々は，オヤグマキの名で一応のまとまりをもっている[9]」としていた。

同じく昭和38（1963）年の九学会連合調査時にむつ市北関根を調査した蒲生正男・大胡欽一も，前章での引用を再度紹介すると，「シンルイあるいはシンセキとオヤグマキは相互に代替しうる用語である。「ホンケ・ベッケでオヤグマキ」もあるが，「ヨメにやったり，ヨメをもらった」の関係もオヤグマキであり」，「オヤグマキは自己の近親の血族，血族の姻戚，姻族などおよそ自己を中心とした尊属2世代，卑属2世代が中核になっているものといえよう[10]」と述べていた。

これらのオヤグマキの定義には若干の「ぶれ」が見られる。すなわち，竹内はオヤグマキを「本支の系譜につながる家々」に限定し，他の親族関係者を「イトコマキ」として区分しているが，蒲生・大胡は本分家関係と血縁・姻戚関係をともに包含するカテゴリーとしてオヤグマキを定義している。

現在の目名地区でのオヤグマキの用法は蒲生・大胡の定義に近接していると言えるが，彼らはa関係とb関係については，オヤグマキと関連づけて説明していない。他方で竹内はa関係については既述のように言及し，「その家同士は親族に準じた交際を持続した」が，その交際圏はオヤグマキとも混融する傾向があったことを指摘している。しかし，b関係自体については直接は何ら言及せず，「別姓分家」，「傍系男子あるいは養子形式による分家」として本分家関係に包摂し，結果としてオヤグマキの一構成要素としているようである[11]。

前節であげた事例からは，当地のオヤグマキの用法については，竹内らの調査時期（昭和38～39〔1963～64〕年）以降の変化が見られそうである。例えば，**【事例4】**では「友人・知人」，「家屋の建築」を契機としたオヤグマキへの包含が指摘されていたが，これら以外でも前章で示したように，「トナリ」，「キャグ」（「気のあった者」），「チカクシタ」（「仲良くなった」）ことが同じ結果を導いている。オヤグマキの用法が変化したとするならば，その変化の過程をどのように理解すべきなのであろうか。かつて有賀喜左衛門は「社会関係は固定不動のものとしてはあり得ないから，その生成される過程と形成された相とが連関して捉えられなければならない」と述べていたが，オヤグマキについてもそれに「所属する成員が個人的に，創造的歴史的に働く点」と「すでに形成されて固定した集団の個人を制約する点[12]」の「相互媒介」性に注目していきたい。

前節の事例をまとめてみると，現在のオヤグマキの構成契機としては，竹内の指摘していた本分家関係以外に，血縁・姻戚関係，そしてa関係・b関係などがあげられるが，本分家関係は血縁関係や養親子関係，あるいは場合によってはb関係に還元され得る。既述のごとく，本稿では夫婦関係を考察対象としていないので，ここでのオヤグマキの構成契機としては，実親子関係・養親子関係・a関係・b関係，およびその他の上記に列記した諸契機があげられる。しかし，これらが全て同じ比重を有しているわけではない。全ての「友人・知人」などが必ずしもオヤグマキに至るわけではないからである。

そうであっても，そのような契機を受け入れる余地が旧来からのオヤグマキにもあったとはいえよう。これらの契機によって組み入れられた構成戸はその多くが当地区内居住戸であるので，その後はオヤグマキとしての日常的なツキアイが持続されている。このツキアイ・交際の持続がオヤグマキの基底に存していることは，**【事例1】**での「県外移転後その妹とは連絡を取り合っていないので，住所も不明であり，そのためオヤグマキには入らない」との説明からも推測される。つまり，オヤグマキの構成契機は多様であっても，その存続はオヤグマキとしてのツキアイ（主として冠婚葬祭時での呼び合い・訪問，日常的な互助）の維持如何に依拠している。後者のツキアイがオヤグマキの「構成的規則[13]」となり，それをもたらすものであれば，いかなるものもオヤグマキの構成契機になりえる可能性があるということになろう。

a関係やb関係についても，同様なことはいえよう。但し，a関係については，既述のようにオヤはムスコの「後見人」や結婚時の仲人になることが期待されていたし，ムスコはオヤに「何かあればすぐに駆けつける」ことが要請されているので，そのツキアイの本来的様相は他の場合とは異なる。さらに，一部の本分家関係や血縁・姻戚関係のように，a関係自体の連鎖や他の関係と組み合わせによってオヤグマキが増殖していくことはない。ユブシオヤαのユブシオヤβは前者αのユブシムスコγのオヤグマキには含まれないし，さらには本家構成員のユブシオヤは必ずしも分家にとってのオヤグマキではないことは，**【事例3】**や**【事例4】**において見られる通りである。ただ，**【事例2】**でのように，ユブシオヤ夫婦の一方が死亡後，残った他方が再婚した場合にもユブシオヤであり続けることはあり得るが，この場合はユブシオヤの家が変更したわけではない。このことはa・b関係が個人とオヤ夫婦の関係であっても，オヤグマキとしてはその当事者の属する家間関係としても展開していくことを示している。それ故に，**【事例4】**での⑤家もU家のオヤグマキとされるのであろう。

b関係については，上記の事例から以下の点が整理される。

①「里子」と「里親」がその後のオヤグマキを構成するのは,「里親」と「里子」が共住し，前者が後者を養育したことによる。

②「里子」と「里親」の実子が共住していたこと，両者がキョウダイのように育てられたことが，成人後，他出・婚出しても双方が相互にオヤグマキになる契機となっている。

③「里親」のオヤグマキ関係は「里子」のキョウダイ関係のみを通じて増殖することはない。

④「里子」自身の生家が当地区内に存する場合，その生家は「里子」のオヤグマキに含まれるが，当地区外の場合は必ずしもそうであるとは言えない。

⑤「里親」と「里子」のオヤグマキ関係は永続的ではない。世代を経るに従ってその関係性は希薄化していく。

⑥ユブシムスコであることは明言し，強調しても，「里子」であることを秘匿する者が見られる。

b関係がその後のオヤグマキに発展する基盤は①と②で示されているが，これらとともに，③と④も実子・養子と共通する点である。「里子」は「実の子同様に育てられた」とは当地で何度も聞かれた説明であったが，このような養育はその家での共住・共食・協働を伴う。それは彼（女）らが実親・養親・「里親」のもとで生活をともにすることそのものであり，生活共同体としての家の一員であったことがその後のオヤグマキへと展開していく基盤となっている。しかし，これは自動的に展開されるわけではなく，上記のツキアイを継続していくという意思作用が必要である。そして，このツキアイという点からすれば，④での「当地区内での生家」はオヤグマキに含まれる可能性は高まろう。ここにはオヤグマキには地縁関係という要素も含まれていることが示唆されている。しかし，地縁関係のみで構成されているわけではないことは，⑤とそれ故の「縁が遠くなったので」新たなユブシオヤ・ムスコ関係を設定するという近年の志向に表れている。

最後の⑥については，前節の**【事例1】**と**【事例2】**の比較や，**【事例4】**での当事者の説明から伺われる点である。**【事例1】**でのＡの説明では**【事例2】**のＥが「里子」であり，分家である点が強調されていたが，Ｅ自身はＨのユブシムスコであり，Ｉとはユブシキョウダイである点を強調し，「本家よりもユブシオヤとのツキアイが強い」と明言している。他方の**【事例4】**では「里子」であること自体を曖昧にしていた。この傾向は**【事例4】**のＲだけに見られたのではなく，他の「里子」の実子や，かつては多くの「里子」を抱えていたと言われているＣ家の当主の説明においても聞かれた。特に後者の場合は当主自身よりもその妻や娘が当該家での過去の「里子」の存在を明言することを避けていた。これに対して，**【事例3】**や**【事例5】**では母や妻が「里子」であったことは否定されていない。この相反する傾向が並存する理由をここで簡単に説明することはできないが，当該者が「里子」であることが当地区内で周知の事実であるならば，**【事例4】**でのような傾向は比較的最近になって生じ，それが「家族の自然主義」の浸透と連動しているとの説明は可能であろう。

ここでの「家族の自然主義」とは，家族は「人間の自然に基づく文化的構成」という命題であり，「家族の基礎として性と生殖，幼少時の養育を想定[14]」することである。しかし，親子の関係は，「妊娠・出産・幼少期の養育」だけで構成されているのではない。子の幼少期以降，成人期までの一定期間の親による養育と教育，成人期以後の親と子の関係（扶養と介護などを含む）も親子関係を構成しているし，これらがすべて同一人物である親と子から常に成り立っているわけではない。しかし，我々はこれらのうちの最初の「妊娠・出産・幼少期の養育」を契機とした親子関係を「実親子関係」，「血のつながった親子」として，それが「本来の親子関係」であるとみなしがちである。「家族の自然主義」はこのような「実親子関係」の位置づけをもたらすのであるが，これは決して生物学的関係にのみ収斂する関係ではない。出生届をはじめとするいくつかの法的・社会的な手続きを経由する必要がある。しかし，そうであっても，これらの手続きを経た親子関係をできるだけ生物学的関係に結びつけようとする傾向が「家族の自然主義」からは導き出されてくる。

この「家族の自然主義」からすれば，「非血縁者（特に養子）を家族として家の内に取り入れることを法的擬制（legal fiction）であると規定すること」になるが，「これは血縁者がその固有本来の成員であるという自然法的観念に由来するものであり，また生物学的立場をも混在せしめていることは明らかである」[15]。ここでの「生物学的立場」や「生物学的関係」が多くの民俗社会における血縁関係にそのまま等置され得るわけではないことは，J.カースティンらの主張するところである。彼女によれば，例えばランガウィ島マレー人社会では「血への主要な寄与は食物であ」り，母乳の摂取や同じ竃dapurで調理した食物の共食が共通の身体構成要素substance・血縁関係を生むとされている[16]。カースティンはここで親族関係kinshipを関係性relatedenessと捉えなおし，それを生み出す〈民俗生物学〉的な血縁関係を抽出しているのである。しかし，彼女はこの関係性relatedenessの内実，すなわち当事者がどのような態様で関係しているのかについては詳しく触れていない。

この点について日本民俗社会での親子関係の態様を，「生物学的立場」ではなく「一定の生活意識」から論じているのが有賀喜左衛門である。彼はカースティンとは異なり，生物学的血縁関係，特に親子関係を「血の関係」として承認したうえで，それはそのままの形ではなく，「子の命名」や「食物の授受」を通じて「一定の生活意識」のもとで表現されるとしている。

「わが国の習俗としては……名は生命と同じものとする観念から，名において生まれた者の生命が表象されるので，子供の命名を親が行うことは，子供の生命が親によって与えられるとの意識を生ずるのであって，それは親の生命を分与するという形において行われるので，……，これは子に対する親の全的支配を表象するものであるから，その半面においてまた子に対する全的保護にも任ずべき筈のものであった。

或いはまた食物というものは肉体の栄養に必要であることはもちろんであるが，魂の営養にも参加することは生児の産養いに関する一連の習俗がよく語るところであって，むしろ魂の栄養によって肉体の栄養が結果されるものであると信じられていて，この栄養が親の仕事であるとされているのは（……），親の子に対する全的支配とまた全的保護の関係を示すものである」[17]

このような親と子の関係は養親子関係や本稿での「里子」においてもみられ，総じて「コというものはそれ自身単独に存在するものではなく，その存在はかならず身分関係と結合している……すなわちオヤコというのは社会組織における身分関係である[18]」としている。この「身分関係」が「全的支配」と「全的保護」に表象されるとすれば，それは現在の村落社会においては，コの成人後の通常の場合には生じない。換言すれば，「成人前」（特に幼少期）や「通常でない特別の場合」は生じうることになろう。前者の場合に本稿でのb関係が生じ，後者の場合は特にa関係を締結することによってもたらされる。しかし，近年の「「里子」の減少」と本来の目的とは異なる目的（「オヤグマキとしての認知・ツキアイ」）のためのa関係の締結は，オヤコ関係から「全的支配」と「全的保護」の色彩を漸次そぎ落としていくことになる。ここに「家族の自然主義」としての「血縁主義」が浸透してくる余地が生まれるが，それでも従来のオヤグマキという語彙が存続し，a･b関係がそれを構成する契機に含まれることによって，有賀の言う「生成される過程」と「形成された相」の「相互媒介」性が見られることになるのである。

この「生成される過程」とは，「全的支配」と「全的保護」の必要性が衰退していくなかでの現行親子法での「血縁主義」の台頭，それと表裏一体をなす感のある実際の親子関係の「生物学的血縁関係」への収斂（「本来の親子関係」としての実親子関係）と「モライッコの否定」であり，「形成された相」とは，その用法を変化させながらもオヤグマキが存続していることである。「生物学的血縁関係」としての親子関係はオヤグマキの構成契機ではあるが，オヤグマキの存続自体はそのツキアイの「構成的規則」化によってもたらされる。そのツキアイを拡げる契機としてb関係を組み入れることによって，逆に「モライッコの否定」を否定していく。ここに「相互媒介」性が見られるのであるが，このような「相互媒介」性は「新たな傾向」（「生物学的血縁関係」としての親子関係）と「旧き傾向」（b関係）のせめぎ合いとしても捉えることが可能であろう。そうであっても，このせめぎ合いを通じてオヤグマキのツキアイが継続しているなら，そこに「法的慣行[19]」としての「生ける法」を見い出すことが可能であり，かつオヤグマキやb関係の展開を当事者の「日常的実践[20]」のレベルに繋留することもできる。このことはオヤグマキとしてのツキアイをその存続のための「構成的規則」として再定位することになるが，それによって家族・親族事象での「家族の自然主義」，「生物学的血縁関係」の比重の軽減が導出されるのである。

この比重の軽減は，実親子関係・養親子関係・a関係・b関係を「オヤとコ」

という二者間の相互行為という枠組みで括ることを可能とする。この枠組みは「コの幼少期のオヤによる養育」から「オヤによるコの教育」・「オヤとコの協同」・「コによる老年期のオヤの保護」までを含む相互行為である。上記の四つオヤコ関係は通時的にこの枠組み内でのそれぞれの相互行為のいずれかに焦点を合わせることによって存続していくのであり，ここでのオヤとコが実親子であるか養親子であるかは問われない。さらに，オヤとコが生活共同体としての家の一員であることはオヤコ関係の十分条件にはなり得ても，必要条件ではないことは，a関係からも推測されよう。さらに二者間の相互行為であるので，**【事例3・4】**でのごとく，当該二者を超える連鎖がその間での相互行為から自動的に派生してくることもない。このようにしてオヤコ関係を把握することによって，これらとオヤグマキとの接合が可能になり，前述したようにそれらを契機とするオヤグマキの存立が論証されてくるのである。

おわりに

本稿では下北半島の一村落での家族・親族事象，しかもその一部を分析しただけであるが，いくつかのオヤコ慣行とそこから展開されるオヤグマキの存立は，親子における「生物学的血縁関係」の占める相対的位置を析出できた。オヤでありコであることは，一つのセットとして把握できるが，このセット自体の多元性が示されてきた。この多元的なオヤコ関係の一つが「生物学的血縁関係」としての親子関係であるが，他のオヤコ関係と並存しそれらとともに家族・親族事象として展開することによって，分析の焦点はオヤグマキをも包含するものとなる。つまり，オヤグマキという親族事象を含めてオヤコ関係を考察することによって，オヤコ関係の多元性が自明視され，それらの共通項を主題化できることになる。ここでの共通項とは相互行為，あるいはツキアイというdoingな関係性であり，「生物学的血縁関係」がもたらすようなbeingな関係性ではない。何を契機とするオヤコ関係であっても，それがオヤコ関係として展開していくには，その多元性に応じた様々な相互行為・ツキアイの遂行が必要なのである。

親子法解釈学における「血縁主義」は〈血縁＝真実〉として，DNA鑑定などによる血縁関係の探求を求めているようであるが[21]，そこでの「血縁」とは最終的には精子と卵子の受精に還元されていく。そして，この受精のレベルにまで還元された親子関係は，つまるところ親と子の身体構成要素の「連続性」に至ることになる。近代西欧から生じた生物学･生理学がもたらしたこの結論は，しかしながら，カースティンらの紹介したマレー人社会やその他の民俗社会での事例[22]をも参照するならば，「親族，とりわけ親子の関係を，基礎づけるイデオロギーは，まず特定の二個の人格のあいだに連続性を認識させればよいのであって，この条件がみたされさえするならば，親子に共通するものは，極端に言えば，人格を構成する要素の何でもよい[23]」ということになろう。

本稿では，何度も言及したように，これをツキアイという相互行為に求めた。相互行為によって人と人との関係性，すなわち共同性が生まれるが，この相互行為は「生物学的血縁関係」から自然発生するものではない。そこには人の積極的な意思作用が働く場合もあれば，ルーティン化した「慣習的行為」として行われる場合もあるが，それらが従前からのオヤグマキという語彙と結びつく時には，前者の場合はその用法の変化をもたらそう。

この変化は有賀のいう「相互媒介性」の結果であるが，その変化の過程をたどると末弘厳太郎のいう「法的慣行」が析出される。「法的慣行」の指標は社会現象を規律する実効性にあるが，その実効性はその経過・結果から見るしかない。その「法的慣行」の経過・結果がツキアイという行為の実践・継続であるが，このツキアイは「日常的実践」とも言うことができる。この「日常的実践」として繰り返されるツキアイが当事者を一定の社会関係に組み入れ，組み入れられることによって当事者間の連続性が確認されるのである。ここにおいてはもはや「生物学的血縁関係」は親子関係の一構成契機になりえても，親子関係存続の要因とはならない。そうであれば，そのような血縁関係に執着する「血縁主義」の目指すものは，空虚な「家族の自然主義」へのさらなる撞着と言うべきものになるのではないだろうか。

1）　ここでの「血縁主義」とは基本的には法的親子関係を血縁上の親子関係に一致させようとする考え，あるいは後者から前者への道を閉ざさないという考えを意味しているが，「強制認知を認める趣旨以上に，血縁と異なる親子関係を否定する」志向も含めたものである。水野紀子「実親子関係と血縁主義に関する一考察――フランス法を中心に」中川良延他編『日本民法学の形成と展開　下』(有斐閣，1996年) 1136頁以下。

2) A.Sarat, ed. "*Law in Everyday Life*" (1993 The University of Michigan Press), p.45.

3) 水野・前掲注1) 論文参照。

4) 拙稿「親族・慣習的行為・村落――下北村落とオヤグマキの法社会学」札幌法学8巻1号 (1996年) (本書第2章)。

5) 『青森県下北郡東通村民俗調査報告書　第6集 (昭和61年度)　目名・尻屋・小田野沢』(東通村教育委員会，1987年) 40頁。

6) 同上41頁。

7) 竹内利美編『下北の村落社会』(未來社，1968年) 242頁。

8) 同上224頁。

9) 同上231頁。

10) 蒲生正男・大胡欽一「地域社会の流動と停滞」九学会連合下北調査委員会『下北　自然・文化・社会〔復刻版〕』(平凡社，1989年) 453頁。

11) 竹内編著・前掲注7) 書224頁。

12) 有賀喜左衛門「社会関係の基礎構造と類型の意味」『有賀喜左衛門著作集　Ⅷ〔第2版〕』(未來社，2001年) 99頁。

13) 「構成的規則は，たんに統制するだけではなく，新たな行動形態を創造 (create) したり，定義したりするものである」J・R・サール (坂本他訳)『言語行為』(勁草書房，1986年) 58頁。

14) 清水昭俊「家族の謎　なぜ自然に基礎をおくのか」比較文明14号 (1998年)

15) 有賀喜左衛門「都市社会学の課題―村落社会学と関連して」前掲注12) 174頁。

16) J. Carsten, "The substance of Kinship and the heat of the hearth ; feeding, personhood and relatedness among Malays in Pulau Langkawai" in *American Ethnologist* Vol.22, No.2 (1995), pp.223-241, J.Carsten, *The Heat of the Hearth: The process of kinship in a Malay Fishing Community* (1997 UK:Clarendon Press).

17) 有賀喜左衛門「名子の賦役」前掲注12) 233～234頁。

18) 同上236～237頁。

19) 末弘厳太郎「調査方針等に關する覺書」『中国農村慣行調査　第一巻』(岩波書店，1952年) 23頁，拙稿「『生ける法』論の展開」札幌法学10巻1・2合併号 (1999年) 参照。

20) 「日常的実践とはさまざまな社会，文化のなかで，あるいはそのあいだで差異化しながらも，日常生活のすべての場面で見られるルーティン化された慣習的行為である。」「日常的実践とは，同義反復のように聞こえるかもしれないが，過去からくりかえされてきた慣習によって生みだされるといった方がよい。というのは，慣習やルーティンは過去から反復されてきた不変のものではなく，むしろその反復は変動と差異をともないながら実践を生みだすからである。したがって人びとの相互行為，語り，思考，想起などの日常的実践は，過去の単純な再現ではなく，それぞれの場面において能動的に社会にかかわりながら社会的世界を構築していく過程と考えるべきなのである。」田辺繁治・松田素二編『日常的実践のエスノグラフィ』(世界思想社，2002年) 3頁。

21) 松倉耕作「血統訴訟と父子鑑定の新しい波」判例タイムズ837号 (1994年) 19～39頁。

22) J.Carsten (ed.), *Cultures of Relatedness : New approaches to the Study of Kinship*

(2000, UK Cambridge University Press), P.Schweitzer (ed.), *Dividends of Kinship: Meaning and Uses of Social Relatedness* (2000, London and New York Routlege), M. Weismantel,"Making Kin : Kinship and Zumbagua Adoption" in *American Ethnologist* Vol.22, No.4 (1995) p.685.

23) 清水昭俊「『血』の神秘―親子のきずなを考える」田辺繁治編『人類学的認識の冒険』(平凡社, 1989年) 61頁。

【付記】 本稿で使用した資料は前章と同様に, 平成8 (1996) 年6月18日～20日, 8月2日～18日行った筆者の単独調査によって得られたものである。したがって本稿での「現在」とは平成8 (1996) 年8月現在である。

第Ⅱ部

漁撈社会における〈法と慣行〉

第4章　漁撈組織の法社会学
――旧脇野沢村九艘泊の事例――

はじめに

かつて法社会学会で「共同性の法社会学」が提唱されたことがあった。その当初は構造変容する現代日本社会での〈個人と社会〉，〈個と共同性〉等の間の緊張関係に焦点をあて，その構造変容を探る探索概念として「連帯」を用いていたが，「「近代」（モダン）の法思考の克服を求める方向への旋回[1]」を経て，共同性という概念が前面に出てくることになったのである。ここでの共同性は共同体という語彙で示される程のソリッドな結合ではなく，エルーシヴ（elusive）な，そして「疑いうる価値」をもつものとされた[2]。

このような共同性は，歴史学の分野で提唱されてきた「形のない結合」，あるいは「ソシアビリティ」と親近性を有していよう。二宮宏之によれば，「ソシアビリティ」論とは「『人と人の結びあうかたち』をさまざまなレベルにおいて歴史のうちに探ることを通じて……個々人の日常的なプラティークのなかからうみだされる共同性をこそ問題にしてきたのであった。言葉や感覚の共同性や家族のきずなのような，一見生得的と思える事例についても，むしろそれらが固定的なものではなく，さまざまなかたちで選びとられ編みあわされていく側面に注目してきた[3]」という。こういった多様で，流動的な共同性も関係性の一態様として捉えることが出来よう。しかし，ここでの関係性とは「選びとられ編みあわされていく」という説明に見られるように，「お互いに相対して関係する諸個人の行為において，それを通じて出現し，維持される[4]」ものである。

そういった行為を通じて関係性が出現するならば，それが止む時には消滅することになる。このような関係性のとらえ方は，D.M.シュナイダーの親族関係kinship論[5]とも通じるものであるが，この行為と相即する関係性は，共同性として現出することによって，差異性をももたらす。なぜならば，共同性がいかに「生まれては消え消えては生まれる非制度的な[6]」ものであろうとも，それが「生まれて」いる時には，残余の部分との差異化はさけられない。また逆に，差異性を異質性と捉え直せば，この異質性の創出が「個と共同性」の析出となることもあり得る。すなわち，各構成員が極限まで異質化していけば，そこでは全てが他と異なるという意味での個が析出するし，そのような個は決して単独では生存し得ない以上，そこには分業，「有機的連帯」という共同性があり得よう[7]。

さらに，関係性には常にプラスの関係性だけではなく，マイナスの関係性である紛争状態も含まれるが，紛争状態のなかでも何がしかの共同性が実践されているという主張もある[8]。しかし，どちらの関係性であろうとも，その関係性は当事者にとっては所与とされるのではない。その一方でこの当事者は抽象的な個人ではなく，当該の関係性以前，およびそれ以後も何らかの関係性のなかで生きている「具体的人間[9]」である。そういった諸個人が当該の関係性のなかに位置づけられることによって，一定の緊張関係が発生する場合もあろう。この緊張関係の拡大を放置することなく，それを制御，ないし解決するシステムが社会には必要になるが，そのシステム自体は法や慣習，さらには様々なローカルな人間関係が絡み合って作動する。そうであれば，そういった法から人間関係までもが，一定の行為，実践，それらによる関係性に凝集されてくることになろう。とすれば，その行為や関係性を取りあげ，それらをもたらしている様々な要因を解析していくことも，「共同性の法社会学」のもう一つの課題ではないであろうか。

本稿では青森県下北郡脇野沢村九艘泊でのタラ底建網漁を行う際の漁撈組織の事例分析を行う。ここでの漁撈組織は多分に親族関係と関連している。親族関係がどのように利用されているのかが，事例分析の中心になるが，このことは単なる親族研究を意図しているのではない。タラ漁を営むには漁業法をはじめとして様々な法，規則による制約があり，そのような制約による共同性と差異性が漁撈活動に集約されている。すなわち，その漁撈活動という行為によって当該の法が実践されるが，その法とともに，漁撈組織自体が共同性と差異性を現出する。

したがって，本稿での共同性はこの漁撈組織でのそれをも含むが，このことによって櫻村志郎や名和田是彦の定義する共同性[10]よりもソリッドなものを想定しているわけではない。いずれにせよ，そこでの多重な共同性と差異性は，公式法からローカルな漁撈組織編成までの様々なレベルでの，そして各レベル間の相関性を含んだ多元的な構造をも予想することになろう。以下では，まず対象地である旧脇野沢村（現新むつ市）九艘泊の沿革やそこでの家族・親族構成とその変容を述べ，次いでタラ漁の歴史と旧脇野沢村漁業協同組合での様々な法，規則を概観し，漁撈組織の事例分析を行ったうえで，最後に漁撈組織と親族関係の相互連関について述べることにする。

1　旧脇野沢村・九艘泊の沿革と概況

1　旧脇野沢村の沿革と概況

青森県下北郡旧脇野沢村（現新むつ市）は下北半島の西南部に位置している。藩政期には脇野沢村と小沢村の2村に分かれ，両村とも南部藩の所領地であった。南部藩は享保年間に領内を10郡1225村に分割したが，それに伴い両村は北郡田名部通37村に属し，田名部代官所の支配下におかれた。明治維新後，行政上の区画編成はめまぐるしく変わったが，明治22年の町村制の施行によって脇野沢村と小沢村は合併し，新たな脇野沢村が成立した[11]。

現在の脇野沢村は次の11地区に分かれている。すなわち，脇野沢本村（以下，本村と称す），片貝，滝山，源籐城，瀬野，新井田，寄浪，蛸田，芋田，九艘泊，小沢である。これらのうち片貝，滝山，源籐城は山間部に属しヤマザイ（山在）と呼ばれ，これらと本村，小沢以外の他の諸地区は本村から南西方面の海岸沿いに点在し，カミザイ（上在）と呼ばれている。小沢のみは本村の東5kmほどの陸奥湾沿岸に位置している。カミザイのなかでは，瀬野は新井田から文化年間に，芋田は藩政期末期に九艘泊から分かれた集落であると伝えられているが[12]，他の集落の成立時期については不明である。しかし，少なくとも明治初期には脇野沢本村とともに他の10集落は成立しており，以後，今日に至るまで各集落での戸数や人口数の変動はあるが，集落それ自体は存続してきている。

平成7（1995）年12月現在の当村の人口は3019人，921世帯であるが，**表4**

－1（→章末112頁）は昭和20（1945）年から平成7（1995）年までの人口と世帯数の推移を示している。人口は昭和30（1955）年を境にして，世帯数は昭和60（1985）年をピークとして，以後それぞれ減少しているが，世帯数の減少率は人口と比べれば低い。さらに各地区ごとの昭和30年から昭和50年代後半までの世帯数と人口の推移，平成2（1990）年から平成7（1995）年までの人口の推移は表4－2・3（→章末112頁）の通りである（但し，芋田は行政上は九艘泊地区に含まれている）。最近では人口の減少率は各地区とも低いが，それでも昭和57（1982）年と平成7（1995）年を比較すると瀬野以外では20～30%の減少を示している。それに対して表4－2に見られるごとく，各地区の世帯数はさほど減少しておらず，むしろ増加している地区も見られ，結果として世帯構成員数の低下が目立ってきている[13)]。

藩政期から明治初期にかけて当村の産業は，商業，林業，漁業が中心であったが，これらが同一地区で並立的に営まれてきたわけではない。商業は本村，林業はヤマザイ，漁業はカミザイの諸地区での中心的な産業であったが，漁業や林業が産業として成り立つためには伐採されたヒバ材や水揚げされたタラなどの販路が確立されていることが必要であり，本村での商業と他地区での漁業や林業は有機的に関連しあっていた。つまり，本村ではヒバ伐採請負，新タラ請負，船宿経営などを行う地元商人が，流通・販売ルートを押さえている他地域の回船商人とともに活躍していた。このような商業の発展に従って行商や職人も本村に集まり，さらには各商家での雇い人（水夫カコや杣夫）として他地区出身者も本村に引き寄せられることになる。本村は他の地区で分家できない者達（オンジ）にとっては自活する機会を与えてくれる場でもあった。

しかし，明治中期になるとそれまでの経済的な活況はなくなってくる。その理由はいろいろ考えられるが，その一つにあげられるのは，ヒバ山の多くが明治期に国有林化され，大規模な林業経営が発展する条件がはじめから失われてしまったことであろう。さらに明治30年頃からタラ漁は不振におちいり，回船問屋を営んでいた商人達も交通・鉄道網の整備によって地の利をえた青森市の問屋におされ，本村を去っていった。タラ漁はその後昭和20年代前半（1950年頃）に至るまで盛衰を繰り返したが，その間は青森の問屋である若由商店，佐末商店，山一商店や，福岡商店が仕込み親方として当地の漁獲物を一手に取り扱っていた。しかし，タラ漁は昭和24（1949）年以来長期の大不漁を経験し，脇野沢村漁業協同組合（以下，脇野沢村漁協と称する）の斡旋で漁網や漁具類を問屋に売り払う漁家もでてきた。そのような経緯を経ながらも，現在でも漁業は当村の主要産業の一つであり，従来のタラ漁以外にもイワシ・ホッケ・カレイ漁や，昭和41（1966）年以来のホタテ養殖を中心とした沿岸漁業が主力である。魚種別では貝類でのホタテを別とすれば，タラの占める割合は大きいが，その漁獲高は決して安定したものではない（表4－4，→章末113頁参照）。

2　九艘泊地区の家族・親族構成

本稿の対象地である九艘泊地区（芋田を含む）は当村のなかで最も漁業が盛んな地区であり，戦前・戦後を通じたタラ漁の不振のなかでも漁業者数の変動は他地区に比すれば少ない。もともと九艘泊は下北半島の西南端の脇野沢村のなかで，さらに最も西端に位置し，昭和45（1970）年頃に海岸線沿いの道路が開通するまでは，本村との往復は海上交通か，「草鞋二足半はつぶす」と言われた峻険な山道に依存していた。このように当村のなかでは地理的に孤立してはいたが，九艘泊の名はすでに藩政期の初期に田名部五湊の一つとしてあげられている。当地区は谷間の小さな入り江であり，風待ち，潮待ちに最適な場でもあったためであろう。明治9年に編纂された『新撰陸奥国誌』によれば，「九艘泊本村の西一里二十一丁三十一間にあり家数十二軒狭窄の小湾に住し浪静かなるときは海岸を往来すれども岩角一歩を誤るときは浪底に沈没すへし……」とも記されている。

また，九艘泊は下北半島の最西南端において陸奥湾に突出している。そのため産卵のために外洋から陸奥湾に入るタラ（イリタラ）の好漁場を地先に有するとともに，対岸の津軽半島や青森市との接触が多かった。したがって，本村の上星商店などの問屋よりも，前述の青森市の佐末商店，若由商店，福岡商店などとの取引が多く，明治・大正期以来このような仕込み親方と漁業者を媒介する「世話人」（差配）が当地区には存在していた。前述のように，他の地区と同様に昭和24（1949）年以後のタラ漁の大不振をここでも経験したが，当地区では「部落部分林」の売却などによってその時期をやりくりしてきた。このような方法がとれること自体が，当地区でのタラ漁の比重の大きさを表してい

▶**九艘泊漁港**（2012年9月撮影）

る。平成12（2000）年度においても共同漁業権区域内での当地区在住者によるタラ底建網の許可船数・統数は13隻，154ヶ統であり，これらの数は他の地区（蛸田，寄浪，新井田，瀬野，本村，小沢）よりも多く，比較的継続的にタラ漁業が営まれている地区といえよう。

平成8（1996）年8月現在の九艘泊と芋田には住民票上は35世帯，15世帯が居住している。このうち出稼ぎ等で明らかに不在である世帯が3世帯あり，また世帯は別でも実際には同居している世帯を1戸とすると，九艘泊は31戸，芋田は15戸が現住していることになろう。計46戸のうち**A姓戸**は13戸，**B姓戸**は13戸，**C姓戸**は9戸，**D姓戸**は4戸であり，これらが明治期以来の居住戸とその分家，あるいは他に婚出した後に夫が戦死したため当地区に戻り旧姓を称している者の家（以下，旧姓戸とする）である。他の7戸のうち小学校教員などの旧来の家との親族関係が全くない最近の転入戸は3戸であり，残りの4戸は上記の**B姓戸**などの雇い人であった者が当地の女性と結婚し定住した場合や，その当主の配偶者が当地区出身者である場合の家である。

ここでは最近の転入戸３戸を除く九艘泊28戸，芋田15戸の計43戸について述べていく（図４－１・２，→章末108頁参照）。表４－５（→章末113頁）は43戸の同居世代・員数別家族構成を示している。同居世代については２世代同居が多く，員数では２人，３人が多いが，これは前述の当地区を含む脇野沢村全体，あるいは各地区での人口と世帯数，世帯構成員数の推移と付合するものであろう。特に前掲の表４－３で見られるように，現在の九艘泊・芋田の人口は昭和40（1965）年の時に比すれば半減しているが，世帯数は変わらない。世帯数については最近の転入戸と転出戸（４戸確認されている）が相殺されている面もあろうが，人口の減少はおのずと世帯規模の縮小をもたらしている。

表４－６（→章末113頁）は各戸の世代継続数を表示したものである。もちろん，転出戸も存在したのであるから，この表から直ちに当集落の成立時期が推し量れるわけではない。しかし，芋田だけでなく，九艘泊においても，二代目の家が一代目の家よりも多いことは，後述するように当地でのタラ漁をはじめとする漁業の盛衰と関係しているのかもしれない。さらに，九艘泊で世代継続数が不明な家が７戸あったが，これらはいずれも４，５世代以上の継続が予想される。表４－７（→章末113頁）ではこれらの家々から３世代以上継続している家での現当主と前当主の続柄を示した。双方ともに長男である家は８戸にすぎないが，19戸の前・現当主の総計38人のうち27人までが長男である。さらに現世代で二代目の17戸について見てみると，14人の現当主が長男であり，１人は婿養子であった。ここから長男相続・継承の志向性を読みとることも可能であるが，むしろ，そのような志向性のなかでも長男が他出し，二・三男が相続した事例のあることにも注目したい。

表４－８（→章末114頁）は前・現当主世代での婚入者の出身地を表したものである。但し，現当主世代の数値では前述の旧姓戸と，現当主が未婚の家の２戸，前当主世代の数値では現当主で一代目の家７戸は除いてある。両世代を比較すると，現当主世代では芋田を含む九艘泊内での内婚率が前世代に比して半減しているのに対して，脇野沢村の他の地区出身者と青森市出身者の婚入率が大幅に上昇している。これは一般に通婚圏の拡大と見なせるが，その拡大範囲が脇野沢村内に限定されるか，そうでなければ下北半島の他の町村ではなく，青森市に傾斜している点が注目される。特に後者は海上交通による当地と青森

市との結びつきを示唆するものであろう。このような九艘泊外からの婚入が始まったのは昭和27，28（1952，53）年頃からであるとも言われていた。

かつての昭和38（1963）年の「九学会連合下北調査」に際して，田原音和が当地区の調査報告書を記している[14)]。それによると，昭和38年当時の戸数はA姓戸が14戸，B姓戸が15戸，C姓戸が9戸，D姓戸が5戸，その他が2戸の計45戸であった。したがって，総戸数としては現在とさほど変化はない。しかし，その当時でもA姓戸の総本家はすでに転出しており，それ以後もB姓戸の本家や旧い分家の転出，C姓戸の総本家継承者の本村への転出（但し，本人の住民票は当地区にあり，家屋も当地区出身者が管理している）といった事態が生じている。このような事態が系譜認識に影響を与えているか否かを見てみよう。表4－9（→章末114頁）は今回の調査で確かめられた限りでの本分家関係を示しているが，これを田原の調査報告書と可能な限り比較していこう。

昭和38（1963）年当時と比較すると，C姓戸やD姓戸ではともに本家（cと⑤［本稿での家番号は全て図4－1・2の家番号に対応する］）についての認識のゆらぎは見られない。他方で，A姓戸では当時すでに転出していた総本家からの直接の分家が4戸存在していたが，現在では本家を不明とする④，⑥以外では，総本家を本家とする家はない。B姓戸では昭和38（1963）年当時に在住していた総本家a（家屋は現存し，⑯によって管理されている）を直接の本家としていた家は4戸存在していたが，現在では3戸に減少している。もちろん，この間に転出した分家もあり，かつ昭和38（1963）年当時の具体的な系譜関係が田原の報告書からは判明できないので，これらから直ちに系譜認識の変化を読みとることはできない。しかし，注目されるのは，A姓戸では総本家の最も旧い分家6を本家とする家が3戸から6戸に増加し，B姓戸ではaの分家であったと思われる㉕が，現在では自らの本家を不明とし，むしろaと㉕の始祖はキョウダイであったとの言説も聞かれていることである。

一見するとA姓戸とB姓戸の総本家の転出が系譜認識に微妙な影響を与えているのではないかと推測されるが，A姓戸の総本家の転出は大正期であり，かつC姓戸の総本家の転出の影響は見られない。A姓戸・B姓戸での系譜認識の変化の原因やそれらとC姓戸での系譜認識との差異の原因は，単に総本家の存否に限定されるわけではない。A姓戸やB姓戸には孫分家が多く，C姓戸では孫分家は1戸のみであり，かつD姓戸の規模は他に比してはるかに小さい。ここから「本・分家間の互助や交誼は，総本家を中心として行われるのは，C・Dの両同族だけであって，AとBのそれは，直接の本・分家を中心とする下位組織の成員間に限られてくる[15)]」ことになり，このことがA姓戸とB姓戸での系譜認識の変化をもたらしたのかもしれない。

さらに定置網の漁撈組織などの「生産上の現実的基盤にもとづいてみるとき，部落の人びとが少なくとも同族組織をはっきりと識別しながら，冠婚葬祭の場合をのぞいて，その互助の実態がしだいに親族間の互助関係と区別しがたくなってきていること[16)]」も影響しているのかもしれない。つまり，表象のレベルでの本分家関係についての系譜認識と，実際の行為のレベルでの「互助や交誼」や漁撈組織の編成をもたらす関係がズレてきていることがここでは指摘されている。

本分家関係の認識があれば，必ずそこに互助協同関係が生じるわけではないし，分家でもその世代継続数が一，二代である場合と，それ以上の場合では異なってこよう。なぜならば，特に分家初代の場合は本家当主とは親子関係，ないしは兄弟関係にある場合が多く，当事者が本分家関係として本家との関係を捉えていたかどうかはにわかには断定できないからである。漁撈組織の構成員の場合は，後で述べるように分家分立以前から当該組織に加わっていることもあり，分家分立過程，ないし親族関係形成過程の視点から考察する必要があろう。さらに，田原は定置網での漁撈組織の事例をあげていたが，現在の当地での漁業の実態からすると，本稿ではむしろタラ底建網漁でのそれが中心となろう。

2　タラ漁と脇野沢村漁業協同組合

前述のように，現在の脇野沢村の漁業は底建網によるタラ・ヒラメ漁，定置網によるイワシ・コウナゴ漁，さらにツブ貝，ホタテ貝等の貝漁に大別されるが，九艘泊地区ではタラ漁への依存度が他地区よりも高い。タラ漁は藩政期には延縄や刺網によって行われていたが，現在の底建網の原型は明治期に3代前の⑦の当主によって発明されたとされている。それ以後当地区では，イリタラを建網や延縄（タラ釣漁）でとる時期がしばらく続き，大正期になるとこのイリタラは建網，産卵後外洋に出るデタラは延縄でとるという漁法が確立してきたようである。底建網漁では，一隻に数人が乗り組む漁船によって「場取り」が行われた。すなわち毎年12月の「口あけ」日に一斉に漁船が出漁し，網を入れる良好な漁場をより多く確保することによってその年の水揚げ高が左右された。

したがって，より多くの漁獲量を求めようとすると，高額な給料によって「場取り」のうまい漁業者の雇い入れとともに，網の統数の増加が必要になってくるが，それには相当な費用がかかることになる。大正期から昭和初期にはそれを自己資本でまかなえる漁家は少なく，多くは漁業資材から漁業者の給料までの仕込み費用を問屋から前借りし，漁期の終わりの旧正月前の「値ダテ」で精算していた。このような問屋（仕込み親方）の支配は大正期から昭和前期まで続いたが，それ以前の明治期のタラ漁ではそれとは異なった側面が見られたことにもここでは注目したい。〈資料１・２〉[17] は明治期の九艘泊での建網経営や「場取り」違反者の取締りのあり方を示している。

〈資料１〉

「　誓約書

明治廿三年旧五月五日村中集會ノ上左ノ条項ヲ約定シ組合漁事ニ関スル條目

一、本年鱈建網ハ九艘泊貝崎ノ両湾ニハ常付キ網ヲ建テ之ニハ新規ノ網ヲ用ユ

二、字アモヂウタ穴ノ下ハ追網場所ト定メ之ニ古網ヲ用イ風波ノ動静ヲ斟酌シテ該網ヲ　時々追網スルモノト定ム

（以下略）

小頭　櫛引八太郎
木下巳之吉
木下岩松
中島佐太郎
中島佐之吉
櫛引子之吉
櫛引孫太郎
山田辰次郎
木下岩吉

木下由松
櫛引筆吉
木下辰之助
木下福太郎」

〈資料2〉

「　九艘泊鱈釣小舟出船期限違背ノ義ニ付左ノ科料ヲ申付ケ致事
一、壱番出船　櫛引初太郎
　此過料　酒弐斗
一、弐番出船　木下巳之吉
　此過料　壱斗
一、三番出船　櫛引福蔵
　此過料　五升
一、同上櫛引孫太郎
　此過料　五升
右ノ通リ正ニ処分仕致事
　明治廿五年一月十九日
　　九艘泊村中　印」

〈資料1〉の櫛引八太郎以下の13名は当時の九艘泊居住戸の全戸主であり，当時の建網経営が彼ら全員によって担われていたことが知られよう。〈資料2〉での「科料」の申し付けも「九艘泊村中」の名によってなされている。つまり，大正期とは異なり，この時期のタラ漁は九艘泊というムラが主体となって営まれていたのである。それがやがて前述のような問屋支配によるタラ底建網漁が主流になっていくとともに，大正初期には夏漁でのイワシ定置網が3代前の⑬の当主によって導入された。これについで，昭和期になるとC姓戸の総本家やB姓戸の⑯もイワシ定置網を始めた。イワシ漁は毎日の網起こしや「焼干し」を行うための人員を必要とする。問屋が仕込み費用を前貸しし，流通過程を支配している状況下でのタラ漁やイワシ定置網漁の導入は，それまでの「村中」での建網経営から，個々の漁家単位による漁業，そして有力漁家の台頭，そこでの漁業者の雇用による操業という形態に変化してきたのである。

この有力漁家は同時に当地区に入ってきた問屋の「世話人」をつとめること

▶**九艘泊の漁師**（櫛引理三郎氏，2012年9月撮影）

にもなる。大正期以来，九艘泊には青森市の問屋の佐末商店，若由商店，福岡商店が入ってきたが，その時期は順次ずれている。まず大正期には佐末商店が，その佐末商店がニシン場で破産した後は若由商店，そしてそれが昭和初期に退いた後に福岡商店が当地の漁業を支配することになった。そして，佐末商店の「世話人」には⑦が，若由商店と福岡商店のそれは⑬とCの総本家があたっていたが，後には⑬が福岡商店の「世話人」を引き受けることになった。ここで見られるように，当時の有力漁家としてはB姓戸の⑦や⑬が，C姓戸の総本家とともにあげられている。このことは，当地区では問屋支配を前提としながらも，本分家関係が必ずしも経済的な階層区分として現象してきていないことを示している。むしろ才覚のある漁家が九艘泊内外から人を雇い入れ，タラ漁やイワシ漁を営んでいたことになろう。

問屋支配は九艘泊では戦後もしばらくは続いたが，昭和24（1949）年以後の長期にわたる不漁は各漁家に多大の借金を負わすことになり，その借金を当地区では「部分林」の売却などによって整理した。そして，脇野沢村漁協のもとでの「全村集荷体制」を整えたのが昭和41（1966）年である。しかし，このような体制を整えたとしても，当地区では居住者が全て漁船を所有してタラ漁に従事できたわけではない。なぜならば，九艘泊は小さな入り江に面した集落であり，漁船を引き上げる場は当初から制約されていた。そのため自己の所有地である船揚場（船小屋）を有していない者は漁船を所有することができず，おのずと他の者の漁船に乗り込んで漁業に従事するしかなかった。九艘泊の現在のコンクリート張りの船揚場が完成したのは昭和50年代後半であるが，それまでの海岸での船揚場の所有者（家）を図示したのが図４－３（→章末109頁）である。

見られるように九艘泊では21戸，芋田では５戸の家が漁船を所有することができたにすぎないのであり，新たな分家者が漁船を所有する機会は限られていた。現在の船揚場は脇野沢村の漁港改善事業の一環として整備され，30艘の漁船を置くことが可能であるが，その管理は当地区に任されている。九艘泊では個々の船揚場の配置はくじ引きで決められ，現在では図４－４（→章末109頁）の通り，14戸がそれぞれの船揚場を確保している。

しかし，漁船を所有しているだけでタラ漁が営めるわけではない。現行漁業法の下では各漁業協同組合に属していることが必要である。当地区在住者のなかでの脇野沢村漁業協同組合（１戸１組合員方式を採用）の正組合員は27人（戸），准組合員は５人（戸）（うち１人〔戸〕は当地に住民票はあるが実際には不在）である。このうち正組合員の審査基準は，平成７（1995）年６月27日の「組合員資格審査会」で以下の点が確認されている。

「定款・規約・規程で定められている他に正組合員の審査基準として
①120日以上漁業を営む者　②船を所有している者　③実働する意志のある者
④漁業で生活を得る者　⑤タラ漁期中，乗組みした者」

現在の水産業協同組合法（以下，水協法と称す）での組合員資格の一般的な特徴は，「正組合員の資格の範囲が極めて厳格に限定されており，組合が定款で任意に限定を付し得る余地をほとんど認めていない……すなわち，組合の地区内に住所を有する漁民は漁業日数による若干の差異を別とすれば，ほとんど自動的に正組合員資格を有することになっている[18)]」と指摘されている。このような特徴に比して，上記の⑤（一漁期の乗り組みで可）は明らかに当漁協の特異性を示している。この要件は当漁協でのタラ漁の重要性を示すものであるとともに，タラ漁経験を経て初めて「一人前」の漁業者（＝正組合員）足り得ることを漁協自体がその内規によって認めていることになろう。③と④は，当漁協が1戸1組合員方式を採用しているとしても，当該家を継承・相続した者が自動的に正組合員になるわけではないことを示している。

「脇野沢村漁協　西共第60号　第2種，第3種共同漁業権行使規則」においても，「いわし，あじ，いか，やりいか，こうなご，たい，すずきの小型定置網漁業」と「かれい，ひらめ，たらの底建網漁業」を営む権利を有する者の資格は，組合員であってこれらの漁業に「10年以上の経験（経営又は従事）を有する者」とされている。これは同行使規則での「かれい，ひらめ等の刺網漁業」，「いわしの地びき網漁業」についての資格や，当漁協の「西共第59号　第1種共同漁業権行使規則」での「あわび漁業」，「ほたてがい漁業」などの資格が，「個人である組合員であること」とされていることと比較すると，明らかに差異化が図られている。すなわち，単なる組合員資格だけでは実際にタラ底建網漁を営む権利はないのである。

さらに，このような共同漁業権行使規則上の権利を有する者でも，自由にタラ底建網漁を営むことができるわけではない。なぜならば，現在も「場取り」は行われており，毎年12月5日午前7時に一斉に出漁しなければならない。さらに，年々底建網の規模が大きくなってきたことから，自主的に漁具の規模を規制する内規が制定されている。すなわち，昭和60（1985）年3月7日に脇野沢村漁協底建網部会は「底建網操業　自主統制内規の見直しについて」を作成した。これは「限られた漁場を円滑克《(ママ)》つ高度に利用するため」に，「(イ) 漁具規模の制限の件，(ロ) 違反者に対する処分の件，(ハ) 漁具規模の調査員制定の件，(ニ) その他」の四項目から構成されている。(イ) では底建網を大課型，中課型，普通型の三種に分け，それぞれの規模を規定した後，以下のように定めている。

「（2）大課型の建込み統数は一組合員一カ統とする。
（3）大課型及び中課型の建込統数の合計は組合の行使統数の二分の一（端数は繰上げる）を限度とする。
（4）大課型及び中課型を建込みする者は，その統数に応じ一部普通型建込統数を自主的に削減する。その数は下記のとおりとする。
（以下省略）」

さらに（ロ）の「違反者に対する処分の件」では，次のように定めていた。

「（1）たら底建網建込場取を一日停止する。
但し，場取終了後に違反行為が発覚した場合は，翌年第一日目の場取を停止する。
（2）底建網行使権の一部又は全部の取消しを組合に対して理由書を添えて進言する。
（3）県底建網許可申請には以後許可申請から除外するよう，組合に対し理由書を添えて進言する。
（4）違反者を処分した場合は，違反者の氏名，及びその理由書を部会全員に書面をもって通知する。」

タラ漁が毎年12月から２月頃にかけて行われることを考えれば，「場取り」の１日停止は比較的軽微な処分のように見えるが，実際には１日目の「場取り」でその年のタラの水揚げ高が左右されるのであり，決して「軽い」処分ではない。また，前述のように，明治期には「九艘泊村中」の名でもって建網が経営され，かつ同様にして「場取り」違背者には「科料」が科せられていたが，現在ではこのように漁協レベルでの規制や処分がなされている。このことは共同漁業権の免許は各漁協に与えられ，組合員は漁協の管理のもとで権利を行使するという現行の漁業法のもとでは当然のことであろう。こうした法制度の下では，タラ漁は九艘泊という地区内での合意によってだけでは遂行することできず，脇野沢村の他地区の漁業者との合意をも必要とすることになる。つまり，各漁業者は先の正組合員の基準，共同漁業権行使規則とともに，タラ底建網漁自体についての規則に服することによって操業できるのである。

他方で，このような脇野沢村漁協内部の規則だけでなく，他の漁協との協定にも服する必要がある。すなわち，共同漁業権の区域外の操業に関してであるが，対岸の津軽半島の平舘村漁協と蟹田町漁協との間で「覚書」が交わされ，それまで脇野沢村漁協がタラ底建網漁の操業許可を得ていた漁区に「調整区域」を設け，平舘村漁協と蟹田町漁協のカレイ固定式刺し網漁，延縄漁との競合関係の調整を図っている。平成11（1999）年９月29日付けのその「覚書」の一部を引用しておこう。

「　平舘村，脇野沢村，蟹田町３漁協は，相互漁業経営の実態をよく理解し，友好親睦を深め永久的周年漁業経営が平和裡に実施されることを目的に年１回各漁協持ち回りで協議会を開催し……改めて漁業調整を図り，具体的操業方法を定めることとした。……

記

1．脇野沢村，平舘村，蟹田町３漁協が知事の許可を得て操業する，たら底建網漁業の操業期間は，平成11年12月５日より平成12年２月10日までとする。
なお，蟹田町漁協は，平成12年２月20までとする。
2．脇野沢村漁協が知事の許可を得て操業するＡ区域内に別紙漁場図のとおり脇野沢村，平舘村両漁協が操業できる調整区域を設けて両漁協話合いの上実施することを確約する。
（以下省略）　」

つまり，脇野沢村漁協がそれまで独占していた漁場内の「調整区域」で，他町村の漁協の操業を認めているのである。このことは脇野沢村漁協の組合員でタラ漁を営む者は，今や居住地区内での合意や当該漁協内の規則だけでなく，近隣漁協との協定による漁場の制約も受けつつ操業することになろう。このように，タラ漁は各組合員が漁船，漁具を所有し，漁業者を雇い入れるだけでなく，二重，三重の法や規則のもとで行われているのである。

すなわち，第一に水協法や漁業法，第二に先の「覚書」，第三に当該漁協の組合員資格，第四に「自主統制内規」や共同漁業権行使規則である。これらによる規制は，順次漁業者としての共同性と非漁業者との差異性，近隣漁協との共同性と遠隔漁協との差異性，当該漁協の組合員としての共同性と他の漁協組合員との差異性，タラ底建網漁を営む権利を有する者としての共同性とその権利を有しない者との差異性を生み出す。これらは公式法としての水協法，漁業法の抽象性を漸次具体化していくことになるが，それに伴い共同性の範囲は狭小化してくる。逆に言えば差異化される範囲が拡大していくことにもなろう。

タラ漁を行う際に必要とされる法や規則に伴う共同性は，常に共同性から排斥される部分を措定することによって維持され，さらにその排斥部分を順次内側に拡大していく。その最後は上記の「自主統制内規」や共同漁業権行使規則にとどまらない。その先にもう一つの共同性と差異性が現出される。各漁船での共同操業組織としての漁撈組織によるそれである。個々の漁船単位でのこの漁撈組織が実際にタラ漁を営むのであり，ここでの差異性は，当該漁船と他の漁船との漁撈組織構成員の異同，および「場取り」自体や構成員の「場取り」の技量の優越などによって左右される水揚げ高の差異としてあらわれる。これは水協法から共同漁業権行使規則までの法や規則によって放置されている差異性であるが，この差異性の放置によって，それらの法や規則が実行され，かつ各漁撈組織の個別性が生まれ，そしてタラ漁遂行上の〈個〉が析出されてくる。いうまでもなくこれは個人ではない。この〈個〉＝漁船では複数の漁業者による共同操業がなされるが，その共同操業のなかに個人は位置づけられる。各漁業者を視点とすると，この漁船での共同操業において〈個と共同性〉があらわれ，その共同性が一〈個〉の漁撈組織として措定されるという多元的な構造が生まれてくるのである。そうであれば，各漁業者はどのようにして漁撈組織を構成するのか，そしてそれはどのような共同性であるのかという問題が次に問われることになろう。

3　漁撈組織と親族関係

九艘泊において平成11（1999）年度にタラ建網漁を営んだ者は14名である。平成12年度ではこのうち１名が廃業し，13名が営むことになる。タラ底建網漁は再三言及したように，一艘の漁船につき数人の漁業者を必要とする。このことは明治期以来変わっていないようである。昭和30年代までの当集落でのタラ漁の労働力について田原は以下のように述べていた。「タラ漁の労働力は，明治年間には，津軽の農漁村からの「モライ子」によって補充したといわれ，ほとんど１戸あたり１人は「モライ子」がいたという。大正期以降は，前述のような対岸周辺の出稼ぎ漁夫に依存することが多かった。したがって，他の漁浦の例にみられるように，本・分家の共同乗組でタラ漁を営むということも少なかったし，分家の労働力をあてにする必要は，比較的早くから失われていた。こんにち，漁業労働に本・分家間の互助がみられるとすれば，比較的多くの労働力を必要とする定置網においてである[19)]」。すなわち，昭和38（1963年）年頃の定置網漁では本分家間の互助が見られていたが，イリタラを建網でとる漁法の確立した大正期以後のタラ漁では，「出稼ぎ漁夫」に依存し，本分家関係はその際の漁撈組織の編成にはさほど関与していなかったようである。

平成11（1999）年度にタラ底建網漁を営んだ13名（戸）はどのようにして漁業者を雇い入れたのであろうか。そして，そのような漁業者は固定しているのであろうか。言い換えれば，タラ漁の不振という事態に対して漁撈組織の編成はどのような変遷をたどってきたのか。13名のなかで全く親族関係に依拠することなくタラ漁を営んでいるのは１名のみである。他はその全てでないとしても，何らかの親族関係によって有給漁業者を雇い入れている[20]。以下ではその事例をあげていこう（図４－５～９〔→章末110～111頁〕参照）。

まず図４－５の【事例１】では図中の３人以外に本村から１人を雇い入れていた。しかし，最近eの弟が死亡したため，新たな人を本村から雇い入れる予定である。ヒラメやイワシ漁の際は，eの妻と息子の３人で行う。【事例２】では３人で操業している。但し次男は現在東通村に在住しており漁協の非組合員であり，タラ漁の時のみ手伝いに来る。【事例３】のeは平成12（2000）年度からは廃業を予定しているが，これまでは分家したオジとイトコの２人の計４人で操業しており，４人とも当地区居住者である。【事例４】のeは三男であるが，長男と次男が他出したため当該家を継承した。彼も当家からの婚出者の息子２人（双方と芋田に在住）とともに操業している。【事例５】ではeとその息子，および母方イトコ，さらに本村から１人を雇い入れて操業している。この母方イトコはむつ市に在住している非組合員である。

これら５事例は平成11（1999）年度の事例であるが，これらで本分家関係が表れているのは【事例３】においてのみである。【事例４】のaの家は【事例１】のeの家の分家（三代目）であり，【事例５】のeの家は【事例２】のeの家の分家（三代目）である。【事例３】のaは世代継続数不明のC姓戸の分家当主であり，bは二代目のA姓戸の分家当主である。【事例４】のeの家もC姓戸の分家（四代目）である。これら三者はいずれもその本家や同姓戸とは操業していない。特に【事例４】のb（分家三代目）の本家は現在もタラ漁を営んでいるが，その本家の現当主はその弟や母方イトコとともに操業している。つまり，これらの事例からは，本分家関係が他に優先して漁撈組織を構成しているわけではないことが知れよう。しかし，親族関係のない者の参加は二次的であり，何らかの親族関係者達が有給漁業者として操業に加わっている。

それでは，このような親族関係者による漁撈組織の編成が昭和20年代から現在に至るまでどのような変遷を経てきたのかを見てみよう。まず図4－6の【事例6】でのa，b，cの生家は⑬である。昭和30（1955）年頃までは長男のaが中心になって，aの漁船にbとcが乗り込んでタラ漁を営んでいた。aの弟の四男や五男は最初から漁業には従事しておらず，姉妹は2人とも他に婚出している。その後不漁期が続いたのでa，bが抜け，現在ではcが中心となって，c所有の漁船にaの息子達が乗り組んでいる（図のA）。但し，イワシ漁のときはこれら3人にdが加わっている。d自身はfを有給漁業者として雇うとともに，本村から手伝いの人を頼んでタラ漁を行っている。

図4－7の【事例7】では昭和27，28（1952，53）年頃まではaを中心としてb，c，dが有給漁業者として参加し，fの漁船にはgが参加していた。この時にはb，c，gは漁船を所有していなかった。gは図ではaからの分家のように示されているが，実際にはfの父がgを連れて分家し，gはfの家から分家している。この二漁撈組織は図中に見られるように現在では四漁撈組織A，B，C，Dに分化している。Bのkは先の【事例3】のbである。

この2事例では昭和30（1955）年頃までの漁撈組織は本分家関係に即しているように思われる。しかし，【事例6】ではfやその父は有給漁業者としては参加していなかったし[21)]，a，b，cによる共同操業もb，cが分家する以前からの操業形態である。この【事例6】でのAはそれまでの漁撈組織を構成していた兄弟関係のなかでの世代交代として考えられるが，経営主は分家のcに移行している。【事例7】のa，b，c，dによる操業や，f，gの操業においても，一見すると本分家関係による漁撈組織編成がうかがえるが，実際にはそれぞれがa，fの家で同居していた時期からの操業形態である。特に前者の場合はそれぞれが分家した後，2，3年を過ぎると別々に操業し始め，dは現在の漁港（船揚場）の完成とともに漁船を所有した。A，B，C，Dのなかでそれ以前の漁撈組織での親族関係を継承していると思われるのはDのみである。a，b，cの共同操業は全く別々に分化し，kは母方の親族関係者と，dは妻の兄弟（瀬野在住）と操業することになった。また，Dで注目されるのは，i，j，hである。i，j（漁協の非組合員）は通常は出稼ぎ中であり，タラ漁の時にのみ当地に戻ってくる。

hは【事例3】のcと同一人物である。【事例3】は平成11（1999）年の事例であり，前述のようにここでの経営主が平成12（2000）年には廃業する予定なので，hは新たにDに加わる予定である。

図4－8の【事例8】はB姓戸⑯の事例である。昭和20年代中頃まではタラ漁では図中のA，Bの2漁撈組織が形成されていた。eの兄である四男は戦死しているが，それ以前はAに参加していた。この時期のAは図中の6人だけでなく，4人の「出稼ぎ漁業者」を含んでいた。同じ時期のイワシ漁やヒラメ漁では「出稼ぎ漁業者」の代わりに当地区在住の4，5人が加わっていた。これらの人々の参加はそれぞれの「本家で人手が余っていたため」と説明された。その後タラの不漁期が続いたが，昭和30年代中頃までには，eと長男が養子縁組を結び，六男は配偶者の出身地である五所川原に行き，七男は婿養子となって他出した。残った長男とeと三男が，2人の有給漁業者とともにタラ漁やイワシ漁を続けた。昭和60（1985）年に長男が没すると，eと分家した三男は，eの長女の夫（寄浪在住）と本家25の息子b（非組合員，図では省略）を加えたが，三男自身は漁船を所有していなかった。三男は後に青森市に転出したが，それでもその後2，3年はタラ漁の時期には戻ってきた。平成6（1994）年頃からは図中のCにbを加えたタラ漁の漁撈組織が形成されている。そして平成12（2000）年度からはeの長女の長男が加わる予定であるという。それに対して，夏場のイワシ漁などでは，a，bの代わりに⑥の当主やその分家㉓の長男が参加している。

図4－9の【事例9】はC姓戸の総本家の事例である。eは総本家からの分家初代であるが，戦後の総本家によるタラ漁，イワシ漁の漁撈組織に一貫して参加してきた。まず昭和20年代中頃以降のタラの不漁期までは，eの父が所有していた漁船にeの兄，e，そして父の兄弟達g，hとともに，津軽半島からの3，4人の「出稼ぎ漁業者」が乗り組み，漁撈組織Aを構成していた。aは昭和17（1942）年に戦死しており，bは網漁業には携わってはおらず，cは早くから芋田に分家し「独立してやっていた」ので，これら3人は加わっていない。昭和20年代中頃から昭和40（1965）年頃まではむしろイワシ漁が中心であったが，やはりeとその兄が中心となってeの父が所有する漁船に乗り組み，漁撈組織Bを構成した。新たにaの息子とfが参加したが，この間に総本家の長男が離脱

したので，その後はeを中心とした構成になった。またgは昭和30年代中頃に芋田に分家し，以後はeではなくcと一緒にタラ漁を営んだ。つまり，gとその息子は別々の漁撈組織に参加していたが，Bのイワシ漁での「網おこし」にはgやcが手伝ったという。dは昭和33（1958）年頃に死亡しているのでこれには参加していない。漁撈組織A，Bで漁船を所有していなかったのはhである。現在のタラ漁の漁撈組織では，eの引退後はその長男が中心となってCが，そしてgの孫とgの娘の夫（瀬野在住），そして芋田在住の２人を加えたDが構成されている。また，fは【事例４】のaと同一人物であり，Cのiは漁協の非組合員である。

【事例８】と【事例９】はどちらも当地区での有力漁家の事例であるが，タラ漁の不振に伴い漁撈組織の規模は小さくなってきている。もちろん，これには昭和24（1949）年頃から導入された動力船の影響もあろう。【事例８】では同居していた兄弟達が彼らの父が建造した漁船で操業しており，後の兄弟達の他出，養出後は，当該家継承者eを中心にしてタラ漁の存続が図られた。その際確かに本家のbを加えているが，主たる労働力はeとeの長女の夫である。【事例９】では総本家の継承者が本村に転出したため，漁家としての中心的な地位を継承したのは分家した次男（e）であり，漁撈組織B，Cにおいても中心はこの分家である。この事例でのhやgも分家以前からeの父の所有の漁船に乗り組んでいたのであり，分家後は離脱していく者も見られた。しかし，Bの場合はおおむね本分家関係を基軸とした編成であり，現在のCも総本家は参加していないが，eやその長男と分家群から構成されている。

総じてこれらの９事例から言えることは次の三点であろう。第一に，【事例３】，【事例６】，【事例７】～【事例９】では本分家関係が漁撈組織に関与しているが，それらの分家は全て初代か二代目の分家にすぎない。しかも，それらは結果として分家が関与していることになるのであり，過程論的な視点からすれば，分家以前に本家に同居していた時点から当該の漁撈組織に参画していた。むしろ，【事例７】や【事例９】で見られたように，分家後は本家から独立していく傾向があるようである。これらの点は次の第二点目とも関連するが，【事例６】～【事例９】での以前の漁撈組織を見ると，「出稼ぎ漁業者」を別とすれば，その構成員は分家以前の当該家の構成員であった。つまり単独漁家での父子関係や兄弟関係を基軸としてそれが構成されていた。前述のように，大正期以後は問屋支配下での個別的な有力漁家によるタラ漁・イワシ漁の経営が続いていたが，その際の当該漁家での漁撈組織でも同じ構成をとっていたと考えられよう。そのような子や弟達がやがて当地区内で分家していったので，現在では二代目や三代目の分家が相対的に多くなっているのであろう。このような過程を軽視し，分家後の時点からのみ考察すると，本分家関係によって当該の漁撈組織が構成されているように見えるのである。

さて，タラ漁やイワシ漁が衰退してくると，漁撈組織の規模は縮小し，それに伴って分家分立よりも出稼ぎや他出が多くなってきた。このことは現在の船揚場には30艘の漁船を揚げることが可能であるにもかかわらず，14戸のみの船揚場が確保されていることや，漁協の正准組合員が32名（うち1名は不在）でしかないことからもうかがわれよう。しかし，それでもタラ漁やイワシ漁は継続されてきているので，漁撈組織は構成されねばならない。その構成の特徴が最後の第三点目となる。現在の漁撈組織を見ると，以前と同じ父子関係や兄弟関係とともに，当地区での居住如何にかかわらず，婚出先や婚入者の生家，あるいは婚入者である母の姉妹関係が組織編成に際しては利用されている。

確かに前述の田原の報告にもあるように，昭和38（1963）年頃にもこのような関係者が組み入れられていたが，現在それを利用していないのは【事例1】と【事例2】だけである。この変化をよりはっきり表しているのが【事例7】のA，Dや【事例9】のDであろう。両者とも姻戚関係者が漁撈組織に加わってきている。しかし，このことは血縁関係が重視されていないことではない。義理の兄弟・息子を除けば，構成員の中の親族関係者の多くは経営主の父方，あるいは母方の血縁関係によって連なっている。

このような本稿での限られた諸事例から，現在の漁撈組織と昭和20年代のそれとを単純に比較することは難しい。しかし，【事例6】～【事例9】から言えることは，「出稼ぎ漁業者」を別とすれば，単独漁家によるタラ漁から複数の家が多様に関与するタラ漁に移行してきたことである。現在の複数の家々の多くは親族関係者の家であるが，本分家関係が関わっているのは【事例3】，【事例6】のA，【事例7】のD，【事例9】のCである。しかし【事例6】では経営主は本家ではなく，【事例3】以外では本家が参加しておらず，分家群のみによる構成である。そして，これらの分家も前述のように二，三代目の分家である。他方で本分家関係に関わらない漁撈組織を見てみると，その多くは上位２世代以内での親族関係者によって構成されている。

当地区では世代継続数が３，４代を超える分家も存在していたし，前当主世代での当地区内での内婚率の高さからは，それ以前からの錯綜する親族関係が推測される。このような旧い本分家関係や旧い親族関係の存在にもかかわらず，ここでは比較的新しい親族関係者によって漁撈組織が構成されてきていることが知れよう。その場合でも，経営主の父方，母方双方の親族関係者を同時に含むことはなかった[22)]。このことは経営主の上位２世代以内の親族関係者を含む場合でも，その上位世代でのキョウダイ関係を基軸として漁撈組織が構成されていることになる。すなわち，昭和20年代以前の漁撈組織の編成傾向は現在でも継続しているといえよう。従来は単独漁家内で漁撈組織が構成されるだけの世帯規模の大きさが維持されていたが，近年の世帯規模の縮小化によってそれは不可能になった。そこで新たな構成員が，こういった親族関係者から，組合員如何や当地区在住如何にかかわらず求められているのである。このような親族関係者をここでは近親者としておこう。

なぜ近親者によって多くの漁撈組織が構成されているのか。もともと漁撈組織は経営主の「気のあった者」によって構成されていると言われている。ここでの「気のあった者」とは，漁撈組織構成以前にも日常的な面接関係やツキアイのある者であり，それが近親者に多いということになる。先の父方，母方の近親者を同時に含んでいないことは，相互に日常的な面接関係やツキアイのない者が一つの漁撈組織を構成する可能性を排除することになろう。つまり，漁撈組織での近親者の共同性は日常的な関係性を前提としている。その一方で，この漁撈組織は永続的ではない。タラ漁の漁期（12～２月）にのみ構成され，かつ毎日出漁するわけではないし，その構成員数やその範囲の多くは，上記のいくつかの事例で見たように近親者の間で変化していく。自己のまわりの近親者が適宜集合・離散を繰り返す結節点として漁撈組織が位置づけられよう。

しかし，ここでは単に近親者である故に集合するのではなく，近親者である当事者間に雇用上の合意がある故に集合する。集合することによってそこに共同性が生まれれば，そのことは同時に集合しない近親者との差異性も生じよう。したがって，それは近親者を分節化していくが，必要に応じて，すなわち合意如何やツキアイなどの継続如何に応じて，その分節を組み換えることができる。この組み替えが行われていることによって，共同性も随時生まれ，消えていき，それによって差異化される範囲も変動し，差異性が固定化することはない。

このような流動性は，家を単位とし，比較的永続的で，固定的な本分家関係とは異質である。したがって，本分家関係そのものは冠婚葬祭のような変わりにくい，あるいはそれ自体の要請によっては変わる必要のない儀礼には関与しやすいが，水揚げ高にも左右され，時には廃業もあり得る可変的要因を内在し，それに応じた多様な形態をとる漁撈組織にはなじみにくいであろう。前述のように本分家関係での具体的な系譜認識は変動することはあるが，**A姓戸，B姓戸，C姓戸，D姓戸**の枠組み自体に変更はない。本分家関係は系譜という「「認識された歴史」のなかで分化した異質なもの同士の関係[23)]」であり，上記の【事例6】でのような本分家間での経営主の変更はあり得ても，それに伴って本家が分家になったり，分家が本家になるということはここではない。

具体的な系譜認識の変化は「認識された歴史」を操作することによって生じるが，このことは状況によっては各戸が系譜関係を選択することがあり得ることになる。しかし，この選択は各同姓戸内での本家の変更であり，各姓に象徴された家連合やその中での系譜関係自体は認識され続けている。つまり，経済的階層と本分家関係が相即していなかった当地区では，社会的，経済的変動と系譜関係は連動せず，後者は表象のなかにとどまり続け，そしてとどまり続けている故に系譜関係の選択が可能であったといえよう。

おわりに――共同性と差異性を超えて

明治期には「九艘泊村中」によって行われていたタラ底建網漁は，大正期には問屋支配を前提とした個々の漁家による経営へと移行した。昭和20年代中頃まではいくつかの有力漁家は「出稼ぎ漁業者」を雇い入れるとともに，同じ家屋に同居していた親子や兄弟によって漁撈組織は構成されていた。家継承者以外の者は分家後も親の漁船に乗り込むこともあったが，その際の余剰人員は「本家で人手が余っていたから」という当時の説明からも推測されるように，いまだ当地区内で配分されていたようである。このことが可能であった理由の一つは，昭和20年代以降に比すれば各種の漁業が安定していたことであるが，このことはまた個々の有力漁家による雇用という形態をとることによって，当地区内に差異化をもたらすことになった。しかし，そういった差異化を内在しているにもかかわらず，当地区内での人員のやりくりによる操業は，明治期以来の「ムラの共同性」の表出として捉えることも出来よう。

その後タラ漁の不漁が長期化し，わが国も高度経済成長期を迎えると，通年の出稼ぎ者が増加してきた。そして昭和41（1966）年以後の脇野沢村漁協による「全村集荷体制」，組合員資格，共同漁業権行使規則，「自主統制内規」，近隣漁協との「覚書」などの法・規則が整うとともに，タラ漁は新たな様相を帯びてくる。すなわち，通年出稼ぎ者の増加が「ムラの共同性」の基盤を掘り崩すとともに，それぞれの法による共同性と差異性が新たに生み出されてきた。そこには漁協組合員やタラ漁を営む権利を有する者の共同性などはあり得ても，それが「ムラの共同性」とはならず，操業という行為に伴う共同性は個々の漁撈組織において見い出すことができるにすぎない。

他方で，タラ漁が継続されているといっても，**表4－4**（**→章末113頁**）に見られるように，その水揚げ高の乱高下は著しく，そのため安定的で，かつ規模の大きい漁撈組織は必要とされない。そこではもはや有力漁家による余剰人員の吸収も，また吸収されるべき余剰人員も存在しない。そのようななかでも，現在の漁撈組織の多くは主として経営主の近親者から構成されている。ここでは経営主による近親者の選択・依頼，近親者による了解という合意を前提とした共同性が生まれているのである。合意と操業による共同性が近親者に持ち込まれていることは，近親者間の共同性を単なる生物学的なbeingな関係性から，意思に基づくdoing[24]な，あるいは行為に伴う関係性に変換していく。しかし，それは常にdoingな関係性であるのではない。漁撈組織構成員の可変性が，多分に近親者のなかでの可変性であることは，世代交替していく姻戚関係者を含む生物学的な親族関係者を背景として，そのなかで選択と合意が繰り返され，その時々のdoingな近親者による共同性が生じていくことになろう。

そして，この合意を前提とするという点で，ここでの共同性・差異性は近親者以外の者にも及び，先の法による共同性や差異性と共通しよう。この共通点の故に，法によって放置された漁撈組織の共同性と差異性が，それらと接合可能となる。法による共同性と差異性も当事者のそれらへの合意によって生み出されるが，その当事者は同時に漁撈組織の構成員でもある。各漁業者にとっては，自らの操業によって各種の法や規則が実践されるが，その操業は水協法から漁撈組織編成までの各段階での合意を経て可能になる。したがって，その合意は当地区で漁業者として生活していくうえでは「強いられた」合意でもあるが，その強制の度合いは一様ではなく，最後の漁撈組織編成では多様な選択肢が用意されている。

この多様な選択肢を提供しているのが親族関係であった。すなわち，漁撈組織で最も狭小化した共同性と最も拡大した差異性は，その漁撈組織の多くが近親者から構成されていることによって，親族関係のなかに拡散していく。その共同性と差異性が埋め込まれた錯綜する親族関係は，多様な共同性と差異性を随時生み出すことができる社会的な「図柄」Figuration[25]の一側面である。この「図柄」はもはや当地区内には限定されず，さらには合意の要因が背後に控えていることによって，非親族関係者との境界さえも曖昧化する。合意を前提とした漁撈組織での共同性と差異性が親族関係を媒介とすることによって，その構成員の無限定的な流動性，多様性を抑圧しつつ，従来の「ムラの共同性」に拘泥することのない開放性をもたらすという両義性を獲得していくのである。換言すれば，ここでは近親者であることが直ちに共同性や差異性をもたらすのではなく，合意を前提とする漁撈組織との交互嵌号によって，個人としての各漁業者間の共同性が生まれ，その共同性がさらに一〈個〉の漁撈組織（漁船）として各種の法や規則によって整序されていく。

このようにして，当該の法や規則を取り込むことによって，当地区でのアドホックな共同性が生まれるとともに，ムラとしての当地区の開放性が生じる。そこでは従来の家を構成単位としたムラ，家連合としてのムラではなく，近親者の柔軟で多様な共同性と差異性を許容する，アモルフな親族関係が成立しているのである。「親族は一定の社会でどんなにその機能が制約されていたとしても，それは全ての社会集団が利用する社会的，文化的構成である[26]」とすれば，ここでの親族関係は表象としての本分家関係と，その時々のアクション・グループを産出する近親関係を両輪としている。前者が家を単位とした系譜関係である一方で，後者は個人を単位とし，同じ家屋に共住する親子が別々の漁撈組織に参加するごとく（前述の【事例９】でのｇとその息子の場合等），その系譜関係とは別の行為の次元での柔軟性を有している。そして，その柔軟性が水協法以下での各種の共同性と差異性を自己消化しつつ，個人の選択・合意を内包した自前の共同性を生み出しているといえよう。個人の志向性は水協法から漁撈組織までの共同性・差異性との緊張関係を孕むことになるが，その緊張関係に微妙なバランスをもたらしているのが，ここでの親族関係の機能であると言い換えることもできよう。

このことを法の側から見ると，法はこのような親族関係の機能の余地を残すことによって，その法の担い手である漁撈組織の構成を促進していると言えよう。何度も言及したように，当該の法によって，それぞれのレベルでの共同性と差異性が生じる。しかし，例えば，漁撈組織間の差異性は共同漁業権行使規則によるタラ漁を営む権利者の共同性に，タラ漁を営む権利者とそれを営む権利を有しない者との差異性は当該漁協の組合員としての共同性に，当該漁協と他漁協との差異性は「覚書」による近隣漁協としての共同性に，そして近隣漁協と遠隔漁協の差異性は水協法や漁業法による漁業者としての共同性にというように，共同性の狭小化を逆にたどることによって，各差異性が順次異なるレベルでの共同性に包摂されていく「入れ子」型の多元的構造を，ここに見てとることも可能である。

このような構造では，各個人はそれぞれのレベルでの一方に位置づけられることによって〈個と共同性〉が析出されるが，そこでの個はこういった法とは異なる親族関係や他の関係性にも取り込まれている「具体的個人」である。そうであれば，その諸個人はこれらの法が及ばないレベルでは，それら以外の関係性を駆使することによって共同性を生むこともあろう。そのレベルが漁撈組織であり，駆使される関係性が親族関係であった。各レベルでの差異性は次のレベルの共同性に包摂されたが，前述のように漁撈組織のレベルでの差異性はこの親族関係に包摂されることになる。その親族関係は「入れ子」型構造の最上位の水協法・漁業法で差異化された非漁業者をも含み得ることによって，この最後の差異性をも取り込んでいく。そして，このような取り込みを可能にしている一つが漁撈組織での操業という行為であり，この行為がそれぞれのレベルでの共同性と差異性を表出すると同時に，それらを超える契機を生み出していっているのである。

1） 戒能通厚「総論――三年間のまとめの方向について」法社会学52号（2000年）4頁。
2） 樫村志郎『共同性の法社会学』にむけて」法社会学51号（1999年）11～12頁。
3） 二宮宏之編『結びあうかたち』（山川出版，1995年）13頁。
4） Tim Ingold, “BECOMING PERSONS : CONSCIOUSNESS AND SOCIALITY IN HUMANEVOLUTION ” in *Cultural Dynamics* vol.4（1991）, p.361.
5） D.M.Schneider, *A Critique of the Study of KINSHIP*（1984, the University of Michigan）.
6） 水林彪「コメント：権利と共同性」法社会学51号（1999年）62頁。
7） エミール・デュルケーム（田原音和訳）『社会分業論』（青木書店，1971年）。
8） 樫村・前掲注2）論文，樫澤秀木「権利主張を支援するもの」法社会学52号（2000年）。
9） 棚瀬孝雄「合意と不合意の間」棚瀬編『紛争処理と合意』（ミネルヴァ書房，1996年）136頁。
10） 樫村は共同性を「社会のひとびとは，他者とともにあるという事実を，個人として，あるいは集団的に，他者に対して主張したり，その他の行為の前提としてすすんで承認しようとすることがある。「共同性」とは，このようにして主張される事実，その主張行為やそれを前提とする行為，そのようにして主張される共同性の証明となる事実の，制度化された組み合わせを意味する」と定義する（樫村・前掲注2）論文14頁）。

名和田是彦は「共同性とは，特定の人間グループにおいて，そのメンバー達に共通する，客観的に存在するかまたは幻想的に信じられている，利益や目標や理念に，メンバー達の意識ないし行動が方向づけられている事態をさす」とする（名和田是彦「地域社会の『共同性』について」法社会学51号〔1999年〕49頁）。
11） 本稿での脇野沢村や九艘泊の沿革，タラ漁の歴史などについての記述は，竹内利美編『下北の村落社会』（未來社，1968年，以下，『下北』と略称する），脇野沢村史調査団編『脇野沢村史　民俗編』（脇野沢村役場，1983年，以下，『村史』と略称する）に負うところが大きい。なお，本章末尾にも記したが，脇野沢村は平成17年に新むつ市に合併した。
12） 『村史』8頁，但し『下北』380頁では明治初期には芋田はまだなかったとある。
13） この世帯数の増加は「本村・瀬野に顕著である。これは，他地区の土地利用が飽和状態に近く，新しく家を建てる余地が少ないことによる。したがって，本村には山在・上在から，瀬野には上在から，人々が，家を建てる土地を求めて移転している」（『村史』13頁）ことによろう。
14） 田原音和「脇野沢村九艘泊」『下北』379～401頁。
15） 田原・前掲注14）論文392頁（引用文中のA，B，C，Dは林による変更）。
16） 同上395頁。
17） 『村史』74頁，76頁より引用。
18） 関谷俊作『農林水産法』（ぎょうせい，1985年）502頁。
19） 田原・前掲注14）論文393頁。
20） 有給漁業者のほかに単なる「手伝い人」を頼む場合もある。本稿でのタラ漁参加者は有給漁業者を意味し，必要に応じて「手伝い人」を示していく。

21）　田原の前掲注14）論文（394頁）からは「手伝い人」として参加していた可能性は推測される。

22）　この点は当地でのオヤコと称されている親族関係の一つの特質に対応すると思われるが，親族構造そのものの分析は稿を改めたい。

23）　上田信「中国の地域社会と宗族」柴田三千雄他編『社会的結合』（岩波書店，1989年）53頁。

24）　beingな関係性とdoingな関係性については，D.M.Schneider, op.cit., 拙稿「親族慣行と村落社会の現在」六本佳平責任編集『法社会学の新地平』（有斐閣，1998年）（第1章），173～176頁参照。

25）　ノベルト・アリエスの用語である。アリエスによれば，「図柄分析においては，ひとりひとりの個人はむしろかれらが実際に観察されるような姿で示される。すなわち，実にさまざまな種類の相互依存関係によって互いに結びつけられ，その相互依存関係によって特殊な図柄を形成している開かれた，互いに他を意識して調整し合っている独自のシステムとして示される」（アリエス（波田節夫他訳）『宮廷社会』〔法政大学出版部，1981年〕39頁）。このように「図柄」は人間の多種多様な相互依存関係であり，人間はこの相互依存関係に生み落とされ，そこで成長し，それに適合し，あるいはそれを再構成していくものとされる（アリエス（宇京早苗訳）『諸個人の社会』〔法政大学出版会，2000年〕の〔訳者解説〕参照）。

26）　Peter P. Schweitzer（ed.）, *Dvidends of Kinship*（2000, Routledge）p.12.

【付記】　本稿で用いた資料は平成8（1996）年8月，平成12（2000）年9月に行った調査によって得られたものである。脇野沢村は平成17（2005）年3月に新むつ市に合併した。

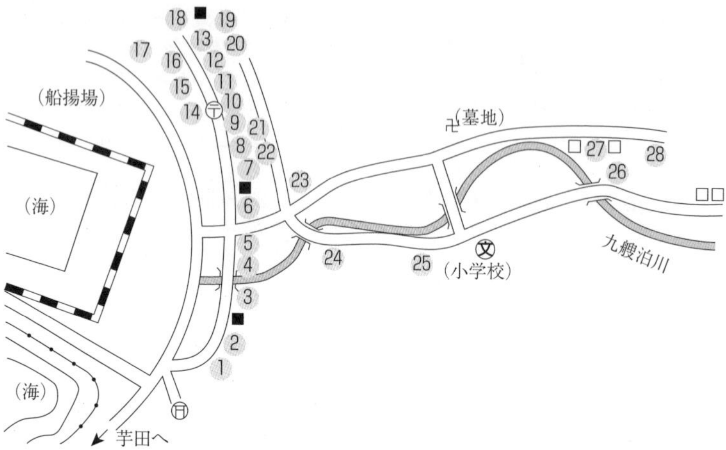

▶図４−１　九艘泊家屋配置図

注：家番号は便宜上筆者が付したものである。■は空屋。

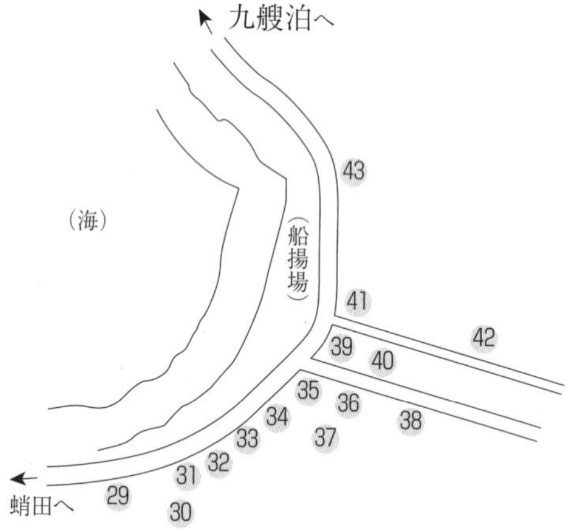

▶図４−２　芋田家屋配置図

注：家番号については前図と同じ。

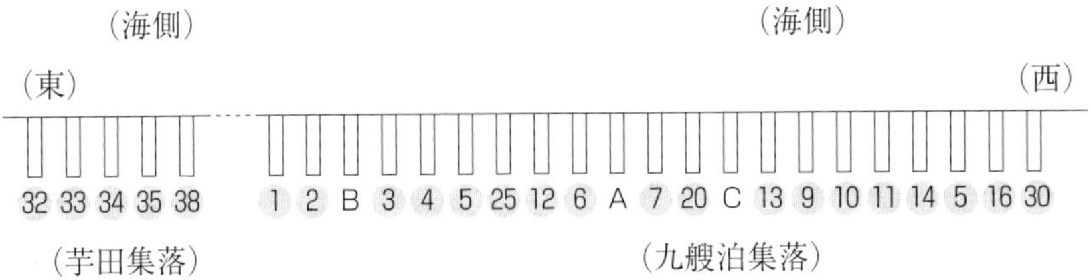

▶図４－３　漁港整備以前の船揚場

注：数字や記号は図４－１・２と表４－９の家番号に対応，図４－４も同じ。

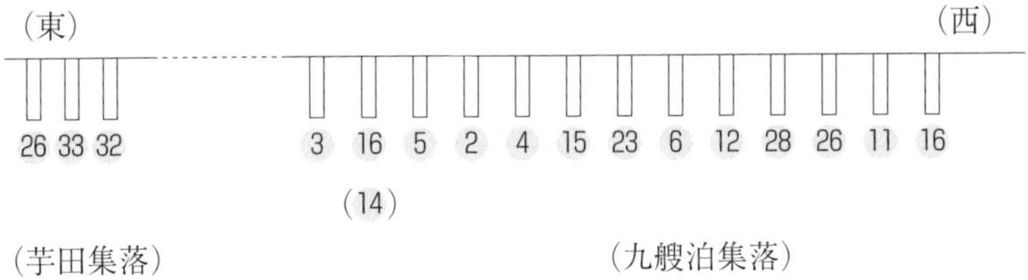

▶図４－４　現在の船揚場

注：14は現在廃業しているので16の船揚場になっている。

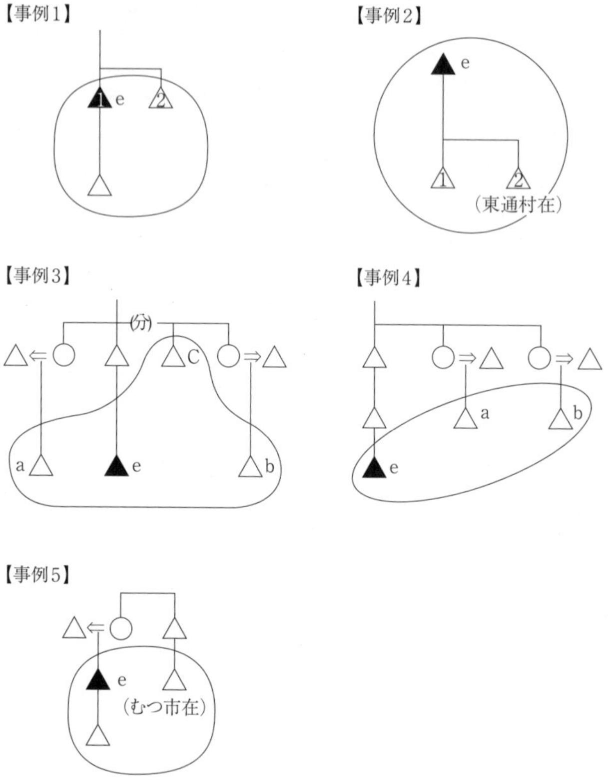

▶図４－５　漁撈組織の【事例１】～【事例５】

注：▲が経営主，実線内が現在の漁撈組織のメンバー，以下【事例9】まで同じ。

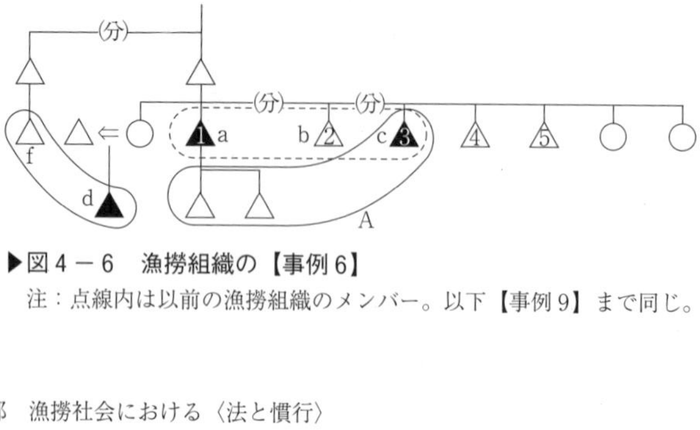

▶図４－６　漁撈組織の【事例６】

注：点線内は以前の漁撈組織のメンバー。以下【事例9】まで同じ。

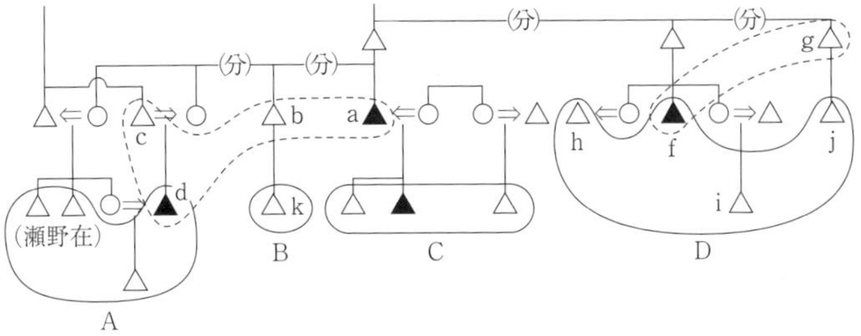

▶図4－7　漁撈組織の【事例7】

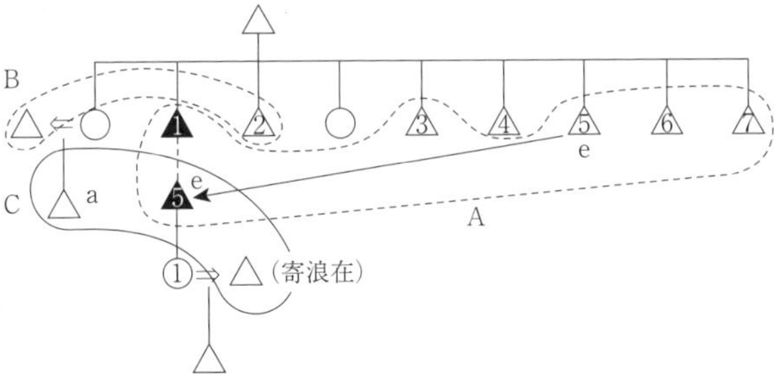

▶図4－8　漁撈組織の【事例8】

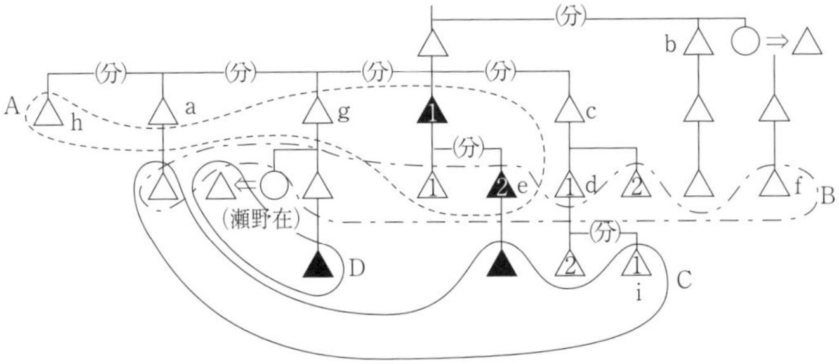

▶図4－9　漁撈組織の【事例9】

年度	世帯数	人口	年度	世帯数	人口
昭和20年	555	3,631	60年	977	3,486
25年	684	4,583	平成元年	958	3,307
30年	748	4,788	2年	934	3,202
35年	811	4,742	3年	948	3,160
40年	879	4,689	4年	938	3,146
45年	898	4,205	5年	931	3,121
50年	928	3,873	6年	936	3,104
55年	968	3,739	7年	921	3,019

▶表4－1　世帯数と人口の推移

注：『脇野沢村勢要覧1996』より。

地区＼年度	昭和30年		昭和40年		昭和48年		昭和57年	
	（世帯）	（人口）	（世帯）	（人口）	（世帯）	（人口）	（世帯）	（人口）
本村	339	2,140	397	1,937	419	1,644	461	1,611
瀬野	56	402	58	390	77	357	84	325
新井田	10	84	12	111	12	69	13	69
寄浪	26	178	28	183	31	186	39	188
蛸田	20	140	20	188	26	136	22	99
九艘泊	46	361	50	370	56	287	54	240
滝山	27	152	20	198	30	155	33	152
片貝	28	183	33	226	36	192	40	182
源藤城	35	213	38	246	41	199	39	173
小沢	155	990	166	996	185	791	186	657

▶表4－2　地区別の世帯数と人口の推移

注：『村史』p.11より。

地区名	平成2年	平成3年	平成4年	平成5年	平成6年	平成7年
本村	1,456	1,424	1,441	1,422	1,424	1,394
瀬野	306	297	299	300	304	301
新井田	60	56	52	52	52	53
寄浪	168	170	169	166	165	166
蛸田	86	83	81	79	79	82
九艘泊	194	194	189	186	189	183
滝山	122	119	112	115	118	108
片貝	156	140	142	143	136	135
源藤城	150	147	145	142	139	137
小沢	533	530	516	516	498	494

▶表4－3　地区別の人口の推移

注：『脇野沢村勢要覧1996』より。

年度	数量	金額	年度	数量	金額	年度	数量	金額
昭　和			52	215	97,212	平　成		
41年	102	9,851	53	172	86,327	元年	1,305	384,617
42	65	8,137	54	83	47,015	2	950	467,951
43	50	5,899	55	245	144,748	3	612	438,186
44	58	8,397	56	180	101,183	4	150	181,186
45	39	7,188	57	181	101,257	5	162	90,343
46	71	11,302	58	471	169,521	6	90	107,004
47	101	15,288	59	458	170,979	7	62	76,854
48	172	33,018	60	947	330,710	8	15	33,543
49	140	34,563	61	1,146	454,103	9	42	33,543
50	156	46,471	62	1,231	345,715	10	73	61,526
51	252	95,955	63	719	278,372	11	21	20,358

▶表４－４　マダラの水揚げ高の推移

注：数量／トン，金額／千円

員数 / 世代	1	2	3	4	5	6	計
Ⅰ	2	7					9
Ⅱ		5	13	4	2		24
Ⅲ				3	6	1	10
計	2	12	13	7	8	1	43戸

▶表４－５　同居世代・員数別家族構成

	九艘泊	芋田
1代目	4（戸）	3（戸）
2代目	9	8
3代目	4	4
4代目	4	0
不明	7	0

▶表４－６　世代継続数

前当主	現当主	戸数
1m	1m	9(戸)
1m	2m	2
1m	3m	1
1m	am	1
am	1m	1
am	2m	1
am	am	1
2m	1m	2
3m	1m	1

▶表４－７　当主の続柄

注：1mは長男，2mは次男，3mは三男，amは婿養子。

世代＼出身地		下北半島											五所川原	黒岩市	青森市	その他
		脇野沢村								川内町	むつ市	東通村				
		九艘泊	瀬野	新井田	寄浪	本村	滝山	源藤城	小沢							
前当主の世代	実数	19	1	0	0	2	0	0	2	4	2	1	1	2	1	1
	百分比	52.8	13.9							19.4					3.8	
現当主の世代	実数	10	1	1	4	4	3	1	1	0	2	2	1	0	10	1
	百分比	22.4	36.6							9.8					24.4	

▶表４－８　婚入者の出身地

A姓戸

家番号	本家
1	6
3	4
4	＊
6	＊
10	6
11	6
12	6
21	12
23	6
24	6
30	1
35	3
42	35

B姓戸

家番号	本家
7	a
13	25
14	16
16	25
17	13
25	＊
28	13
36	25
37	13
38	13
40	a
43	b
B	a

C姓戸

家番号	本家
9	c
15	c
18	c
19	c
20	c
26	c
31	34
32	c
34	c

D姓戸

家番号	本家
2	5
5	無
22	2
33	5

表４－９　各戸の本家

注：＊は不明，a，b，cは転出戸であり，aはB姓戸の総本家と言われていた家，cはC姓戸の総本家（家番号は全て図４－１・２の家番号に対応する)。

第5章　漁村社会における〈法と慣行〉
──佐井村牛滝の事例──

はじめに

法社会学における村落研究の比重はここ約40年間に大きく変化してきた。この変化は高度経済成長以後の村落社会での変容やそこでの「生ける法」としての各種の慣行の「衰退」，それに伴う法社会学者の学的関心の移行によるところが大きいであろうし，さらにはその前提としての「生ける法」概念についても，さほどの理論的な深化が図られることなく様々な村落調査研究が進めれてきたことも一つの原因とされるかもしれない。もともとこの「生ける法」概念は，わが国の法社会学界においては戦前の末弘法学以来，戦後の川島法社会学にいたるまで，否，末弘法学自体の展開過程においてさえいくつかの変遷を経てきている。そうであれば，そういった学説史的な考察を踏まえた新たな「生ける法」論が村落研究においても展望される必要があろう[1]。その一つの可能性として，末弘厳太郎の「法的慣行」としての「生ける法」論[2]に注目し，法とともに法以外の様々な要因を組み込んだルーティン化した慣行の総体を「生ける法」として把握することもできるかもしれない。

本書でもいくどか言及したが，「衰退」したとされる諸慣行についても，1970年代や80年代前半まではそういった傾向が見られたとしても，最近ではそれが変容しつつも復活・継承されている事例も見られるのである[3]。そのような慣行については，かつてのように近代法秩序原理を基準にした「遅れた慣行」，「否定の対象」としての慣行として把握されるべきではなく，そこでの人々の生活や生産活動を中核とする「日常的実践[4]」として捉え直すことが可能ではなかろうか。そして，このことは新たな「生ける法」論とも接点を有することになろう。すなわち，過去から反復された慣行が変容しつつも，人々の語りや行為を生み出し，そういった語りや行為が法をも繰り込みながら，逆に慣行を活性化させ変容させることによって社会的世界が作り上げられているとすれば，その語りや行為は「日常的実践」として把握されるとともに，その「日常的実践」そのものが「生ける法」の内実となすと言えるのではなかろうか。そういう「生ける法」が存する場は，もはや従来の村落社会には限定されないし，村落社会においてすら，このような「生ける法」は単一的に，しかも統合的に作用するとは限らず，幾重にも織り合わされながら人々の生活・生産での〈個と共同性〉を構築していくことになるのである。

本章ではこういった「日常的実践」の視点から下北半島の佐井村牛滝での漁業慣行について考察していくが，このことで牛滝という村落社会の全貌が把握できるわけではない。ここで試みられることは，漁撈という「日常的実践」から見ると，牛滝という村落社会での〈個と共同性〉はどのような様相を帯びているのかという一点につきるであろう。以下の第1節では佐井村と牛滝の沿革と概況を述べ，第2節では牛滝での漁業と漁業に関する慣行を記述し，最後の第3節では，第1節・第2節での資料をもとにして，多少の理論的考察を試みることにするが，ここではそれらの前提として，下北村落についての戦後の主な先行研究の概要を述べておこう。このことによって，本稿が下北村落研究史においていかなる位置をしめるかを明らかにすることが出来るからである。

佐井村を含む下北地方については，再三言及した「九学会下北連合調査」が行われ，次いでその調査に参加した東北大学の竹内利美らのグループによる調査もその前後に行われていたようである[5)]。これらの調査の報告書は『下北——自然・文化・社会』（九学会連合下北調査委員会〔平凡社，1967年〕以下，『下北』と略称）と『下北の村落社会　産業構造と村落体制』（竹内利美編〔未來社，1968年〕以下，『村落』と略称）として刊行されている。

九学会連合調査は自然科学系と社会科学系の九つの学会による総合調査であり，『下北』でも「第1編　自然と人間」，「第2編　文化の諸相」，「第3編　社会と生活」に区分され，第1編と第2編のもとでは，自然環境，遺跡，方言，民俗事象，宗教，民族音楽について，第3編では村落社会，家族・親族，漁撈生活と農耕生活などについて報告されている。他方の『村落』では，一部は『下北』と重複するものの，そこでは触れられなかった下北地方の政治・行政上の沿革と近世以来の産業の動向が追加されている。

これらの調査は下北地方を総合的に把握するための調査であったが，村落社会についてのインテンシヴな調査は必ずしもその全域についてなされたわけではない。『下北』の「第３編　社会と生活」において報告されている集落は，佐井村磯谷・長後，脇野沢村九艘泊・小沢，東通村尻労・蒲野沢，むつ市田名部とその周辺集落，むつ市内の北関根・泉沢・高梨，川内町銀杏木であり，『村落』では東通村目名・大利・石持・尻屋，佐井村磯谷・川目・長後，脇野沢村小沢・九艘泊，川内町畑である。双方の調査において，佐井村では３集落，脇野沢村では２集落，川内町では２集落，東通村では６集落，むつ市内では田名部を含む４集落が取りあげられていたが，佐井村の川目は磯谷との比較の対象として取りあげられていたにすぎない。

本稿の対象地である佐井村牛滝については，どちらの調査報告書にも記載されていない。このことは前章までで筆者が試みてきた九学会連合下北調査時と現在のそれの比較研究を不可能にしよう[6)]。しかしながら，牛滝は佐井村内ではタラ漁の盛んな地区の一つであり，そのタラ漁を中心とする漁業についての慣行を考察することによって，前章で考察した脇野沢村九艘泊での同じタラ漁をめぐる〈個と共同性〉の比較は可能になろう。さらに，明治中期以降東北地方の「周縁」とされてきた下北地方，そして，その下北地方の中心地がむつ市であるとすれば，佐井村はその下北地方での「周縁」であり，さらには，佐井村の中心である佐井本村から最も地理的に遠いという意味で，その佐井村の「周縁」とされる牛滝を本稿が選定したことは，現在の下北村落社会が抱える諸問題を一律に捉えるのではなく，その内部での差異を明らかにすることによって，その多彩な様相を示すための一助となることことができるであろう。

1　佐井村・牛滝の沿革と概況

青森県下北郡佐井村は下北半島の西側に位置し，東西約９km，南北約30kmの細長い村である。佐井村を含む下北地方は藩政期には南部藩領であったが，明治３年には斗南藩領となり，廃藩置県後は青森県に包含されるに至った。この時には，現在のむつ市田名部に支庁が設置された。ついで明治６年３月の「大小区制」の布告に伴い，下北地方は第六大区のもとに五つの小区に再編され，

▶図5－1　下北・佐井村の集落

佐井村は長後村，奥戸村，大間村，蛇浦村，易国間村とともに第六大区四小区に含まれた。その後明治11（1878）年の「郡区町村編制法」によって「大小区制」は廃止され，それまでの「第六大区」は下北郡と命名された。そして，そのもとに34の村が所属したが，この34の村は明治初年の33の村をほぼ継承したものである。しかし，明治17（1884）年以後の「連合戸長役場」時代には，先の「小区」をそのまま復活するかたちで，再度この34の村は五つに組み合わされた。そして明治22（1889）年の町村制施行によって，それまでの34の村は9村に合併されたが，この時に旧佐井村と旧長後村が合併し，これらを新たに大字佐井と大字長後とする現在の佐井村が誕生したのである。

現在，佐井村は古佐井，大佐井，原田，川目，矢越，磯谷，長後，福浦，牛滝の9地区に区分されているが，これらのうち川目地区のみは山間部に属し，残りは津軽海峡に面した海岸線沿いに点在している。古佐井と大佐井を合わせて佐井，あるいは「佐井本村」とも呼び，原田，川目，矢越，磯谷はその枝村になるが，これらが大字佐井を構成している。一方の大字長後には，長後，福浦，牛滝が含まれている。長後は大佐井の南約10kmに位置し，さらにその南に福浦，牛滝が続いている（図5－1参照）。

佐井村の人口と戸数・世帯数は町村制施行当初は大字佐井252戸，1661人，大字長後71戸，511人の計323戸，2172人であった。明治40（1907）年には366戸，2751人に増加し，昭和10（1935）年の国勢調査では4353人，688世帯であった。戦後は昭和26（1951）年に日窒工業佐井営業所の鉱石採掘が始まったこともあり，昭和34（1959）年には6124人，993世帯に達した。しかし，その後高度経済成長に伴う青年層の村外流出が加速されたことにより人口は減少し続けている。表5－1（→章末139頁）は明治40（1907）年以来の人口，戸数・世帯数の推移を示したものであるが，人口はこの25年間に限ってみれば約32％減少してきているが，明治40（1907）年以降の推移をみると，現在は明治末期頃の人口に戻ってきているといえよう。

佐井本村は藩政期には「エゾ地渡津」とされ「西廻り廻船」が頻繁に往来していたが，明治以後は北海道への経由地としての意義は減退していった。そのなかで佐井村の人々は農林漁業に従事することになるが，その地勢は概して峻険で面積の約9割は山林であり，その面積は11983haであった。その9割以上が国有林化されていたが，そのうちの約860haが部分林とされていたため，一定数の林業従事者は存続していた。昭和13（1938）年に刊行された『佐井村誌』[7)]によれば，「部分林には二官八民取分のもの五百六十五カ所約百八十五町歩，三官七民取分のもの四百九十五カ所約百十五町歩，合計一千六十カ所約三百町歩がある」（39頁）とある。

さらに農業と漁業については，町村制施行当時の佐井村では「農戸数は二百八十三戸，内田持戸数四十三戸となって居る。当時漁業は未だ振はずして，是等農家の副業に過ぎなかった」（31頁）が，同書刊行当時までには漁業者が増加し，「漁業戸数は四百戸にして，総戸数の六割を占めている。漁船は八百七十五艘にして，漁獲物の主なるものは鱈，鮫，玉筋魚，昆布，恵胡，天草等」（34頁）と記されている。ちなみに，昭和11（1936）年度の農産物の収穫高は，水田耕作においては粳米12町3反歩93石，糯米8町3反歩63石で4995円，畑作物では大豆，粟，小麦などが中心で40609円であり，合計は

45606円であったが，昭和10（1935）年の漁獲高は鮮魚貝類と海草類をあわせて233700円あまりであった（34頁）。

その後も農林漁業は当村の中心的な産業であったが，昭和38，9（1963，64）年に当村磯谷を調査した塚本哲人は「現在では，かなり事態も変化し，世帯数も増加して一〇〇〇戸をこえ，産業別世帯数でも世帯人口でも農林業が小差であるが水産業をおさえて第一位を占め，水田耕作も約八〇町歩に達するに至った。……それでもなお，水産高が一億円を上廻っている点に，漁業の比重の高いことが察知されよう。少なくとも大正期以降の佐井村を問題にするとき，その漁業の推移こそが焦点にすえられなければなるまい[8)]」と述べていた。塚本の指摘した佐井村での農業に比した漁業の比重の重さは，高度経済成長期以降の就業者数の推移のなかでも見られることになる。

表5－2（→章末139頁）は昭和45（1970）年以降の就業者数の推移を表したものである。平成2（1990）年までは第一次産業への就業者が全就業者数の4割を超えていたが，最近の数年間に第一次産業従事者数の割合は極度に低下してきている。そして，その低下傾向のなかでの農業就業者数と漁業就業者数の推移の差異は明らかであろう。昭和45（1970）年時と平成12（1990）年時を比較すると，農業就業者数は20分の1近くに低下しているが，漁業就業者は約6割の低下にすぎないのである。つまり，当村での漁業の有する比重の重さが，就業者数の低下率への一定の歯止めとして現象しているといえよう。現在でも漁業は約40kmに及ぶ海岸線を活用し，磯根資源を対象とした採貝藻漁業と回遊魚を対象とした小型定置網漁業が中心となる沿岸漁業が中心となっているが，本稿の対象地である牛滝についても，そういった漁業を中心に考察することによって村落社会の様相が浮き彫りにされてくると思われる。

前掲の『佐井村誌』によれば，「牛滝は福浦の西一里二十七町に在る。昔南部藩に於いて流刑の者を放ちた箇所である。道は頗る険峻にして今以て非常な難所である。風波の穏やかなる日は漁舟の便を籍りて往来する。享保初め二十三戸，享和二年二十五戸と増した」（6頁）と記されている。実際，古佐井や大佐井などの佐井村の中心部との交通は，昭和42（1967）年に磯谷から牛滝までの佐井海岸林道が開通されるまでは海上交通に依存していた。現在でも下北交通のバス路線はむつ市から佐井本村を経由して長後までであり，牛滝への唯一の公共交通手段は，牛滝を経由して青森市と佐井本村を往復している下北汽船の旅客船（夏1日2便，冬1日1便）のみである。

牛滝は国道338号線から幾分下った集落であるが，国道から続く道がそのまま海岸にまで続き，その両側に牛滝小中学校と多くの人家が並んでいる。（図5－2〔→章末136頁〕参照）。海岸線は小さな入り江になっており，現在ではコンクリート張りの漁港に整備されている。平成12（2000）年の国勢調査によれば当地区の人口は161人，世帯数は54世帯であるが，このなかには牛滝小中学校の教員世帯が含まれている。

表5－3（→章末139頁）は明治40年以降の牛滝地区の世帯数と人口の推移を示したものであるが，佐井村全体の人口と世帯数を表した表5－1と比較すると，次の二点が注目されよう。まず，双方とともに，昭和34（1959）年に人口のピークに達し，その後減少傾向が続いているが，平成12（2000）年の人口はピーク時の約半数である点は共通している。しかし，明治40（1907）年の人口を100とした百分比を見ると，牛滝では約4割の減少であるが，佐井村全体ではむしろ微増している。これは牛滝以外の地区での人口増加，あるいはその減少率の低さが影響していると思われる。他の地区の明治40（1907）年の人口と平成12（2000）年の人口を比較したものが表5－4（→章末140頁）であるが，佐井本村から比較的遠い磯谷，長後，福浦，牛滝での人口減少が目立っている。過疎化傾向にある佐井村において，その過疎化の度合いの差が佐井村内での地区別に表れてきている。いわば，過疎化現象が佐井本村とその周辺から大字長後の各集落へとせり落とされてきているといえよう。

当地区では毎年1月3日に牛滝集会所で総会が開催されており，それには各戸の当主が参加することが原則であったが，現在では代理の出席も認めている。平成13（2001）年度の当地区の総代は⑬（図5－2参照）の当主であった。地区総代以外に6人の役員が総会時に選出されるが，この6人には会計をかねた副総代が含まれている。地区総代を含めた役員の任期は1年であり，集落への各戸の負担金は毎月1500円である。さらに，これらの地区役員とは別に当地区の神明宮の氏子総代が4名選出されている。他に任意の集団として「牛滝森林組合」も設立されている。これには平成11（1999）年度は11名が参加していたが，平成12（2000）年度は3名のみであった。この組合の加入者は毎年2000円を支払うことによって，大間営林署が指定する近隣の国有林野からそれぞれ三間のマキを切り出すことができるという。

牛滝居住戸のなかで，今回確認できた分家例は，前世帯主世代での５例，現世帯主世代での８例である。居住戸のうち現世帯主で21代目を数える旧家（坂井家・源八を襲名）[9]は江戸時代の元禄期から明治初期にかけて当地で回船問屋を営んでいたが，この家からの分家は当地区内にはなく，佐井本村や函館，脇野沢村に分家を出していたという。前々世代以前の分家例については不明であるが，数世代を経た本分家関係はさほど意識されておらず，上記の本分家関係も家格差を伴う関係としてよりは，むしろ近親関係として捉えられているといえる。

次に通婚圏についてみてみると，現世帯主世代とその前後の世代において確認できた婚入者55名の出身地を表したのが**表５－５**（**→章末140頁**）である。牛滝での内婚率は約27％であり，50世帯ほどの規模の地区としては比較的高率であるといえる。これに佐井村内の他地区出身者を加えると，約50％にのぼる。注目されるのは，佐井村出身者を除くと下北地方の出身者は少なく，むしろ青森県内（主として青森市近辺や津軽地方）出身者が多いことである。[10]

2　牛滝での漁業と漁業慣行

牛滝は下北半島の他のいくつかの漁村と同様に，背後に比較的峻険な山々が迫りながらも小さな入り江に面した，沿岸漁業を中心とする漁村である。戦後わが国の沿岸漁業では漁業協同組合を中心とした漁業が展開されてきたが，平成13年９月現在の牛滝地区での漁業者は佐井村漁業協同組合（以下，佐井村漁協と称す）の組合員であり，その数は37名である。当漁協では１戸１組合員方式は採用しておらず，同居する父親と子がともに組合員である場合もあり得るが，そういった例は現在は牛滝地区では２例だけである。

この佐井村漁協は，もともとは明治36年佐井村漁業組合として設立されたが，昭和24（1949）年の水産業協同組合法の施行に基づいて現在の佐井村漁協が誕生した。しかし，昭和25（1950）年から26（1951）年にかけて，村内の原田地区，磯谷地区，牛滝地区の組合員が次々と脱退し，それぞれの地区で漁業

▶**牛滝漁港**（2012年９月撮影）

協同組合が設立されている。牛滝地区でもその地理的条件のためか，漁業資材の入手の困難さや鮮魚販売の際の不合理さが目立ち，さらには組合員間の「感情的な対立」もあって，昭和25年３月の設立総会を経て，翌月には牛滝漁協としての認可を受けた（発足当時の牛滝漁協の組合員は48名，準組合員１名であった）。

その後タラ漁の不漁にも見まわれたが，一時的にはコウナゴ，スズキ，ヒラメ，タイ等の水揚げ高が増加していき，昭和35（1960）年度には新農村振興事業の補助を受け水産荷捌所（貯氷庫を兼ねる）を建設した[11)]。当時牛滝漁協には佐井村役場牛滝出張所，牛滝簡易郵便局，青森商船牛滝荷扱所もおかれており，当地区の行政上の中心部をなしていた。この牛滝漁協時代には，小型定置網漁の漁場を原則的に１戸１カ所として，それまで数カ所の漁場を保有していた者を「説得」し，当地区に居住する漁家全戸にそれぞれ漁場を割り当てることに成功している。

しかし，この時期は全体的には不漁期が続いていた時期であり，しかも一部の漁家は水揚げされた魚類を牛滝漁協ではなく直接青森市の魚問屋（仕込み問屋）に出荷していたため，漁協への購買手数料による収入も少なく，財政的には苦しい状態が続いていた。さらに，後に水産業協同組合法が再度改正され，組合員数，水揚げ高，預貯金残高などにおいて弱小である漁協では「沿岸漁業構造改善事業」に参画できないこともあって，昭和40（1965）年１月に牛滝漁協は佐井村漁協と合併することになった。

現在は当地区居住の職員１名が常駐する佐井村漁協牛滝支所が設置されており，当地区の組合員の有する漁船で水揚げされた魚類はおおむね同所で扱われ，むつ市の市場に搬送されている。魚種としてはサケ，タラ，コウナゴ，カレイ，ヤリイカなどが主なものである。また，牛滝漁港に登録されている漁船数は**表5－6**（**→章末140頁**）の通りであるが，平成２（1990）年当時と比較すると，総数で９艘ほど増加しており，しかも5t以上の漁船数は２倍になっている。このことは当地での過去数年間の水揚げ高の推移とも連動するものといえるかもしれない（**表5－7**〔**→章末140頁**〕参照）。すなわち，佐井村全体での水揚げ高の微減にもかかわらず，当地での漁業はその不漁状態や組合員の減少を漁船数の増加で補うというかたちで継続されてきているといえよう。

牛滝での漁業は小型定置網漁とタラ底建網漁に大別される。小型定置網漁については前述のように現在では希望する全戸がその漁場を確保している。平成13（2001）年度からの３カ年間に漁場の行使を認められた者は27名であり，内３名はそれぞれ３カ所の漁場での小型定置網漁を認められている（**表5－8**〔**→章末141頁**〕参照）。これらの漁場は全て当地区の地先であるが，これは現在の佐井村漁協では，実質的に各地区別の地先をその地区の漁場としているからであり，各地区ごとの漁場の扱いは各地区に委ねられる傾向が強い。牛滝では各戸の漁場はおおむね固定しており，行使者の変更も多くは親から子への変更である。この漁場ではコウナゴ，タイ，ヒラメ，ヤリイカ，サケなどが水揚げされている。

他方のタラ底建網漁には平成12（2000）年度には17人が申請していたが，当地区ではこの漁業については「牛滝鱈底建網同業者組合」が結成されており，この組合員のみがタラ底建網漁を申請し，実施することができる。同組合規約第１条によれば「この組合は，佐井村漁業協同組合から附託された漁場を，有効かつ円滑に行使するため，同業者が一致協力して計画を樹て実行し，以て組合員の経営の安定，漁業生産の向上に寄与することを目的とする」とされているが，ここでの「佐井村漁業協同組合から附託された漁場」とは，前述の小型定置網の漁場と同様に，佐井村漁協の共同漁業権区域内での当地区の地先漁場であり，隣の福浦地区の漁場とは画然と区切られている。そして，同規約第2条では同組合の決定・実施事項を列挙しているが，その一部は以下の通りである。

「（2）使用する漁船を単位としての漁場の割当
（3）新加入者の建込方法と位置の定め方
（4）各操業船の建込位置の確認
（5）型入れ日の決定および実施方法の取り決め
（6）基点網の設定ならびに基準網の前後および沖岡間隔の決定
（7）垣網および各錨綱の長さの制限」

平成12（2000）年度もこの規約に基づいて「型入れ」開始日を11月10日とし，「胴綱の間隔」や「いかり綱の長さ」などが決定されていた。この「型入れ」とは網を入れる前に各自の漁場にて行うものであるが，その漁場の割り当ては一定の輪番制をとっている。図5－3（→章末137頁）はその割り当てを示したものであるが，申請者17名に対して操業船はＡ～Ｏの15艘である。これは申請者のうち他の者と共同して1艘の漁船で操業する者が2名いるからである。そして輪番制とは漁場の割り当てが毎年一定の方式で変更されていくことである。

すなわち，図5－3での焼山崎以南漁区の（沖4）ではＡ漁船は来年はＯ漁船の漁場で網入れをし，Ｏ漁船はＮ漁船の漁場に移動し，順次Ｎ漁船はＭ漁船の位置に移動し，最後のI漁船は上段の右端のＨ漁船の位置へ，そしてＨ漁船はG漁船の位置へと移動する。この輪番方式はそれぞれ（沖3）（沖2）（沖1）（中）（岡）の区域内でも同様な方法で行われる。さらに大荒川沖漁区では平成13年度はＬ漁船はＯ漁船の位置に移動し，Ｏ漁船はＡ漁船の漁場に，Ａ漁船はＭ漁船の漁場へ，そして，Ｍ漁船はI漁船の漁場へと順次移動し，以下I→F→G→C→H→J→B→N→E→D→Lというように漁場の割り当てを変えていくのである。

牛滝での漁場の割り当て方式が何時から採用されたかは，正確なところは不明であるが，当地区での聞き取り調査によれば「戦後になってから」，「戦前もあった」との二種類の答えがあった。そのなかで早くからタラ漁を営んでいた

1人によると,「戦前は一定の漁場を各自に割り当て,残りの漁場については場取りを行っていた」という。ここでの「場取り」とは,隣村の脇野沢村漁協で行われているように,「口あけ」時に一斉に出船して,各漁船がその年の網入れ場の獲得を競うものである。しかし,戦前にはこの「場取り」と割り当て方式は併用されていたとしても,その割り当て方式が現在のような輪番制を伴うものであったかどうか,あるいはその輪番制を当時必要としていたかどうかは不明である。

さて,前述のように「同業者組合」では当該「規約」に基づき漁場の割り当て以外についてもいくつかの取り決めがなされていた。例えば,平成12(2000)年度の取り決めによれば,「胴網の間隔」や「いかり網の長さ」,さらには「大漁旗の掲揚場所」などは次のように規定されている。

「　胴網の間隔
　　前後の間隔　全列　250間
　　沖岡の間隔　沖3から中の沖番まで　180間
　　　　　　　　中の岡番から岡番まで　170間
　いかり網の長さ
　　ボッチ　口前から200間とする
　　手網沖3から中の沖番まで　160間
　　　　　　　中の岡番,岡の沖番　130間
　　　　　　　岡の岡番　100間
　大漁旗の掲揚場所　船首(オモテ)
　事故標識の掲揚場所　網…船尾(トモ)
　　　　　　　　　　　船・機関…機関付近
　操業標識の掲揚場所　機関付近
　落アンカーを引き揚げた場合,本人同志で協議し,謝礼金として,10000円を支払う事」

先の漁場の割り当て・輪番方式やこのような「胴網の間隔」や「いかり網の長さ」の規定は,各漁船の水揚げ高の実質的な平等化を図るものとして注目されるが,後者の規定に対しては最近では違反者も出ているようである。本来は違反者に対しては次の年の網入れは禁止さるが,実際には「最近はあまりタラがこないので,問題にしない」が,今後「水揚げが大きくなれば網の大きさの差が出てくるので問題になるであろう」という。ここでは上記の規定に対しての柔軟な姿勢を見てとることも可能であろうし，当地区の主産業の一つであるタラ漁でのこのような規定とそれへの対応は，当地区でのムラのあり方を示唆するものであるといえよう。

次に問題になるのは各漁船はどういった漁撈組織を構成していたかである。タラ漁の網入れは1人では不可能であり，何人かの協力が必要とされている。そしてこのような協働は他の小型定置網漁においても見られる。こういった協働形式については，以下，図5－4（→章末138頁）で若干の事例を提示していこう。

この図はタラ漁についての共同操業の事例である。【事例1】ではa，bがすでに死亡してるために，cとdが共同操業を行っている。【事例2】ではcは漁協職員であったため漁業には従事せず，最初はa，bで行っていたが，現在はbとcの息子2人で操業している。【事例3】では最初はa，b，cの3人で行っていたが，a死亡後の現在はbとcで行っている。【事例4】のaは平成12（2000）年度から参加している。

このような協働形式はタラ漁以外においても見られるので，次に図5－5（→章末138頁）でそういった事例を通時的に見てみたい。

【事例5】aは昭和30（1955）年頃から昭和44，45（1969，70）年頃までは父と弟bと，他にもう1人を「部方《ブカタ》」として頼んで操業していた。その後弟bが函館に他出したので，約10年前まではエゴとその妻で「夏網」をやり，「冬網」のタラ漁の時は川内町の友人1人に頼んで来てもらっていた。最近はaの息子が帰郷したので2人で操業している。

【事例6】aは昭和15（1940）年頃から漁業に従事していたが，当初は小型定置網のための漁場を保有していなかったので，当地区内で「部方」として雇用されていた。約7年後には漁場の保有が認められたので，網の規模を小さくして，弟（次男）bと操業した。その後この弟は他出したので，次の弟（三男）とともに操業し，この弟がまた他出したので，シンセキの者cと2人でしばらく操業していたが，約20年前からは長男とともに操業している。

【事例7】aは最初は父，父の弟b，父の姉の夫cとその息子dの5人で操業していた。その後b，c，dが共同して操業し始めたので，aと父は「部方」を2人頼んで操業を続けた。約10年前からはaとその長男，そしてaの妻の兄の

3人で操業している。b，c，dはその後，cとdが「部方」を2人頼んで操業を続け，bもその息子と「部方」2人（図では省略）とともに操業していた。現在はdは通常は1人で行い，タラ漁の「網入れ時」は脇野沢村の「友人」1人の応援を頼んでいる。またサケ漁の時はbと共同で「部方」を頼み，それぞれの網入れを共同して行っている。

これらの事例でみられるように，往時に4，5人で漁撈組織を編成していた時には「部方」を雇用していた。この「部方」とは一漁期を通じて最低賃金を保障したうえで，水揚げ高の一定の割合を賃金として支払われる者をいう。しかし，操業装置の機械化や不漁のため順次漁撈組織の規模は小さくなっていき，現在では多くの場合に2，3人のみによって編成されている。なかには【事例7】のdのように，通常は単独で操業し，網入れなどの場合のみ「友人」に応援を依頼している場合もある。さらに，この事例では，「部方」の雇用はサケ漁の時にのみ限定され，しかも2戸協同での雇用である。

この【事例7】や【事例5】の一時期には「友人」を頼んでいたが，これら以外はすべて近親者から漁撈組織は編成されている。その近親関係は父子関係と兄弟関係を基軸としている様子がうかがわれる。兄弟関係においては当初は長男が中心となる傾向が見られるが，それは熟練者としての年長者を中心とするものであり，多分に流動性を帯びたものであろう。例えば，【事例7】でのように，当初の兄弟関係による漁撈組織は，現在ではそれぞれの兄弟の漁撈組織に分化し，新たなキョウダイ関係（義理の兄弟）による漁撈組織を編成している。

しかし，このような兄弟・キョウダイ関係は親子関係から派生するものである故に，結局はこれらの事例での親族関係は，父子関係に還元にされることになる。つまり父子関係が漁撈組織の基軸をなし，父が引退後は兄弟が共同して操業し，そして兄弟のそれぞれの子の成長ともに，各々の漁撈組織に分化していき，以後は必要に応じてのみ協同作業を営むとになろう。このように漁撈組織編成に際して見られる父子関係は系譜的連続性を追求するものではなく，完結した父子結合を現出しているように思われる。この父子関係の特性は，これまで記述してき漁業慣行とどう関連しているのであろうか。この点については次節において改めて述べてみたい。

3　若干の考察――おわりに代えて

「日常的実践」という概念については本章冒頭でも述べたが，規範や制度に強要され，あるいはそれらを遵守することによって行為が生じるわけではなく，逆に行為や語り，想起や思考によって社会的世界が作り上げられ，規範や制度もこうした実践によって構築されるという点に注目するものである。ミシェル・ド・セルトーによれば，「日常的実践」とは，色々な「言い回し」や日常言語での「ずれ，省略」等によって，「システム――言語システムなり既成秩序のシステムなり――を内部からあやつる工作」，あるいは「横領」や「隠れ作業」，「既成秩序の枠内」での「ひそかなたくらみ」等々である。すなわち，公式法や既成の政治体制のもとで，それらを自らのやり方で変容し，「異質な規則や慣習や信条のためにそれを使う無数のやりかたをとおして」それらを覆してきたものが「日常的実践」であるという[12)]。公式法のもとではあるが，公式法の趣旨とは異なった行為による社会的世界の創出ということになろうか。

さて，旧来から地理的に孤立していたように思われる牛滝であるが，現在の婚入者の出身地を見てみても，約4分の1が集落内婚（村内婚）である。それを含めた佐井村出身者が約半数を占めている一方で，津軽海峡や陸奥湾を隔てた津軽半島や青森市近辺からの婚入者が一定の割合を占めている。陸上交通では他の町村や他集落とは隔絶された感のある牛滝であるが，それに反比例する形で津軽地方との海上交通による行き来があることを示す数字となろう。このことは宮本常一が同じ津軽海峡沿いの隣集落・福浦への婚入者について，以下のように述べていたことからもうかがわれる。

「磯谷の南の福浦できいた話だが，村に適当な娘がいないので嫁をもらいそこねていた若者がいた。磯物（海産物）を摘みに来た津軽の川崎船の船頭が「嫁をもらったどうだ」とすすめてくれるので，適当な女があったらたのむ。と言っておいた。ある日山で仕事をしていると，船頭がわざわざ山までやって来て，「嫁をつれてかえって来た」という。家に帰ってみると，台所で見知らぬ女が働いている。「ああこれが私の嫁か」と思ったそうである。」

「そういう結婚を不自然とも思わず，不思議がりもせず，またほとんどいざこざもおこさずにお互いにしっとり生きて来ているのである。津軽から来た人たちに津軽が恋しくて帰りたいことはなかったかと聞いても，ただ笑ってこの地の生活にみな満足していた。[13]」

ここでの記述は津軽半島と佐井村の行き来が日常的にも頻繁であったことをあらわしていよう。佐井村は南北に長く，藩政期には二つの旧村であったが，そのうちの南側の旧長後村のなかでも牛滝は特に他集落とは隔絶された最南端に位置し，佐井本村からも最も遠い。明治期からの人口の推移を見てみても，矢越以北の佐井本村近辺の地区では増加していたが，南側の福浦，長後，磯谷は牛滝と同様に減少率が高い。中心地である佐井本村から地理的に遠い地区での人口減少ということになろう。こういった地理的条件も，その集落外への回路を海上交通に求める原因の一つとなり，その結果津軽地方や青森市近辺が通婚圏に入ることになったのかもしれない。現在も牛滝への唯一の「公共交通機関」が青森市からのフェリーのみであることもこのことを示唆している。

この地理的条件が当地の主産業である漁業にどう影響したかは不明であるが，その衰退を直ちに帰結したわけではないであろう。確かに往時のタラ漁の勢いがないことは当地でも聞かされたことであるが，上記の各事例でみたように漁業を継続している家，あるいは一時他出していたとしても，その後帰郷して父親とともに漁業を営む者の存在，さらには佐井村全体の漁獲高に比して，牛滝でのそれがさほど減少していないことなどは，当地での漁業のしめる位置を物語っている。

こういった佐井村・牛滝での漁業で注目される点は，佐井村漁協の共同漁業権区域を各集落の地先沿岸ごとにその集落の漁区として区分しており，その漁区内でのタラ漁では漁場を各漁船（各戸）ごとに割り当て，しかも年毎のローテーションを組んでいる点である。[14]各漁区への区分は集落間での漁業の競合を避けることになる一方で，いわゆる佐井村漁協組合員による「水面の総合的な利用」（漁業法１条）には適さない。漁区内での漁場の割り当てとローテーションは，「口あけ」日に一斉に出漁し，適当な場所に網を下ろすという，前章でのような「場取り」方法をとらず，各戸の競合性を排斥することになる。つまり，これらの方式に象徴されているのは，牛滝内での各漁船·各漁撈組織の「形式的平等性」の志向である。

こういった志向は，牛滝漁協時代に小型定置網漁の漁場を整理し，それまで複数の漁場を保持していた家を「説得」して１戸に１漁場を割り当てたとされていたことにも表出しているといえよう。しかし，この「形式的平等性」は個人を単位とするものではなく，漁船・各漁撈組織を単位としていた。そして，その漁撈組織がおおむね父子・兄弟関係を基軸に構成され，変遷してきていることは，先の事例紹介において指摘した。各個人が父子関係・兄弟関係に組み込まれ，この父子関係・兄弟関係が集積・分裂を繰り返し漁撈組織は形成されてきたのである。各戸での父子関係から始まり，やがて父が隠退すると，兄弟のみで操業し，さらに兄弟が分かれ，おのおのの父子関係によって各漁撈組織が構成されている。漁撈組織の形成と分裂が各戸のでの定位家族と生殖家族の循環，あるいは本分家関係の形成と相即しているともいえよう。

このような循環は漁撈活動については父が息子を指導し，やがて父の隠退とともに，子が自立していく様子を示しているとともに，家内的領域における，すなわち生活の場における父子関係が，漁撈という生産活動での基軸となっていることになろう。漁撈活動では「船頭」としての父は「船子」である子を指導し，子は父を模倣して学習していくが，そういった「実践共同体」としても各漁撈組織は考えられる。そこでは子は「正統的周辺参加」[15)]という形で構成員となり，いわば「大工の親方に入門した弟子」である。

この「実践共同体」は家内的領域としての生活空間と相即しており，家内的領域での子の立場は定位家族での位置である。そして，その子は漁撈組織では操業者としての位置を占めている。定位家族での子としての地位は自らの意思によるものではないが，漁撈組織では自らの意思と行為によってそれに所属する能動性が見られる。この能動性によって漁撈組織が形成され，その漁撈組織のおのおのが操業する漁場が割り振られることによって，「形式的平等性」を伴う漁場秩序が共同漁業権区域内で実現されてくる。

こういった実践が「たんに活動場面と状況のなかで完結するものではなく，よりひろく社会的世界のなかで捉えることが必要」[16)]であるとすれば，その「社会的世界」がここでは旧牛滝漁協の地先漁場であり，その地先漁場を包摂する佐井漁協の共同漁業権区域，さらに近隣市町村の各漁協の地先漁場をも包含し，対岸の津軽半島にも通じる「海」ということになろう。その「海」を通じて「嫁」が来ることによって生殖家族が生まれ，その夫婦の子にとっての定位家族が生じ，その定位家族が漁撈組織を構成するという循環が生まれるのである。

漁撈活動という実践を「社会的世界」と結びつけることによって，牛滝漁区での漁撈慣行が佐井村漁協や漁業法等の公式法と接合して把握することもできる。牛滝の漁撈慣行は単に牛滝という集落での慣行であるのではなく，そこに参加している人びとの行為によって公式法を成り立たせているのである。すなわち，公式法によって制限された佐井村漁協の共同漁業権区域，それを各漁区に細分化し，その一つの牛滝漁区でローテーション方式のタラ漁を営むことによって，共同漁業権区域そのものを成立させるとともに，牛滝集落での各戸の共同性を存続せしめている。

そうであれば，「個」である各操業者・「牛滝鱈底建網同業者組合員」にとっての家族という共同性，あるいはその家族と重複することもあり得る漁撈組織という共同性，「個」として漁撈組織が操業する牛滝漁区での漁場秩序という共同性や佐井村漁協共同漁業権区域内での他集落の漁撈組織との共同性，さらにはこれらの漁民を組合員とする佐井村漁協自体を「個」とした近隣漁協との共同性というように，重複しつつ，順次ずれて拡大していく重層的な〈個と共同性〉がここで析出されてくる。そして，それらに貫通するのは個々の漁民の漁撈活動という行為であった。

既述のように，こういった漁撈組織は家内的領域と相即している場合が多かったので，父（船頭）の指導下での漁撈活動は何らかの規則によるものではなく，家内的領域において幼少期から慣行や「しつけ」として訓練されていることもあり得よう。この点について田辺繁治は「社会には，法律のような規則や信仰や信念に支えられた規範がある。しかし，個人のなかに，より正確には個人の身体のなかに刻み込まれたさまざまな図式は，それらよりもはるかに有効，かつ柔軟にその時々の状況の変化に対処しながら実践を生みだすことが可能である[17)]」と述べているが，牛滝での漁撈活動もこのような「日常的実践」としての性格を有していたのではないだろうか。

ここでは，このような「日常的実践」論がオイゲン・エールリッヒの「実生活に浸透した」法規範としての「生ける法」論と共通している側面があることに留意したい。エールリッヒは「生ける法」が実生活に浸透する様子を以下のように述べていた。

「そうした規範は人を制圧するのではなく，教化するのである。それらは子供の頃にすでに教え込まれ，毎日毎日言われた「いけません！」「お行儀がわるいですよ！」「それは神の御心です！」といった言葉が，生涯彼についてまわるのである。そして経験上，規範に従うことの利益と抵抗することの不利益については身にしみて感じているので，彼は喜んでそうした規範に従うようになる[18)]」

田辺の言う「個人の身体のなかに刻み込まれたさまざまな図式」が「実践共同体」での「正統的周辺参加」の過程で生じたものであるとすれば，確かに上記の「生ける法」のように家族等のなかで受動的に「教化」されたものとは言い切れないだろう。しかし，ハイデッカーの「作業場」が示唆するように，「日常的実践」は「前反省的に慣習に従う」場面もあり得る[19)]。エールリッヒの上記の説明はそういった場面での「慣習に従う」ということが成り立つ具体的経過の一つとして理解することもできる。そして，このようにして「生ける法」を「日常的実践」と接合することによって，後者の問題が法社会学の問題としても措定されてくる。すなわち，公式法である漁業法のもとではあるが，漁業法での共同漁業権を自家薬籠化した「生ける法」としての牛滝漁区での漁場秩序が，幼少期からの父親による「しつけ」，「教化」の延長線にある漁撈活動という「日常的実践」によって生み出されているのである。

そういった「生ける法」秩序は，セルトーの言う「ひそかなたくらみ」や「隠れ作業」の結果でもあると言えるが，地理的に隔絶していた牛滝在住の漁業者集団にとっては生産・生活上の「公式法」であり，先の重層的な〈個と共同性〉をもたらす一契機にもなるのである。すなわち，少なくとも当地では公式法である漁業法と「生ける法」である漁業慣行は二元的に隔離されたものとしてではなく，いわばグラデーションとしての連続系列のなかに据えられ，その連続系列を媒介するものが一部ずつ重複し拡大していく重層的な〈個と共同性〉であったということができよう。

1）　拙稿「『生ける法』論の展開——末弘法学と川島法社会学を中心として」札幌法学10

巻1・2号合併号（1999年）204頁以下参照。

2） 末弘厳太郎「調査方針等に関する覚書」（初出1943年）『中国農村慣行調査　第一巻』（1952年，岩波書店）所収

3） 拙稿「系譜関係の成立と消滅——羽後村落における分家慣行の変容」札幌法学7巻2号（1996年）では秋田県由利郡鳥海町間木ノ平を対象としているが，当該集落では一時「春祈祷」と「庚申祭り」は中断していたが，平成元年に間木ノ平会館完成後に復活している。また，青森県下北郡東通村目名では，昭和38，9年当時はすでに「衰退過程」にあるとされていたユブシオヤ・ムスコ慣行が，現在でも継続され，むしろ活性化していることについては第Ⅰ部第2章参照。

4）「日常的実践」とは，さしあたり「日常生活のすべての場面で見られるルーティン化された慣習的行為である」（田辺繁治・松田素二編『日常的実践のエスノグラフィー』〔世界思想社，2002年〕3頁としておきたい。

5） この時期以降は各自治体単位での市史や村史（村誌）という形での研究が行われてきている。例えば『むつ市史』（1985年），『東通村史　民俗・民俗芸能編』（1983年），『脇野沢村史　民俗編』（1983年），『佐井村誌上巻・下巻』（1971年・1972年）などがあげられる。また，東通村教育委員会は各集落単位での『青森県 下北郡東通村民俗調査報告書』（1987年）を刊行しているし，立花勇『下北の民俗のあれこれ』（1989年）や雑誌『うそり』に掲載されている諸論稿も注目されよう。

6） 2002年日本法社会学会学術大会ミニシンポジウム「法と共同性の乖離と交錯」の筆者担当の報告において，東通村目名の現状と昭和38，9年当時の比較を試みた。拙稿「親族・慣習的行為・村落——下北村落とオヤグマキの法社会学」札幌法学8巻1号（1996年）（本書第2章所収）も参照。

7）『佐井村誌』（『下北半島町村誌　下巻』〔名著出版，1980年〕所収），以下の 本文中に提示した『佐井村誌』からの引用頁数は『下北半島町村誌　下巻』の頁数である。

8） 竹内利美編『下北の村落社会』（未來社，1968年）288～289頁。

9） 当該家所蔵の資料目録が『坂井家所蔵資料目録』（1994年）として佐井村教育委員会から刊行されているが，その「序」では「坂井家の祖先は代々源八を襲名したようですが，源八以前に儀右衛門・源右衛門などの名前もみられ，江戸元禄期から明治の初期にかけて，主に日本海海運で大規模な交易をしていたことなどが資料からうかがえます」と記されている。

10） 1971年刊行の『佐井村誌　上巻』（佐井村役場）によれば，「磯谷，福浦，牛滝等は海岸に家が立ちならび，後は直ちに山になっているので，陸上の交通は至極不便で，最近まで道路もない状態であった。従って人々の往来も，物資の運搬も，海路によるほうが便利であった。この海路の便は結婚関係にまで影響をおよぼし，これらの部落では対岸の津軽方面から嫁を貰うものが多いという」（754頁）。

11）『佐井村誌　下巻』（佐井村役場，1972年）390～392頁参照。

12） ミシェル・ド・セルトー（山田登世子訳）『日常的実践のポイエティーク』（国文社，1987年）81頁，84頁，94頁。

13） 宮本常一『私の日本地図　下北半島』（同友館，1967年）248～249頁。

14） こういったローテーションは東通村の野牛漁協や石持漁協，白糠漁協でも見られる。本章第6章参照。

15)　ジーン・レィヴ, エティエンヌ・ウェンガー（佐伯胖訳）『状況に埋め込まれた学習』（産業図書，1993年）1～8頁参照。
16)　田辺・松田編・前掲注4）書9頁。
17)　田辺繁治『生き方の人類学』（講談社，2003年）84頁。
18)　オイゲン・エールリッヒ（河上倫逸，M.フーブリヒト訳）『法社会学の基礎理論』（みすず書房，1984年）71頁。
19)　田辺・松田編・前掲注4）書13頁。

【付記】　本稿の資料は平成13（2001）年9月に行われた調査によって得られたものである。よって本稿での「現在」とは平成13年9月である。

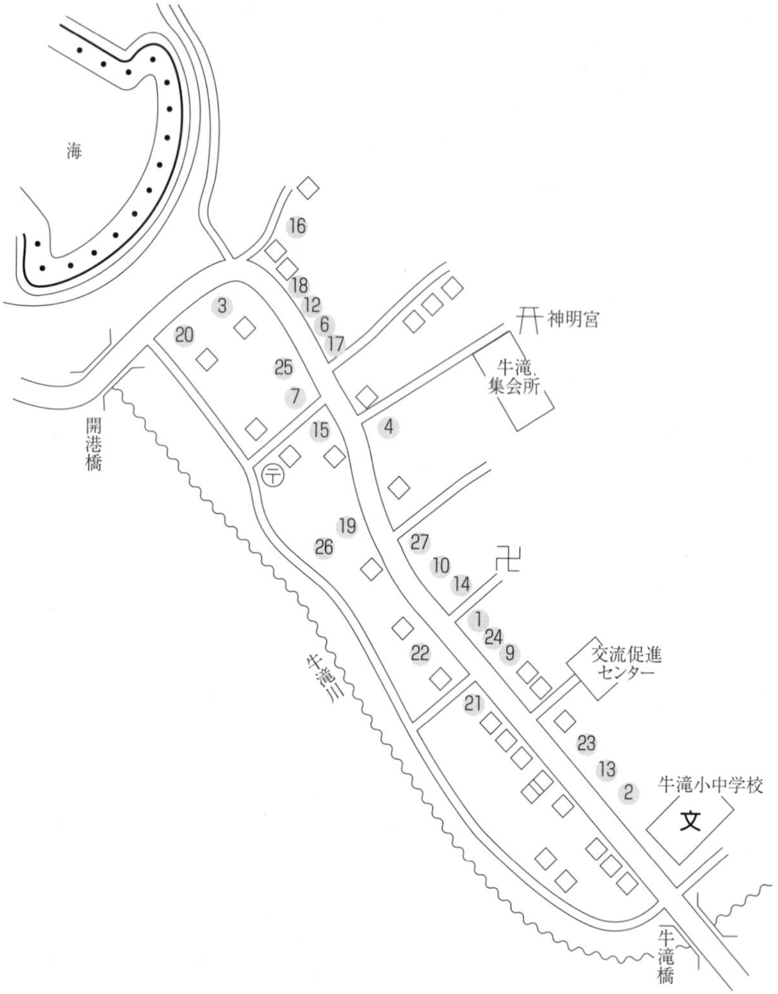

▶図５－２　牛滝家屋配置図

注：□は家屋，家番号は表５－８・９の家番号に対応する。

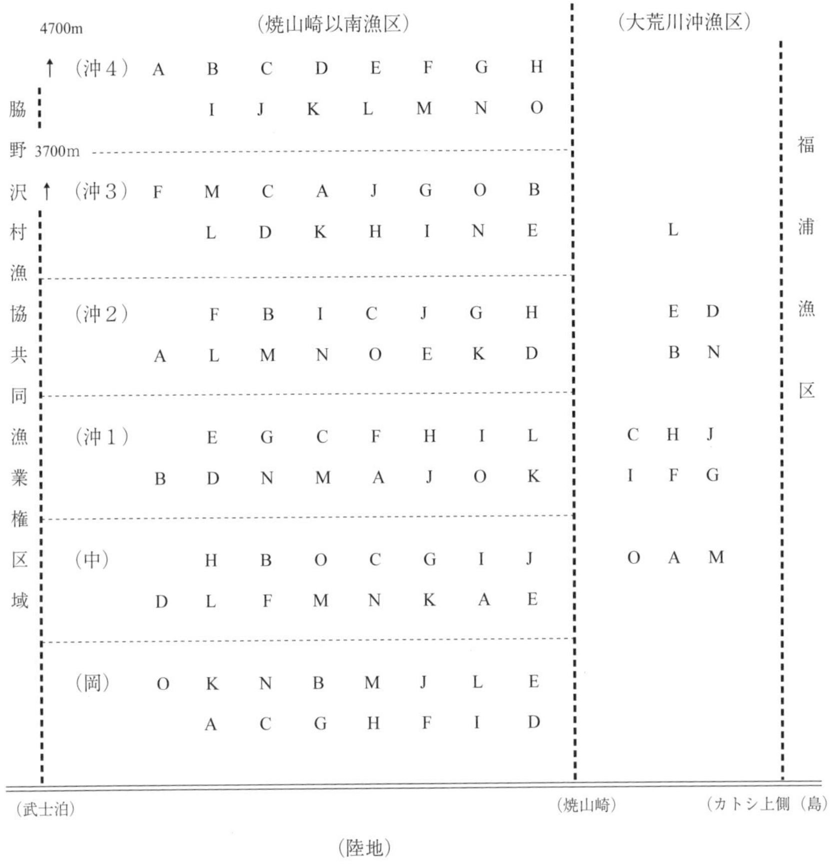

▶図5－3　平成12年度のタラ漁の漁場割当概略図

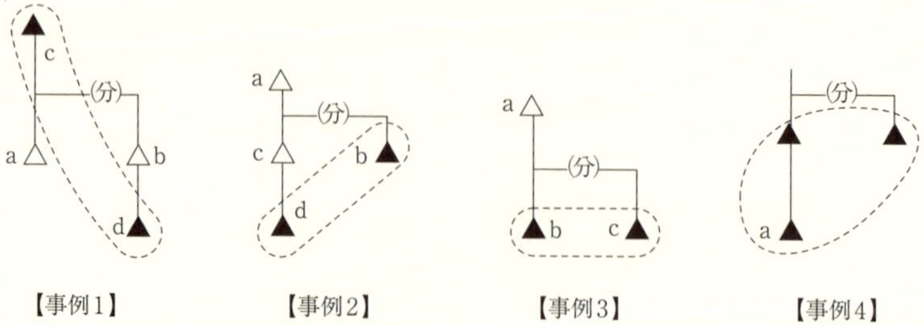

【事例1】　【事例2】　【事例3】　【事例4】

▶図５－４　共同操業の事例Ⅰ（▲が操業者）

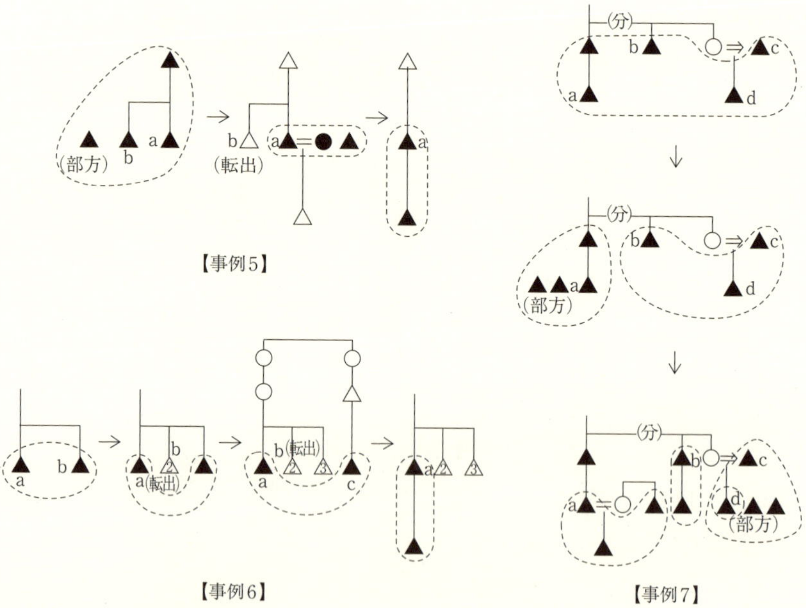

▶図５－５　共同操業の事例Ⅱ

明治40年	大正５年	昭和10年	昭和24年	昭和29年	昭和34年	昭和40年
2751人	3358人	4353人	5088人	5714人	6124人	4869人
(100)	(122.1)	(158.2)	(184.9)	(207.7)	(222.6)	(177.0)
366戸	399戸	688世帯	862世帯	944帯	993世帯	1047世帯

昭和50年	昭和55年	昭和60年	平成２年	平成７年	平成12年
4462人	4174人	3634人	3348人	3173人	3010人
(162.2)	(151.7)	(132.1)	(121.7)	(115.3)	(109.4)
1113世帯	1139世帯	110世帯	1091世帯	1075世帯	1077世帯

（括弧内は明治40年の人口を100とした比率）

▶表５－１　佐井村人口と戸数・世帯数

出所：『佐井村誌』（1971年　佐井村役場）p.754～6,「1992　村勢要覧・佐井」,「広報さい2001．2」より作成。

	第一次産業（漁業・農業）	第二次産業	第三次産業	計
昭和45年	1175（519・456）	454	543	2172
50年	1234（678・375）	463	582	2286
55年	1120（712・266）	480	603	2204
60年	775（519・158）	360	577	1712
平成２年	778（479・227）	498	569	1845
７年	451（345・ 56）	557	563	1578
12年	284（218・ 26）	555	594	1433

（国勢調査報告より）

▶表５－２　産業別・15歳以上就業者数（人）の推移

明治40年	昭和10年	昭和24年	昭和29年	昭和34年	昭和40年
261人	304人	308人	368人	381人	294人
100	116.5	118.0	141.0	146.0	112.6
38戸	47戸	52世帯	56世帯	59世帯	63世帯
昭和50年	昭和55年	昭和60年	平成２年	平成７年	平成12年
217人	228人	209人	209人	202人	161人
83.1	87.4	80.1	80.1	77.4	61.7
59世帯	62世帯	60世帯	59世帯	59世帯	54世帯

▶表５－３　牛滝人口と世帯数

注：中段の数字は明治40年の人口を100とした比率。なお，大正５年の調査結果は不明。

出所：『佐井村誌』（1971年，佐井村役場）754～756頁,「1992　村勢要覧・佐井」,「広報さい2001．2」 より作成。

地区名	明治40年	平成12年	地区名	明治40年	平成12年
古佐井	753	866（115.0）	磯　谷	280	211（75.4）
大佐井	736	877（119.2）	長　後	193	104（53.9）
原　田	186	299（160.8）	福　浦	190	168（88.4）
川　目	52	87（167.3）	牛　滝	261	161（61.7）
矢　越	100	237（237.0）			

▶表５－４　地区別人口比

注：括弧内は明治40年の人口を100とする比率。

出身地	牛滝	佐井村（牛滝を除く）	下北地方			青森県（下北地方を除く）	北海道	計
			大間町	川内町	むつ市			
人数（人）	15	12	2	4	1	20	1	55
百分比（%）	27.3	21.8	12.7			36.4	2	100

▶表５－５　婚入者の出身地

漁船の種類		平成13年（2001年）	平成２年（1990年）
動力船	３トン未満（含む船外機船）	50	46
	３～５トン未満	20	18
	５トン以上	6	3
無動力船		0	0
計		76	67

▶表５－６　漁船数の比較

年度	牛滝地区（千円）	佐井村（千円）
平成８年	208,803	1,041,039
９年	202,213	896,479
10年	196,576	795,322
11年	177,372	774,608
12年	232,249	870,993

▶表５－７　水揚げ高

漁場	行使者	漁場	行使者	漁場	行使者
横澗	1外1名	小荒川赤石	13	ニゴリ澗沖270間	15
一ツ仏の島	2	コチラサガリ	14	三十郎澗	23
一ツ仏上の島	3	新山崎	15	今滝の下	24
大細澗	4	新山大浜	16	今滝の崎	16
中細澗	5	新山立石	17	しんなで	25
ウブ岩	6	新山	18	湯の沢	26
湯の前	7	カトシ崎	19	湯の沢島の上	12
浜ツブシ	8外1名	大荒川川尻	20	ケヌマ	16
ノダマチ	9	小じよう島	21	黒滝	18
ダラダラ下の崎	10	焼山崎	22	金堀	12
ダラダラの崎	11	くずれ沖	13	ニゴリ澗	15
小荒川立石	12	小ニゴリ澗	13	タコ穴	27

▶表5－8　小型定置漁場（平成13年度～15年度）

注：行使者の番号は図5－2の家番号に対応する。

	船名	総トン数	家番号		船名	総トン数	家番号
A	幸正丸	7.9t	16	I	正進丸	6.6t	13
B	開運丸	4.2t	5	J	第18漁栄丸	4.8t	4
C	昭盛丸	4.82t	7	K	第38宝丸	4.98t	15
D	第8長福丸	4.7t	2	L	豊栄丸	5.5t	18
E	第8宝漁丸	4.8t	6	M	第8大安丸	4.8t	23
F	辨天丸	4.2t	9	N	吉祥丸	6.3t	24
G	宝進丸	4.96t	25	O	昌福丸	12.0t	12
H	第28美代丸	4.5t	12				

▶表5－9　漁船名と所有者（戸）

注：家番号は図5－2の家番号に対応する。

第6章　漁業慣行と漁業協同組合——東通村の事例——

はじめに

わが国の漁業権は漁業法によって規定されており，共同漁業権，区画漁業権，定置漁業権に分かれている。これらは明治漁業法での主として沿岸部（地先）での漁撈についての専用漁業権，および定置漁業権，特別漁業権，区画漁業権を戦後の新漁業法制定に伴い再編したものである。このうち共同漁業権は「共同漁業を営む権利」（漁業法6条2項）であり，「共同漁業」はそれぞれの漁業種類ごとに第一種共同漁業から第五種共同漁業までに分かれている。これは明治漁業法の専用漁業権から漁場を移動しつつ運用漁具で浮魚をとる漁業を除くなど，それまでの区画漁業権以外の漁業権を整理したものである。したがって，その本質は「一定の漁場を共同に利用して営む」ことであるが，この「共同に利用してということは，その地区の漁民の入会漁場であるという性格が強いことを意味し，一般的には漁業協同組合又は漁業協同組合連合会がこの漁業権を有し，その制定する漁業権行使規則に基づいて組合員がその漁場で入会って漁業を行うものである[1)]」とされている。つまり，共同漁業権については「漁民団体」による漁場管理を前提としており，それ故「漁民団体」としての漁業協同組合（以下，漁協と称す）にこの漁業権が免許されることになる。

本稿の対象地である東通村での漁協は旧来のムラを単位としたものが多い。漁協自体は水産業協同組合法によるものであるが，その前身は明治19（1881）年の「漁業組合準則」や明治漁業法（明治35年施行）の「漁業組合」であり，多くは藩政期の各ムラ（浦）を基礎とするものであった。その特色としては，「協同組合一般の経済諸事業を行う機能団体であると共に，漁場を「所有」し（法制的には漁業権所有）その管理をも行う団体でもある[2)]」という二面性があげられる。この二面性は当初の明治漁業法ではみられず，漁業組合はもっぱら漁業権管理団体として規定されていた。しかし，明治43（1910）年，昭和8（1933）年，昭和13（1938）年の明治漁業法改正によって信用事業等の経済事業も漁業組合は営むことが可能となったのである。その後の水産業団体法(昭和18年)を経て，戦後の昭和23（1948）年に制定された水産業協同組合法（以下，水協法と称す）では漁協は基本的には経済事業団体とされたのであるが，その1年後に制定された新漁業法で上記のような共同漁業権を漁協に与えることとなった。そのため漁協は再度二面的な性格を有することになったのである。

漁協が共同漁業権等の漁業権の主体でもあり得ることから，組合員の資格も水協法で規定し，各漁協の定款によって決められる余地をできるだけ少なくしている。すなわち，同法18条1項では「当該組合の地区内に住所を有し，かつ，漁業を営み又はこれに従事する日数が一年を通じて90日から120日までの間で定款で定める日数を超える漁民」とされており，これによれば当該漁村での漁民はおおむね正組合員となるであろう。したがってその共同漁業権は当該漁村での住民（漁民）であれば，誰でも行使できることになるので，民法の入会権と同様の色彩を帯びる場合も少なくない。しかし，この点については，近年の最高裁判決とそれをめぐる議論[3)]もあり，法解釈学的には今後のさらなる展開が期待されるところである。

本稿の目的はそういった法解釈学的な問題ではなく，実際の漁業や漁協の現状，共同漁業権行使規則などを記述することによって，下北地方，特に東通村での漁協と集落・ムラの相関性，および漁民の共同性を考えることである。公式法上の法概念としての漁協や漁業権は，実在としての集落との相互関係のなかでどのように位置づけられ，それが漁民にどういう共同性もたらしているのであろうか。この問題は法と社会の相互関係や法を媒介とする〈個と共同性〉を考える一つの契機となるであろう。このうち漁協と集落の相互関係は，従来から論じられてきたテーマの一つである。

例えば，原暉三は以下のように述べている。「固より徳川時代の旧村たる部落と漁業協同組合とのつながりにも種々の段階があり，そのなかには，その地区が近代都市の区域に編入せられ，或いは沿岸漁業の衰退によりこれによる生活依存度の減退したため，部落なる共同体的枠を離れて漁業協同組合による地区内の秩序編成替えせられつつありと見るべきものもある。併しその部落の地区に幾何かの漁業権がありこれにより部落住民たる漁民が生活に依存している限りにおいて，部落と組合との間に強靱なつながりをもつている。それは部落なる共同体的枠の内部に組合が没入していると見るか，或いは組合が部落なる共同体的枠を利用していると見るか，或いは両者併存し，組合自身に部落共同体的性格が存すると見るべきか，見る人の観点によりいずれにも観察することができるであろう[4)]」。

本稿ではこの漁協と「部落」（集落）の関係を，漁民の共同性とともに考察していく。しかし，ここでの共同性は，原が想定しているような漁協やムラ単位での共同性ではない。共同漁業権や共同漁業権区域を媒介とした複数のムラや漁協の間での漁民の共同性を想定しているのであり，その点では上述の指摘とは異なった視点となろう。次節では東通村の概況と沿革について述べ，次に下北地方と東通村での漁業を概観した後で，各漁協の様相を記述していく。そして最後に今述べた共同性についての若干の考察を試みたい。

1　東通村の沿革と概況

東通村は下北半島の東側に位置し，太平洋に面した自治体である。西側はむつ市と横浜町，南は六カ所村に隣接しており，東西24km，南北32kmに及ぶ村域を有している。村内の多くはなだらか丘陵地であるが，戦後，海岸部の砂防林事業が行われるまでは飛砂に悩まされてきた。加えて夏はヤマセと呼ばれる北東風によって気温の低下，霧の発生がよく見られる地域でもあり，稲作には適していないと言われている。

下北半島一帯は古くは糠部の郡，宇曽利の郷と呼ばれていた[5)]。江戸時代には南部藩の直轄領であり，田名部代官所の支配に属していた。南部藩では領内を33の「通」に区分し，それぞれを地方支配の代官所管轄範囲とし，そのもとにいくつかの「村」を配属させていた。下北地方は南部藩領の「北郡」となり，南半頸部の西岸は「野辺地通」，東岸は「七戸通」，北半の胴体部は「田名部通」とされた。

『邦内郷村志』（享和年間　大巻秀詮編）には，北郡は「田名部県（通）37村4643石」，「野辺地県（通）4村1441.8石」，「七戸県（通）24村5748石」と記されている。この「田名部県」のうち現在の東通村にあたる地域には，すでに田屋，白糠，砂子又，小田野沢，猿ヶ森，尻労，尻屋，岩屋，野牛，蒲野沢，目名，大利といった現存する集落名が，中野沢や奥内とともに見られた。

幕末の動乱期に南部藩は奥羽越列藩同盟の一員として反政府側にたった。そのため，明治維新に際しては，北郡は二戸郡や三戸郡とともに津軽藩の管轄に入れられた。次いで，明治２年には黒羽藩の「三戸県」に属したが，その後七戸藩が生まれ，旧北郡の一部はこの藩に含まれることになった。明治４年の廃藩置県後，現在の青森県域と二戸郡は北海道の「館県」とともに合併し「弘前県」となるが，その後改名し青森県となり，６支庁に分割された。しかし，明治６年に「館県」領域は北海道開拓使の管轄に属することになり，二戸郡は明治９年に岩手県に編入された。そのような急激な併合離脱のなかで，北郡地域は青森県田名部支庁管村と七戸支庁管村に両分された。明治５年には12戸籍区が編成され，現東通村の領域の12集落は第８区と第９区に属した。すなわち，第９区には田名部，奥内，中野沢，田屋，砂子又が，第９区には大利，目名，蒲野沢，野牛，岩屋，尻屋，尻労，小田野沢，猿ヶ森，白糠が含まれた。

次いで明治６年の「大小区制」に伴い，上記では２区に区分されていた12集落が「第六大区」の「第二小区」に一括され，中野沢，田名部，奥内は大湊らとともに「第一小区」に編入された。砂子又と田屋の２集落は当初は「第一小区」に属していたが，３ヶ月後に「第二小区」に編入され，ここに現在の東通村の集落が行政上の単一の区域に包含されることになる。その後の三新法下で「下北郡」が成立すると，郡役所は田名部におかれ，郡内は第１組から第５組に細分された。このとき先の「第二小区」の12集落はそのまま第２組として存続し，明治22年の町村制施行まで引き継がれ，現在の東通村が生まれるに至った。村名は「藩政当時代官所の在る田名部を中心に，太平洋岸沿えの村々を東通，海峡沿えの村々を北通，内湾沿えの村々を西通と総称したのに因む[6)]」と言われている。その後，昭和28年の町村合併促進法時代に田名部町と大湊町が合併しむつ市が誕生し，平成17年３月には脇野沢村，大畑町，川内町，むつ市が合併し新むつ市が誕生したが，東通村は町村制以来の単一の自治体として存続してきている。

現在の東通村は，下記の**表６－１**（**→章末180～181頁**）のように29の行政区から成り立っている。各行政区には「行政連絡員」がおかれ，彼らが各区長を兼ねている場合が多い。さらに集落によっては有給の「部落事務員」をおいている集落もある。藩政期の集落がそのまま現存しているだけでなく，それらからの分村も多いが，そのうちの6集落（行政区）は戦後開拓によるものであった。東通村の各集落はそれぞれの自立性が高く，かつ藩政期以来の12集落は広範囲にわたって散在していたので，明治初期の戸長役場開設後，昭和63（1988）年までの東通村役場庁舎はむつ市田名部におかれていた。これは各集落間の交通網よりも，各集落から田名部への道路のほうが整備されていたこともその理由の一つであったと言われている[7)]。また，従来各集落では戸数の増加を回避するために分家は田名部にだしており，その田名部が東通村の過剰人口の受け皿にもなっていた。

平成19（2007）年3月末日現在の東通村の人口は7745人，世帯数は2671世帯であり，1世帯あたり約2.9人となっている。昭和38（1963）年の世帯数2017，人口12923人，1世帯あたり約6.4人と比較すると，世帯数の増加に反して人口は約40％減少し，1世帯あたりの人口も約半減している。

上記の藩政期以来の12集落からの分村と戦後の入植・開拓による集落によって現在の29行政区は成立しているが，戦後の入植は引揚者による当地での人口増加への対応策の一つであり，分村は本村からの分家分出という形で成立した地区が多かった。例えば，目名から分村した向野は，目名本村内での分家が難しいので，本村居住戸の次三男が隣接する地区に分家した地区である。このような当地での戦後の分村や開拓村は，その後も現在に至るまで人口や世帯数の増減はあっても行政区として存続してきている。**表6－1**でみられるように，戦後成立した6集落（早掛平・向野・豊栄・石蕨平・一里小屋・東栄）のなかで世帯数が減少しているのは2集落のみである。人口に関しては，既述のように東通村では昭和38（1963）年以来の減少傾向にあるが，そのなかでも向野集落では人口が増加しているし，小田野沢と砂子又では人口は微減であるが世帯数は大幅に増加している。向野はむつ市に地理的に近いことが人口増加の要因としてあげられるかもしれないし，砂子又の場合は当地への村役場移転（1988年）とその後の住宅建築の影響が考えられる。また，白糠と小田野沢での人口と世帯数の推移には白糠地区内の東通原子力発電所建設の影響が考えられる。

ところで，竹内利美は「下北は半島というより，むしろ島といったほうがよい。四面に海をめぐらし，津軽海峡に突出しているこの地では，海の「なりわい」が主であり，その開発もまた早かったとみられる」としつつ，近世においては「農耕一本に活きることは望むべくもなく，漁業や林業，あるいは馬産を組み合さって，かろうじて，生活は支えれてきたのである[8]」と記していた。つまり，藩政期の農業，漁業，林業，畜産の組み合わせから漁業を中心とする生業形態に移行してきたとしている。

このような指摘に対して，次に昭和35（1960）年以降の15歳以上の産業別就業人口の推移を見てみよう。表6－2（→章末182頁）での第二次産業には鉱業，建設業，製造業，第三次産業には「電気，ガス，水道業」，「運輸・通信業」などを含むが，本稿では第三次産業については「卸売・小売・飲食業」と「サービス業」の人数のみを明示し，他は「その他」に一括した。「人口比」は15歳以上の全労働人口に対する比率である。

昭和35年以前の産業別就業人口については，区分方法が異なるので単純な比較はできないが，昭和25（1950）年，27（1952）年，31（1956）年の「産業人口」は以下の表6－3・4（→章末182～183頁）のように掲載されている。

昭和25（1950）年の産業別人口欄に記載されている数字の合計と「有業人口」や「労働人口」とは一致しないが，総じて経年変化の趨勢は読み取れる。すなわち，平成2（1990）年までは他に比して第一次産業が多く，そのなかでも昭和55（1980）年までは農業人口が最も多かったが，その後は漁業人口が一定数を占め，平成17（2005）年でも建設業に次ぐ799人となっている。しかも，この人口は昭和55（1980）年以降現在まで一方的な減少傾向を示しているのではなく，増減を繰り返している様子がうかがえる。例えば，農業人口と漁業人口は昭和35（1960）年にピークを迎え，その後は一貫して減少傾向にあるが，農業人口が過去40数年の間に約10分の1に減少しているのに対して，漁業人口は約40％の減少にとどまっている。そのため昭和60（1985）年以降は漁業人口が農業人口を上回っている。第一次産業人口が昭和35（1960）年から平成17（2005）年にかけて約5分の1に減少しているなかで，このような漁業人口の推移は本村において漁業の占める比重の重さを表していよう。

他方で明治期以降の下北半島の多くの林野が国有化されたことはよく知られている。平成18（2006）年の東通村では総森林面積は23631ha，このうち国有林面積は8946haで約38％であったが，この数字は昭和35（1960）年の46％と比較すると低下してきている。この年のデータを利用していた当時の竹内利美は前掲書において，「国有林の存在は下北経済にかなりの影響を与えている。立木処分や製品販売をめぐる木材業の存立，あるいは賃金労働源としてその役割は軽視できないところではあろう。しかし，労賃源としてもそう高い評価はできず，地元町村への交付金も知れたものである。……広大な土地に比して，その地元経済への還元度は，そう高いとはいえないであろう[9]」と述べていた。

こういった林業への竹内の評価は前掲の表6－2での昭和35年の林業への就業人口にも表れていよう。しかし，昭和35（1960）年以降の林業就業人口の推移をみると，その減少率は農業人口と漁業人口でのそれの中間に位置している。さらに，その実数は少ないが，昭和45（1970）年から55年にかけて，そして昭和60（1985）年にはいったんは減少するがその後平成2（1990）年と7（1995）年にはわずかであるが増加している。この増加の原因をここで考察することは難しいが，東通村での各集落の共有林野との関連もあり得るかもしれない。旧来の集落だけでなく，戦後の入植集落の石蕨平，東栄，桑原，古野牛川においても一定面積のこの共有林野が見られるからである[10]。

ともあれ，先の下北地方全体に関しての竹内の指摘のように，現在の東通村においては第一次産業ではも漁業が大きな比重を占めていることは間違いなかろう。以下ではその漁業について記述していこう。

2　下北地方の漁業

まず下北地方での各町村の漁業の様子を主として「漁業センサス」から概観してみる。第5次漁業センサスは昭和48（1973）年に実施された調査結果であるが，これ以降のセンサスを利用し，各町村での漁獲高と漁業経営体数の推移を整理すると表6－5（→章末183頁）のようになる。過去30年間に，1990年代での微妙な変化はあるが，おおむね経営体数は漸次減少してきている。減少率が最も高いのは佐井村の約40％，最も低い減少率は東通村の約25％であり，平均約30％の減少率である。経営体数での特徴は東通村と脇野沢村での差異であろう。当初より東通村ではその数は最も多く，脇野沢村では最小である。

この傾向は近年に至るまで継続している。

平均漁獲高の推移を見てみると，昭和48（1973）年以来上昇を続け，昭和63（1988）年から平成10（1998）年にかけてどの町村でも最高値を示したが，以後は減少に転じた。しかし，昭和48（1973）年と平成15（2003）年を単純に比較すると全ての町村で増加しており，大畑町と東通村を除けば約2～3倍に上昇している。東通村と大畑町は両極端を示しており，前者は約6倍に高騰し，後者は約1.6倍にとどまっている。しかしながら，大畑町の場合は1973年当時の平均漁獲高がすでに他の町村を圧倒していたので，増加率が低くても2003年の漁獲高は他の町村よりも高い。

東通村の場合はこの平均漁獲高の高騰とともに，経営体数の多さも注目されるべき現象である。昭和48（1973）年に1073経営体であり，平成15（2003）年には805経営体と減少しているが，1973年以降下北半島では最も多い経営体数を維持してきている。1経営体の平均漁獲高をみてみると，東通村では昭和48（1973）年には66万円であり最低値であったが，以後は上昇してきている。平均漁獲高は平成5（1993）年に川内町以外は最高値を示し，以後は漸次減少してきている。

表6－6・7（**→章末184頁**）で，平成10（1998）年と平成15（2003）年のこれらの町村での漁獲金額別の経営体数をみてみよう。まず，東通村では半数以上が30万円未満の経営体であることが知れる。東通村では「漁獲金額なし」(a)の経営体が過去約10年間では30から60ほど存在し，30万円未満の経営体（b）を含めるとその数は400経営体を超えている。30万円以上から2000万円までの各階層（cからh）にはおおむねそれぞれ50から60の経営体が分布しているし，それ以上の漁獲高の階層i～kの経営体も存在している。特にjとkの5000万円以上の階層の経営体の存在は東通村以外では大畑町と大間町のみで見られるにすぎない。

大間町ではd～fまでの50万円から500万円までの階層が中心であり，これらの階層に半数以上の300から400の経営体が集まっている。このような一定の階層に偏在する傾向は風間浦村，川内町，佐井村でも見られる。風間浦村ではdからf，川内町ではeからh，佐井村ではdからfの階層に偏在しているが，これらに対して大畑町では全ての階層に経営体がおおむね分布している。このように見てくると，東通村での経営体数の多さとその過半数が下位の階層に偏在している傾向は他の町村と比較しても大きな特徴となっている。

次に東通村での漁業の様子を述べてみよう。東通村では津軽海峡に面する石持，古野牛川，入口，岩屋の4集落と，太平洋側の尻屋，尻労，小田野沢，白糠，猿ヶ森の5集落で現在漁業が営まれている。これらの集落のうち古野牛川と入口は野牛地区して「漁業センサス」上は一括されている。この野牛地区には野牛漁協が存在しているが，他の上記の集落にもそれぞれ一漁協が立しており，当村にはこれら8漁協と1内水面漁協（「老部川内水面漁協」）がある。老部川内水面漁協以外の各漁協はそれぞれの港湾施設を有しているが，猿ヶ森漁協にはそれがない。「それは防衛庁下北試験場による射撃訓練が行われていて，海岸から沖合500メートルまでが制限海域になっているからである。……そのため隣接地区の尻労漁港に漁船を停泊させ，そこから出漁し，漁港まで車で通勤している。したがって，水揚げ場は尻労漁港，白糠漁港，小田野沢漁港が主となる」[11)]。「漁業センサス」での漁業地区としても猿ヶ森地区は存在せず，石持，野牛，岩屋，尻屋，尻労，小田野沢，白糠の7地区別の各種の集計がなされている。

東通村での明治期以降の漁業の歴史については，主として笹沢魯羊『東通村誌』に依拠して概述しておこう[12)]。まず漁船に関しては，藩政期には丸木船であったが，「明治十四年二月下北郡役所調によれば，東通在に，地曳網用に船が弐拾弐艘，雑網用の船が百弐拾三艘，釣用の船が三百八拾壱艘，合計五百弐拾六艘があった」。次いで大正時代に入ると，白糠の伊勢田直吉が静岡県から発動機船を購入したのが当村で最初の動力漁船である。そして「村内現有の動力漁船は左の百八拾三艘となった。外に無動力船壱千五拾四艘あるが，主として礒物採取に使われる礒舟である」。

魚種に関しては，ニシン，イワシ，マグロ，カツオ，そしてイカやアワビ，コンブなどが主たる漁獲物であった。ニシンについては，かつては春彼岸の頃から沿岸まで回遊することがあったが，「明治廿九年四月二日から岩屋に鰊が群来て，二日三日の両日に約三百石の漁獲をした」のが最後であったという。イワシ漁も藩政期から下北半島全体で盛んであったが，「宝暦10（1760）年南部藩が檜山の制度を改革するに際し，杣夫の失業対策として，鰮漁を大きく取り上げ藩費をもって房州から漁師を雇入れ技術の普及に当たらせ」た。そして「安永年間（1772～1780年）盛岡から，寛延3（1750）年水沢から改良網が到来し，又鰮漁が豊漁で，各浦1000釜の〆糟をたいたと伝えられ」ており，当時から「〆糟は下北半島漁村第一の物産であった[13]」。明治期以後もイワシ漁は継続したが，大正時代から昭和初期にかけて回遊が見られなくなり漸次衰退していった。また，マグロ漁やカツオ漁も明治期から本格的に始まったが，いずれも大正時代には不振にあえぎ衰退していった。

そのなかで現在にいたるまで隆盛を誇っているがイカ釣漁である。「明治十五年調に漁期は八月から十月迄にて，柔魚釣舟は弐人乗五拾艘あつて，鯣弐千百八拾七斤半，この価格弐百四拾弐円五拾銭を生産したとある。……而もこの鯣は全部白糠の生産であった」と記されている。したがって当時は白糠でのイカ漁が中心であったが，その後も下北半島一帯でイカの漁獲高は増加したようで，大正15年発行の『下北郡地方誌』によれば「水産額は二百二十六万余圓である。内譯にては柔魚は水産物の筆頭第一位で六十二万五千圓である[14]」とされている。

しかし，イカ釣漁が今日のように盛んになった大きな理由の一つは「昼イカ」漁であろう。これは1970年頃から尻労漁協内部で始められたものである。これは燃料費の節約などのメリットもあり，1973年頃にはソイ・ヒラメ釣りの合間になされていたが，その後千葉県や青森県深浦町などでの研修を経て本格的な操業が開始された。「当初，昼イカ釣操業をしていたのは尻労と尻屋地区だけであった。昼イカ操業の良さがわかると，昭和55年（1980）頃からは東通村の白糠，そして今まで夜イカ操業を実施していた野牛，岩屋からも出漁するようになった[15]」。**表6－8**（**→章末184頁**）は東通村の最近8年間のイカ釣漁業による漁獲量と漁獲金額であるが，全体の漁獲高の40％前後はイカ釣漁業によるものであり，本村漁業のそれへの依存度は大きい。

アワビについても，「明治十五年調に捕獲は十月から一月迄，採捕の船数は壱人乗三百弐拾艘にて，乾鮑壱万四千弐百八拾三斤，価格弐千六百八拾三円七拾八銭弐厘とあり，同廿二年調には乾鮑岩屋五百四拾貫壱千弐拾円，尻屋壱千四貫壱千八百八拾三円，尻労八百四拾八貫壱千四百八拾五円，小田野沢百七貫目七拾円，白糠壱千八百六拾貫目弐千六百七拾三円とある」と記されているが，これによると当時のアワビによる漁獲金額は前記のイカ漁によるそれと比較するとかなり高額であり，しかも東通村全体で採捕されていたことがうかがわれる。最近ではアワビの漁獲高はさほど多くないが，単価はイカよりもかなり高額であり，小田野沢漁協や白糠漁協では区画漁業権のもとでアワビの養殖業も営まれている。

コンブやフノリも藩政期から採捕されており，特に尻屋や岩屋のコンブは次のように良質であったと記録されている。「尻屋，岩屋に産する昆布を佳品として，献上昆布，御菓子昆布などゝ称した。昆布は土用中に採取したもので，代官所にて棹おろしの日を定めて触れを出し，その日から外海一帯の村々で昆布採を始めた。尻屋村の昆布苅には代官又は代理の役人が見分に出張して，苅取総高の内三分を藩に収納し，残りの七分を村一統に下渡した」。最近でも当村のコンブの採取量・金額は高く，青森県内でも常に上位を占めている。フノリは明治時代には尻屋，尻労，岩屋，白糠で採取されていたことが報告されており，その収量の割合は明治20年では全体の4.8%であったという[16)]。

3　東通村の漁業地区

既述のように当村では8漁業地区に分けられ，8漁協，1内水面漁協が存在している。そこで次には各漁協の組合員数について述べよう。各漁協の組合員数を表示したものが**表6－9（→章末185頁）**である。昭和52（1977）年と平成8（1996）年，平成13（2001）年，平成18（2006）年の数字であるが，全体の合計は**表6－10（→章末185頁）**に示した。この表によれば昭和52（1977）年と平成18（2006）年の組合員総数はほぼ同数であり，その間に急増・急減期を経験しているが，正組合員は微減し，准組合員が増加している。平成8（1996）年から平成13（2001）年にかけては正組合員は微減し，准組合員は増加したが，以後の5年間では双方とも急減している。この10年間の推移は前半の5年間で一定数の正組合員が准組合員に移行し，後半の5年間で組合員総数が減少した。しかし，これを各地区漁協別に見ると，白糠漁協での組合員の増減がきわだっており，先の急増・急減の多くはこの漁協での組合員数の動向によって左右されていたといっても過言ではない[17)]。他では尻屋漁協での組合員数の増加が見られる一方で，小田野沢漁協での減少が目立っている。しかし，平成18（2006）年以降も尻屋漁協では正組合員数は増加したままであり，小田野沢漁協では減少傾向が続いていており，白糠漁協でのような変動は見られない。これら以外の漁協では小田野沢漁協ほどではないが，おおむね減少傾向が見られる。さらに尻屋漁協や岩屋漁協，猿ヶ森漁協では准組合員はほとんどいず，他の漁協でも野牛漁協以外では正組合員数が准組合員数を大きく上回っていることが注目されよう。

漁業地区ごとの漁獲金額別経営体数を示したものが**表6－11～14**（**→章末186～187頁**）である。前項で下北地方の他の町村と比較した東通村の階層分化の傾向を最もよく示しているのは白糠地区である。**表6－6・7**と比較すると，東通村での漁獲高30万円未満の下位2階層（aとb）に属する経営体の75％以上は白糠地区の経営体である。白糠地区内に限定してもその2階層の経営体数の比率は過去20年間で常に全体の60～80％を占めていたが，他方で上位3階層（漁獲高2000万円以上，iとjとk）の経営体も少数であるが存在していた。この白糠地区に近い階層分布傾向を見せているのが岩屋と最近の小田野沢であろう。下位2階層の経営体が岩屋地区では40％前後を占めているし，平成15（2003）年の小田野沢地区では60％以上であった。小田野沢ではこの階層の経営体が平成10（1998）年から急激に増加している。また，岩屋では上位3階層の経営体は，平成5（1993）年をのぞけば存在していない。

これに対して上位3階層の経営体が比較的多い地区は野牛と尻労であろう。双方とも全経営体数はさほど多くはないが，平成5（1993）年以降のこれらの階層に属する経営体の比率は20％以上である。しかし，この2地区では中位の上階層（f～h）の属する経営体が最も多いことも注意しておきたい。石持については，昭和63（1988）年には中位の下階層（c～e）の経営体が多かったが，後には下位階層に分布が傾斜するも，上位階層の経営体数はおおむね変化はない。しかし，総数はやはり減少している。尻屋では，中位の上階層の経営体が一貫して多く，総数の80％以上を常に占めてきた。特に過去20年間では下位2階層に属する経営体は皆無であり，中位の下階層にも1経営体が存するにすぎない。このことは各経営体間での階層分化がなく，しかもほぼすべての経営体が一定の漁獲高をあげていることになる。このことは他地区には見られない現象であり，当地区の特色といってもよい。これは特に白糠地区ときわだった対称性を示していることになろう。

次に1973年以降の漁船使用からの階層別経営体を各地区ごとに表示してみよう（表6－15～18〔→章末187～189頁〕参照）。各表の最下部には平均漁獲金額も示しておいた。この平均漁獲金額を見ると，1973年から2003年にかけてすべての地区で上昇しているが，その上昇率で大きな差異が見られる。最も大きな上昇率を示しているのが尻労であり，昭和48（1973）年と平成10（1998）年を比較すると約90倍である。同様に他地区を見てみると，尻屋は約18倍，野牛は約14倍，小田野沢は9.7倍，白糠は2.9倍，石持は9．7倍，岩屋は約3.5倍となっている。

上昇率の低い白糠と岩屋では「漁船未使用」・「無動力船」・「1㌧未満」の動力船使用の経営体の割合が大きい。このことは既述のように，白糠・岩屋では漁獲金額では下位2階層の経営体が多いという傾向と符合しよう。この両地区では，他と異なり最近になると「漁船非使用」が増加していることも特徴の一つである。その一方で，白糠では小型定置網漁を行う経営体が増えてきていることが注目されよう。両地区に近い傾向を示しているのが小田野沢であるが，この小田野沢では昭和58（1983）年（第7次センサス）から平成5（1993）年（第9次センサス）までの10年間に経営体数が170から74に半減し，半減後には「1㌧未満」の動力船に主力が移行している。

尻屋，尻労，石持，野牛では従来は「漁船未使用」から「1～10㌧未満」までの階層に経営体が集中していた。そのなかでも尻屋は「1㌧未満」から「5～10㌧」の階層への集中度が近年になるほど高くなってきているが，より詳細に見ると昭和48（1973）年には「3㌧」以下の漁船使用が多かったが，その後は「3㌧」以上の漁船が多くなってきている。ここでは先の漁獲高においても見られたように，経営体間での格差がさほど生じないことが特徴の一つとなっていたが，使用される漁船にもそれが表れているということになろう。

野牛では「漁船未使用」や「無動力船」の階層の経営体が昭和48（1973）年には57あったが，昭和58（1983）年以降はなくなっている。他方で「3㌧」以上の漁船を使用する経営体が一定数出現してきている。当地区では総じて上位階層への移行がなされてきたことは尻屋と同じであるが，当初の経営体間の格差が近年でもそのまま持続しているといえよう。石持は昭和48(1973)年には「1㌧未満」か「無動力船」のみであったが，以後「1㌧」以上の動力船使用の経営体が出現するが，その数は限られており，平成15（2003）年時点でも「1㌧未満」漁船使用の経営体が多い。

尻労では昭和48（1973）年から昭和58（1983）年にかけて経営体数が半減しているが，漁船非使用や無動力船使用の経営体が消滅したことによる。使用動力漁船の階層分布は他地区と同様に大きな㌧数へと上昇してきているが，ここでは昭和58（1983）年以来の「大型定置網漁」を営む経営体の出現が一つの特徴となっている。先の平均漁獲金額の推移もこのことの関連が推測される。

4　漁業協同組合の諸相

本節では東通村での漁協の様子を記述しておこう。すでに何度も言及したように，本村では1内水面漁協と8漁協が存在している。1行政村に8漁協も存在している例は珍しく，少なくとも青森県では当村のみである。したがって，この8漁協については平成13（2001）年頃から合併問題が浮上してきていた。平成13（2001）年12月には8漁協が参加した「東通地区漁協合併研究会」が発足した。4年後の平成17（2005）年7月には「東通地区漁協合併協議会」に昇格したが，この時に白糠漁協と小田野沢漁協が脱退した。その後これらを除いた6漁協での話し合いが続いたが，平成19（2007）年10月には協議会自体が解散した。今後は各漁協で近隣の漁協との合併が模索される状態であったが，平成20（2008）年9月現在で合併した漁協はない。この合併問題が進まない理由はいくつかあるが，各漁協や当該地区の多様性もその一つとなろう。以下では今回の調査で判明した限りでの漁協の現状を記述していく。

1　尻屋漁協

尻屋については戦前には「共産集落」と言われたように[18]，コンブ採取に見られる集落統制については著名であり，今までに多くの調査報告書がある。しかし，本稿では現在の尻屋漁協に焦点を絞りたい。そのため，ここでは大正時代末期から昭和初期にかけての当地の様子については，当時の漁業統計を用いた堀経一郎らによる調査報告書の一部を表6－19（→章末189頁）に引用するにとどめたい。コンブ，フノリ等の海草類の採取が大きな比重をしめていたことがうかがわれよう。

近年の尻屋漁協では，500～2000万円の漁獲高の階層に経営体が集中する傾向があることは表6－11～14でも明らかであるが，参考までに昭和45（1970）年から現在までの当漁協での漁獲高の推移を表6－20（→章末190頁）において示しておく。昭和62（1987）年の金額を100とした場合，平成17（2005）年は805，平成18（2006）年は1050になる。この間の物価変動等はあるが，明らかに金額は上昇している。

現在（2008年）の尻屋漁協の正組合員は79名，准組合員は0名であり，これらの組合員は39戸の専業漁家の者である。ここでは1戸1組合員方式はとっておらず，1戸から複数の組合員を輩出している。したがって，なかには1戸から3人の組合員が出ている場合もあるが，その場合も含めて各世代1人という原則は維持されている。つまり，各戸の世帯主，あるいは前世帯主，次世帯主が組合員となっており，複数の兄弟が同一戸から同時に組合員になることはない。さらに，この39戸は旧来からの家（旧戸）とそれからの2，3世代前の分家であり，これら以外の家の者が組合員になることはない。

表6－21（→章末190頁）は平成19（2007）年度現在の組合員の所有漁船数を示したものであるが，動力船は表6－15～18で見たように10トン未満に集中している。イカ釣漁船や一本釣漁船は3トンから10トン未満の漁船に多く，それよりも小さい漁船は「その他の漁業」用である。表6－22（→章末191頁）は平成19年度の主要な魚種別漁獲高である。イカ，サケ，フノリ，コンブが主な魚種であるが，サケは定置網漁業によるものである。

尻屋漁協が免許を受けている漁業権は表6－23（→章末191頁）の通りであるが，「東定第11号」の定置漁業は当地在住の9名によって操業されている。また，当漁協の共同漁業権区域への入漁権を，隣接する岩屋漁協と尻労漁協が有している。その回数や時期についてはそれぞれの漁協との取り決めによる。その区域を示したものが図6－1（→章末173頁）である。両漁協の入漁日については，尻屋漁協ではフノリ採取日などとともに，年初にたてられる1年間の計画のなかに組み込まれている。表6－24（→章末192頁）は平成19（2007）年の年間計画であり，毎年おおむねこの日程にそって採取を行う。この表には尻屋集落での漁協関係以外の行事日程も記されているが，この点は漁協と集落の相互関係を示す一事例となろう。

岩屋漁協や尻労漁協の入漁は日程だけでなく，採取方法や採取区域についての取り決めもなされている。特に岩屋漁協は，図6－1でのように，小型定置網の区域や「磯物」採取の区域を認められているだけでなく，尻屋漁協と合同でウニやアワビの採取を行う入漁が1年間に3回認められている。1回目は尻屋崎から四手崎まで，2回目は四手崎から岩屋との境界まで，3回目は尻屋崎から境界までをその双方を範囲としている。また岩屋漁協の「磯区」（図6－1での-·-·-·-·-の部分）での採取は「胴付き長靴」着用と定められ，潜水や泳ぎによる採取は禁止されている。他方で尻労漁協との磯廻りは③の区域で合同で行われている。したがって表6－24での岩屋や尻労の「磯廻り」日は予定日であり，これらの日から適宜実際に入漁する1日が決められる。このことは「フノリ摘み」，「専有地磯廻り」，「節句用ウニ取り」についても同様である。

旧来の尻屋でコンブ採取にはかなり厳重な規則が課せられていたことはよく知られている。しかし，現在ではその規則の多くが廃止ないしは改正されているが，フノリ，アワビ，ワカメなどの採取権者については以下のように規制されている。まず採取できる者は組合員とその家族であることが前提である。他集落に移転ないしは婚出した者，あるいは当集落に居住していても漁業以外の職業についている者，生家の父またはキョウダイが組合員であっても当集落内の婚出先が非組合員の家である場合，これらの者には採取権を認めていない。かつて施行されていた「15歳から72歳まで」という年齢制限，「コンブとアワビの採取は男のみ」という性別制限は現在では行われていない[19]。

フノリ採取については，磯を7区に区分し[20]，年に7～8回ほど「口あけ」を行う。どの区の口あけを行うかは，当日の朝6時に漁協から有線放送によって知らされる。当該の場所では「三餘会[21]」の者が「旗係」をつとめ，緑の旗で全員が浜に降り，赤の旗で採取を始める[22]。採取にはホタテやアワビの貝殻を利用することもある。採取時に予め自らの持物などを海辺のいくつもの岩や石の上に置く者が多いので，そのような岩や石は1人2カ所に限定されている。かつてはこのフノリ採取時に「磯札」を渡していたが，現在では行われていない。

現在当該漁協ではアワビに対しての「密漁防止策」が講じられている。アワビは「青森県では9cm以上でないと販売できないが，北海道では7cm以上なら売れる。密漁は主に凪の日の夜に多い」ので，組合員を10班に分け，各班が交代で夜間の見回りを行っている。しかし，このような見回りで密漁が根絶できるわけではなく，また見回りに伴う事故もあるという。

2　岩屋漁協

岩屋漁協では1戸1組合員方式を採用し，平成20（2008）年現在，正組合員は85名，准組合員は0名であるが，女性組合員が8名存在している。岩屋地区では年間の漁獲高が30万円未満の経営体が多かったが，これは組合員資格が，年間操業日90日以上であり「陸上での労働日」も操業日に含んでおり，「会社員でも正組合員になっている」といった事情も影響していると思われる。85名の組合員のうち岩屋集落居住者は67人であり，他の18人は岩屋の枝村である袰部集落居住者である。新規の組合員は10年前までは認めていなかった。これは「過去に2回ほど漁業補償があったので新規加入には慎重になっていた」からであると説明されたが，最近10年間は新規の組合員も認め始めている。

新規組合員には尻屋の共同漁業権区域内での「磯廻り」は認めず，自己の家屋の「前の浜」での採取のみを許可していたが，平成20（2008）年春の総会ではこの禁止をも廃止した。この「磯廻り」は前述のように尻屋漁協の共同漁業権区域への入漁であるが，この代替に岩屋地区の山林765町1反5畝での植林・伐採を尻屋漁協に認めている。ただ，この入漁によって採取されるウニ，アワビ，フノリなどの漁獲高は「全体の数％にすぎない」と言われていた（平成17〔2005〕年度では，岩屋の前浜での採取も含めたウニ，アワビ，フノリの漁獲金額合計は3234万円であり，全体の約15％であった）。

岩屋漁協が免許されている共同漁業権は表6－25（→章末193頁）の通りであるが，中心はイカ，サケ，タコ漁である。平成17（2005）年度のイカ，サケ，タコの漁獲高は約1億8200万円であり，全体の約83％を占めている。イカ釣り漁は親子ないしは夫婦で行うが，「6月から12月によくイカはとれ，若い人がやって水揚げがふえているし，タコ漁は1人で行うが，7月から10月は禁漁としている」。サケ漁は小型定置網によるが，現在は5ヶ統が稼働しており，

1ヶ統に約3人から5人が従事している。このサケ漁は9月から1月までが操業期間である。

3 野牛漁協

野牛漁協の正組合員は102名，准組合員は81名である（平成20〔2008〕年）。組合員の居住集落は古野牛川，野牛，入口，稲崎に分かれているが，1戸1組合員である。古野牛川はかつての野牛の「番屋」であったが，やがて人々が定住するようになったといわれている。組合員になるには各「部落の一員になることが必要」であるという。

当漁協の免許されている漁業権は表6－26（→章末193頁）のごとくである。このなかの「ホタテ垂下式養殖」は漁協の事業として行っており，図6－2（→章末174頁）でのように海面を3区に分け，3年サイクルで稚貝を放流している。採捕は組合員から希望者を募って行っているが，漁獲金額としては約600万円（平成17〔2005〕年）であり，さほど多くはない。当漁協で高額の漁獲高を占める魚種はカレイ，ヒラメ，サケ，アイナメ，イカ，タコなどである（表6－27〔→章末194頁〕参照）。スルメイカが最も高額であるが，イカ釣漁は通常は1人か2人で行い，親子，兄弟，あるいは夫婦が乗り込む。しかし，基本は親子であり，夫婦で操業するようになったのは「昼イカ」漁になってからである。ちなみにここではコンブ，ワカメ等の草藻類の水揚げはない。また，「コイ漁業・ウナギ漁業」では野牛川へ稚魚を放流しているが，効果はあまりないという。

野牛漁協では春定置網漁業には7人が参加しているが，その網を入れる場所によって漁獲高も異なってくる。そこで表6－28（→章末194頁）のようなローテーションを組み，7人の組合員がその網を入れる場所を毎年変えている。さらに他の漁業との重複を避けるための条件や，各漁業権の行使規則についても詳細な規定を設けている。表6－29（→章末195頁）はこの「漁業種類別行使適格表」であり，例えば「1（春定置網漁業）」を営む者は，「6（サケ刺網漁）」，「8（春のタコ箱・篭漁）」，「10（春のアイナメ篭漁）」，「12（春のタコ縄漁）」，「14（春のカレイ刺網漁）」は禁じられている。また，共同漁業権行使規則では各漁業を行う際の道具や網数，さらに捕獲した魚の再放流条件や違反行為への制裁なども規定されている（表6－30〔→章末196頁〕参照）。サケ刺網やカレイ刺網は各世帯1ヶ統，ツブ，タコ，アイナメは篭や箱を各世帯200個以内としているが，ここでの特徴は世帯単位での制約を課している点であろう。このような規則を制定した理由は「力の強い者がなんでもやるので，規制をかけた」ためであるという。

4　石持漁協

石持漁協はもともとは大利漁業会と石持漁業会であったことからも推測されるように，組合員には石持集落だけでなく，隣接する大利集落や稲崎集落の居住者も含まれている。1戸1組合員方式であるが，平成20（2008）年現在の組合員86名の居住集落は**表6－31**（**→章末197頁**）のようになっている。ここでは年100日以上の操業が正組合員の条件である。**表6－32**（**→章末197頁**）は当漁協が免許されている漁業権であるが，「昔はコンブが中心であったが，現在は定置網漁業で約70％の水揚げがある」と言われてる。しかし，コンブについては現在も一定量の漁獲高にはなっている（**表6－33**〔**→章末197頁**〕参照）。

各種の漁業についての規則は，前述の野牛漁協ほどは詳細に規定されていないが，それでも一定の制約は課されている。小型定置網漁業はサケを対象とするものであり，実際には4ヶ統が稼働し，1ヶ統について4～5人が従事しているが，各定置網の位置は過去28年間は固定している。野牛漁協でのようなローテーションを組んでいない理由は「場所によって海の深さが異なり，網の長さもそれによって異なる」からであると説明された。

これに対して底建網漁業は35ヶ統稼働し，5人の組合員によって行われている。この底建網の場所は「くじ引き」で決め，**図6－3**（**→章末175頁**）のようなローテーションを組んでいる。この図での1～5の番号は平成20（2008）年度5人の組合員とそのおのおのが網を入れる場所を示し，その位置は2年間は同じであるが，その後にまた「くじ引き」を行う。

さらに，以前は1組合員が何ヶ統も操業できたが，15年前から1人7ヶ統とし，共同漁業権区域内では5ヶ統，残り2ヶ統は区域外において認めている（後述参照）。さらに小型定置網漁業従事者と底建網漁業従事者を区分し，双方に従事することを禁じているし，各種篭漁業についても，各500篭と上限を設けているが，定置網・底建網漁業従事者は各100篭に制限している。

コンブ採取については，毎年７月25日頃から口あけをする。この日時は漁協で説明会を開催して決めている。時間は午前５時から午前８時までが多い。組合員やその共住家族なら誰でも採取でき，人数制限はない。

石持漁協の共同漁業権区域へは隣接する野牛漁協や関根浜漁協（むつ市）の入漁権が，野牛漁協の共同漁業権区域へは石持漁協の入漁権が設定されている。図６－４（→章末176頁）はこれら３漁協の入漁権を示したものである。図中のＡ・Ｂ・Ｃ・Ｄが石持漁協の共同漁業権区域であるが，Ｃを除いたＡ・Ｂ・Ｄへは隣接２漁協がそれぞれ入漁権を設定しているし，他方で野牛漁協の共同漁業権区域の一部であるＥへは石持漁協の入漁権が設定されている。以前はＡ・Ｂ・Ｄについては全ての魚種についての入漁を認めていたが，平成15（2003）年以降はコンブのみに制限している。前述の野牛漁協ではコンブ採取に従事する者はほとんどいなかったが，現在の石持漁協においても10～15人ほどが従事しているにすぎない。「最近は特に若い人がコンブをやらなくなった」というが，その理由は，ここでのコンブ採取は船による採取であり，それには「手間がかかるから」ではないかという。

石持漁協の共同漁業権区域内には，図６－５（→章末176頁）で見るように海洋調査研究船「みずほ丸」および大型海洋観測船研究船「みらい」等の航路が設定されている。この航路は幅200ｍであり，この区域内では一本釣り漁業は可能であるが網漁業はできない。そこで，当漁協には毎年「航路補償」としての漁業補償（漁業振興対策費）が日本原子力船研究開発機構と海洋研究開発機構から支払われている。この漁業補償の対象は当漁協だけでなく，大畑町，関根浜，野牛，岩屋，尻屋の５漁協も含まれている。大畑町漁協以外の漁協が含まれているのは，これらの漁協が共同して平成５（1993）年頃まで石持漁協の共漁業権区域内でホタテ養殖のための区画漁業権の免許を受けていたためである。また大畑町漁協が参加しているのは，交渉当時の「政治的判断」によるとされている。さらに前述の共同漁業権区域外での底建網操業区域（１～25号，26～34号）が図６－５で見られるように設定されている。これは当該漁協だけでなく，大畑町漁協，関根浜漁協，野牛漁協，岩屋漁協の組合員にも許可されている。毎年各組合員が個人で青森県に申請して許可されるのであるが，当漁協組合員は10ヶ統が許可されている。

5　白糠漁協

白糠漁協の組合員は白糠集落居住者と老部集落居住者とからなっている。1戸1組合員方式であり，正組合員のための資格は年90日以上の操業である。2007年度の正組合員数は510名，准組合員は157名であり，その集落ごとの内訳は表6－34（→章末198頁）の通りである。女性組合員は准組合員のうちの白糠居住者60人，老部居住者27人である。しかし，正組合員でも採藻に従事している組合員が多く，そのため前述のように当該地区では年間漁獲高30万円未満の経営体や漁船非使用の経営体が多いという結果になる。

表6－35（→章末198頁）は白糠漁協が免許を受けている漁業権であるが，「東共第21号・22号」の共同漁業権は隣接する小田野沢漁協との共同の漁業権である。もともと当地では明治漁業法時代には白糠小田野沢漁業組合が成立しており，その漁業組合には一つの専用漁業権が与えられていた。戦後になってからの水産業協同組合法のもとで，当該漁業組合が白糠漁協と小田野沢漁協に分離したのであり，現在のような2漁協共同で免許されている漁業権は戦前の漁業権のありようを継承していることになる。しかし，実際には一つの共同漁業権区域内でそれぞれの漁協の区域と両者が入り合う区域を図6－6（→章末177頁）のように決めている。入り合う区域Aではコンブ，アワビ，ウニが採取できる。

コンブは8月から12月頃にかけて年に3～4回の口あけを行う。口あけは干潮の時であり，天候もみて行うが，時間はおおむね午前5時から正午頃までである。当地ではコンブ採取は「ひろいコンブ」と漁船での採取の双方の方法がとられている。フノリは2月から4月にかけて，アワビは11月頃に，ウニも年に5月から8月にかけて4回ほど口あけをする。これらの口あけには両漁協で連絡を取りあって日時を決めるのである。

現在の主要水産物は表6－36（→章末198頁）の通りである。専業漁家は白糠62戸，老部24戸であるが（第10次漁業センサス），彼らは主としてイカ釣り，定置網漁業，一本釣漁業をそれぞれ営んでいる。しかし，なかにはイカ釣り漁と一本釣り漁の双方を営む漁家もいる。定置網漁業のなかの「サケの小型定置網漁業」は白糠居住者による5経営体が10ヶ統，老部居住者による2経営体が4ヶ統を操業しているが，このうちの3経営体は5～6人の共同あり，2経営体が2人の共同で行われている。この定置網漁の操業期間は内規によって9月1日から翌1月31日までに限定されている。各定置網の位置については，5年前から図6－7（→章末177頁）のような割り当てとローテーションを組んでいるが，それ以前は「くじ引き」で位置を決めていた。このローテーションによれば，各経営体は毎年2つずつずれて場所を変えていくことになる。さらに，内規によってサケの定置網漁業を営む者にはサケの刺網漁を禁止しているが，現在刺網漁を営んでいるのは20経営体である。

6　尻労漁協・小田野沢漁協・猿ヶ森漁協

尻労漁協では1戸1組合員方式であるが，平成19（2007）年の正組合員は97名，准組合員は47名であり，表6－9での平成18（2006）年と比較すると多少の変動があった。当組合に加入するには尻労部落会に6ヶ月以上加入していることが前提となり，新規加入者は最初は准組合員からである。当漁協に免許されている漁業権は表6－37（→章末199頁）の通りであるが，「東共第23号・24号」の共同漁業権は当漁協と隣接する猿ヶ森漁協の双方に免許されている。

尻労漁協では「東定5・6号」での大型定置網漁業が著名であり，「吉田漁業部」，「坂本漁業部」，「加糖漁業部」の3社によって操業されている。以前は1社につき22，23人が従事していたが，現在では17，18人程度であり，サケやマグロが主な魚種である。当地での主な水産物は表6－38（→章末199頁）での通りであり，サケやマグロ以外ではイカやブリがあげられる。

スルメイカは毎年6，7月頃から12月にかけて，ヤリイカは11月から2月頃に最も多量の水揚げがある。イカ釣漁では1970年代後半から「昼イカ」漁が始まり，現在でもこれが中心であるが，この「昼イカ」釣漁船には夫婦または親子2人が乗り込んで操業する。ウニやアワビは現在は潜水業者に委託しているが，組合員は年2回，1日2時間採取することができる。このときは採取する人数は1戸から何人出てもかまわない。

小田野沢漁協も1戸1組合員方式を採用している。准組合員には最近分家した者が多いが，通常は分家後5年くらい経ないと組合員にはなれない。さらに妻は小田野沢出身であるが，夫は他所出身の場合は，組合員になるには「10年くらいかかる」という。当漁協が免許を受けている漁業権は，既述の白糠漁協と共同の共同漁業権と当漁協のみによる区画漁業権である（表６－39〔→章末200頁〕参照）。前浜でのコンブ採取については，８月までに口あけがなければ，各自が自由に採取してもよいことなっている。さらに，現在は底建網漁業が15ヶ統，小型定置網漁業が２ヶ統操業されており，その他に一本釣り漁船が約50艘ほど操業している。この 一本釣りではヒラメ，タコ，カレイが主な魚種となっているが，平成18（2006）年度の主要水産物は表６－40（→章末200頁）の通りである。

猿ヶ森漁協の平成19（2007）年の正組合員は49名，准組合員は２名であるが，６戸（組合員12人）のみが専業漁家である。このうち下田代集落居住戸が２戸，猿ヶ森集落居住戸が４戸である。組合員は１戸２組合員（夫婦の場合も親子の場合もある）と１戸１組合員の双方の場合がある。下田代は全９戸が居住しているが，非組合員は２戸（移転者と戻ってきた人）のみである。分家者はなかなか組合員にはなれないが，３，４年前に１人が准組合員になり，その後に正組合員になった。

表６－41（→章末200頁）は猿ヶ森漁協の漁業権であり，大型定置網は１ヶ統，小型定置網は３ヶ統，底建定置網は42ヶ統（９ヶ統は底建網漁専属の３戸が経営している）が操業されているが，イカ釣漁業はやっていない。大型定置網漁業は当組合の准組合員であって，尻労漁協の正組合員である会社が営んでいる。

前述のように1958年に猿ヶ森集落の前浜が防衛庁（当時）によって用地買収されたが，共同漁業権は残った。その後当組合員は昭和40（1965）年頃から尻労，小田野沢，白糠の漁港を利用して操業するようになったが，小田野沢漁港での水揚高に対する小田野沢漁協の手数料３％のうち0.25％を当漁協が取得している。また，大沼・左京沼での漁業権である内水面漁業権も有しており，コイ，フナ，ウナギ，川エビなどを採っているが，全体の水揚げ高に比すとその金額はわずかなものである。

おわりに――漁民の共同性

東通村の沿革と概況から始まり，下北半島と東通村の漁業について記述してきた。当村の漁協についてはそれぞれの漁業権とともに漁業の様子や各漁協での規則（内規）を概観してきた。漁協組織と集落の構成員性が重複し，後者の資格が漁協組合員の前提となっている場合も多い。この場合，いずれも明示的な規程はないが実質的には当該集落での「一戸前」構成員に組合員が限定される傾向は否めない。居住者であっても直ちに組合員になれるわけではなく，次三男による新たな分家の場合も一定の期間が必要とされている漁協もあった。さらに尻屋では，そもそも新たな分家成員や旧戸であってもその傍系成員が組合員となることを事実上認めていない。

他方では，公式法上の正組合員資格である「90日以上の操業」に関しては，各漁協での差異があるが，概して厳密な意味での「操業」にこだわっているようには見えない。岩屋漁協では「陸上での労働日」をも「操業日」に加算しているし，白糠漁協では「漁船非使用」の採藻従事者であっても正組合員たり得ていた。すなわち，漁協組合員の条件は公式法や漁協自体の規程もさることながら，その前提である集落での構成員性に依拠している度合いが小さくないのである。こういった集落と漁協の「融合」は１集落（ムラ）１漁協の場合には最も鮮明になるが，そのことを端的に示しているのが尻屋漁協作成の「磯廻りおよび各団体行事予定表」（表６－24〔→章末192頁〕参照）であろう。この予定表には漁協組合員による「フノリ摘み」，「ノニ取り」，「マツモ取り」等とともに，集落行事の予定が記されていた。

各漁協の共同漁業権漁業についての規則の詳細さについては様々であるが，その目指すところは組合員のバランスをとるという点で一致しているのではないであろうか。例えば，野牛漁協での「春定置網漁」については，７人が操業しているが，その場所については抽選によるローテションを組んでおり，特定の者が特定の漁場を独占することを防止していた。石持漁協での小型定置網漁業では網を入れる場所の水深の差異の故に，定置網の場所は各操業者ごとに固定されていたが，底建網漁では同様なローテーションを組んでいた。

東通村内での共同漁業権について最も詳細な成文規則を定めているのが野牛漁協である。春の定置網漁を営む者には，サケ刺網漁，春のタコ・アイナメ漁，カレイ刺網漁を禁じ，春の底建網漁を営む者には同じくカレイ刺網漁，タコ・アイナメ漁を禁じているなど，それぞれ技術的に競合する漁業を禁じているだけでなく，各経営体や各漁家のバランスをとろうとし，さらに各漁業での網などの長さや篭の数，網の統数についても細かく規定している。同様に石持漁協においても，野牛漁協ほどは詳細ではないが1経営体あたりの底建網漁や篭漁業での網の統数，篭数を制限しているし，尻屋では戦前の昆布やフノリ採取についての厳格な規制を，多少の弛緩を伴いながら現在も継承している。特にコンブなどの「磯物」採取者については，組合員とその共住家族に限定し，かつ採取場所や採取に際しての規則だけでなく，その取り締まり要員も従前通りの三餘会会員がつとめている。

これらの各漁協では組合員であることによる「形式的平等性」を志向しているが，この点は入会集団と同じあろう。ここでの「形式的平等性」とは，川島武宜の言う「権利の平等性」，「抽象的な平等性」，「『一人前の構成員』の平等性」[23]を特色とするものであるが，しかし，上記のような内部規定はより実質的な平等性を目指すものとなる。そうであっても，実質的な不平等が各経営体や漁家間で生じていることは，**表6－11～14**（**→章末186～187頁**）の漁獲金額別の経営体数に表れている通りであるが，これは各経営体ごとで営む漁業の種類の差に由来するところが大きいと思われる。既述の野牛漁協での**表6－29**（**→章末195頁**）のような規制，すなわち漁業の種類ごとの制限，すなわち各経営体の網数・篭数等の制限や漁場のローテーション化，さらには一つの経営体がいくつもの漁業を営む場合の各種の規制は「形式的平等性」を超えた実質的な平等性を追求するものである。この点が共同漁業権区域と入会地が異なる点であろう。共同漁業権区域内では，潮流や回遊する魚群の性格等から，組合員がその海面上の一部分を持続的に占有することによっては「形式的平等」すらも確保しがたい。それ故，上記のような漁業道具の制約や操業期間の限定，採藻時のような採取者数の制限等がなされ，それが実質的な平等を志向することになるのであろう。

このような各漁協内部での諸規程とともに，本稿ではそれぞれの漁協間の連携を考えてみたい。既述のように東通村では2漁協への1共同漁業権の免許がなされている事例がある。すなわち，猿ヶ森漁協と尻労漁協，白糠漁協と小田野沢漁協であるが，後者の「東共21・22号」の共同漁業権区域内では，前掲の**図6－5**（**→章末176頁**）でのように，白糠漁協と小田野沢漁協のそれぞれの操業区域と両者がともに操業可能な区域とを区分していた。これを公式法上の共同の権利が実施段階で各漁協の措置によって細分されていると見ることも，各漁協単位での操業が公式法上で一括されて漁協間の共同性が生み出されていると見ることも可能である。いずれにせよ，ここでは両漁協が入り合う区域が設定されている点に注目したい。というのは，こういう区域は入漁権の設定によって，他の漁協間においてもなされているからである。

尻屋漁協の共同漁業権区域への岩屋漁協と尻労漁協の入漁権，石持漁協の共同漁業権区域への野牛漁協と関根浜漁協の入漁権等は，先の2漁協への1共同漁業権の免許とともに，各漁協の共同漁業権を前提とした相互の連携として把握することが可能ではなかろうか。ここでも法的に入漁権が設定されており，その実施要綱が各漁協に委ねられていることになる。その結果が上記でみてきたような各種の漁協間の取り決め（図6－1・4・6参照）である。

総じて東通村の沿岸部には「東共21号」から「東共32号」までの12の共同漁業権区域が設定されているが，その権利主体である漁協間の関係を見てみると，媒介項は共同漁業権，入漁権，あるいは漁港使用，漁業補償等と異なっているが，石持—野牛—岩屋—尻屋—尻労—猿ヶ森—小田野沢—白糠の各漁協が各共同漁業権区域の相互利用によって連鎖している（図6－8〔→章末178頁〕参照）。すなわち，石持漁協から白糠漁協までの全ての漁協が，それぞれの隣接する共同漁業権区域内に操業や水揚げのために入り合うことによって，継起的な共同性が構築されていると見ることができよう。そして，野牛漁協と石持漁協は，隣接するむつ市の関根浜漁協とも入漁権を媒介にして連携している。

東通村には8漁協（1内水面漁協を除く）が存在していたが，これらはむつ市のこの関根浜漁協とも連携しつつ，他方で集落レベルでは13集落を包摂する広がりを見せているのである。もちろん，各集落のなかには漁協の非組合員（非漁民）も在住し，各漁協間の連携の密度も程度の差があろう。それでも，これらの13の集落の間では集落としての連携はなくとも，漁民である住民間の連携が生じることはあり得よう。

当地では昭和63（1988）年まで村役場がむつ市田名部に存していた。その理由の一つは各集落から田名部への交通網は整備されていても各集落間のそれが十分に整備されていないので，田名部に役場を設置したほうが便利であるということであった。そして，このような状況は各集落の自立性が強いことの証左であるとも指摘されてきた。しかし，陸上交通網の観点からはそうであっても，沿岸部や共同漁業権区域を介すれば各漁民の連携が形成されてきているということができよう。そしてこの連携は各自治体の区域にはこだわらない傾向を見せていることは，既述の関根浜漁協と石持漁協の関係によっても示されているところである。

このような連携は集落レベルや自治体レベルとは異なったレベルでの共同性のあり方を考える一つの材料となり得る。それは従来の「中間集団[24]」と呼ばれているものとも異なった共同性であり，公と私，あるいは国家と個人の「中間」ではなく，それとは異なった次元での共同性を模索する一契機となり得るのではなかろうか。すなわち，東通村とむつ市の行政的区分や集落区分にこだわらず，複数の集落の「間」に存するという意味での「中間集団」としての「連携する漁協」とその連鎖である。例えば，図6－8で見られるように，岩屋漁協—尻屋漁協，尻屋漁協—尻労漁協，尻労漁協—小田野沢漁協などの連携とその連携の連鎖であり，その連鎖による共同性である。

本稿冒頭で引用した「部落なる共同体的枠の内部に組合が没入していると見るか，あるいは組合が部落なる共同体的枠を利用していると見るか，あるいは両者併存し，組合自身に部落共同体的性格が存すると見るべきか」という問いは「部落共同体」（集落）や「組合」（漁協）の不変性や固定性を前提としているが，共同漁業権区域という視座から見れば，当該区域に相互に乗り入れる共同関係として漁協の連携を把握することが可能である。

さらには，視点を変え，共同漁業権区域を「項（個体）」とし，各漁協を「因子」とすれば，「沿岸部」という「類（クラス）」を生み出す「多配列的な[25]」分類が想定され，その「沿岸部」において各漁協・漁民が相互に入り合うことによって共同性の継起的な連鎖を生み出していると把握することもできる（表6－42〔→章末200頁〕と図6－9〔→章末179頁〕参照）。この「入り合い」は各漁協間の取り決めに基づき毎年その時期には各漁協の参事等の職員が連絡しあうことから始まるが，こういった相互の連絡や同一の区域での操業によって漁協・漁民の共同性が生じる。この場合，「同一区域での操業」とは同一区域の共用とそれへの働きかけを意味するが，その同一区域を媒介として，当該漁民の共同性が生み出されるのである。

したがって，この共同性は漁協の内部規程による「実質的平等性」志向とは異なった次元での共同性であり，尻屋でのように１漁協１集落の場合であっても，この共同性は集落や漁協の封鎖性を開放する回路を用意しておくことになろう。先のように東通村の各集落の自立性が主張されてきており，さらには集落構成員性が漁協組合員資格の前提とされがちであるが，その背後では「沿岸部」という海面やそこでの漁業権等を媒介とした，集落を超える共同性が用意されていたのではなかろうか。むしろ，このような共同性の故に，各集落の自立性が長く維持され，他方では各漁協や各集落内での封鎖性，さらにはそこでの「実質平等性」が追求される余地が生み出されてきたということも可能ではないだろうか。

1） 金田禎之『新編　漁業法詳解』（成山堂書店，2001年）49頁。
2） 黒沢一清「漁業協同組合の漁業権管理について」協同組合研究会編『戦後協同組合の性格』（御茶の水書房，1959年），49頁。
3） 浜本幸生『共同漁業権論』（まな出版企画，1999年）。
4） 原暉三『日本漁業権制度史論』（国書刊行会，1977年）259～260頁。
5）「往昔下北地方を糠部（ぬかのぶ）郡，宇曽利（うそり）郷というた。ぬかのぶ，うそり共に蝦夷語にてぬかのぶはヌッ・カ・ヌブの約まったもので，川が一様の深さで緩流してい居る野原の意。うそりはウショロの約まったもので，湾，入江，潟などの意である。」笹沢魯羊『宇曽利百話〔増補３版〕』（下北郷土会，1961年）１頁。
6） 笹沢魯羊『東通村誌〔改訂再版〕』（下北郷土会，1964年）２頁。
7）「殊に東通村が他村と異なる諸点中の最も著しいのは，政治村落の行政所たる村役場を，自村の地域内に置かずして，隣接の田名部町に置いてあることである。自村内に村役場を置けば，村内地勢の関係上，各部落から村役場への往復が不便になるのと，田名部町は各部落に対する日用品供給地であると共に，各部落の農産物や海産物の集積地であり，消費地である関係上，自村の役場を田名部町に置いて産物販売，日用品買出し其他の公私用を辨ぜしむることにしてあるのである。されば，村内道路の如きも部落と部落とを縫合するよりも，田名部町に通ずる道路の方がより克く開鑿せられてある。つまり，田名部と云う村外の小都會を中心として自然村落二十四個が結びつけられて居るのである。換言すれば，東通村と云う政治村落が明治年間に人為的に作り上げらるゝ迄は東通村内の諸部落は各々独立したる天然村落として田名部なる代官所在地の小都會と政治的並に通商的関係を保って居たのである。」小野武夫『近代村落の研究』（時潮社，1934年）236頁。
8） 竹内利美編『下北の村落社会』（未來社，1968年）47頁。
9） 竹内編・前掲注８）書149頁。
10） 同上150頁。
11） 東通村史編集委員会編『東通村史　歴史編Ⅱ』（1999年）115頁。
12） 笹沢・前掲注６）書77～95頁参照。

13） 東通村役場『村勢要覧1957版』62頁。

14） 笹沢善八編輯『下北郡地方誌〔訂正２版〕』（下北新報社，1926年）42頁。

15） 東通村史編集委員会編・前掲注11）書100頁。

16） 同上81頁。

17） この時期に，特に1980年代後半から1990年代初めまでの期間に東通原子力発電所建設に伴う漁業補償交渉が続いていた。特に白糠漁協では賛否の対立が激化した時期があったが，この間の経緯については稿を改めたい。

18） 田村浩『農漁村共産體の研究』（泰文館，1931年）１頁。

19）「アワビとコンブの採取権は男子に限り，一五歳以上のものに与えられた。しかし，コンブは絶滅したので，そのかわりのワカメには女子も現在は採取に加わっている。多くの報告は一五歳以上七二歳までと伝えているが，少なくとも現在は七二歳という年齢制限はない」竹内編・前掲注８）書522頁。

20） 布海苔採取の漁区については，昭和38･９年には９区であった。竹内によると「ミズシ，ヨノダ，カイサシマ，藤石浜，トタ崎，ゴメ島，岸島，アカタ，貝島の九区で，貝島は尻労と入会である。昭和初年には十一区であったという」同上520頁。

21）「三餘会」とは尻屋集落での「青年団」とは別の年齢集団であり，現在は通常は漁家の長男が高校卒業と同時に（18歳）加入し，42歳で脱退することになっている。現在の会員数は25名であるが，この集団については，当地についての過去の報告書では必ず言及されている。ここではその詳細を述べる余裕はなく，稿を改めたいが，現在の「三餘会会則」と「三餘会附則」でも旧慣はおおむね維持されているようである。参考までに，昭和６年の当地の調査に基づいた報告書の一部を引用しておこう。

「この組織は昔若連中と稱していたもので，明治二十四年に組織を改めて尻屋青年會と呼び，更に仝四十四年三餘會と改稱した。役員としては會長，副會長各一名と理事五名評議員十名があり，總會で選挙し任期は二ヶ年となってゐる。事業としては造林をなし毎年一萬本の植樹を經營し，魚付林や防風林を造り，學校の基本財産の植林手入をも行ってゐる。……現在の會員は七十名あつて基本金は五千圓に達してゐる。共有林野の監督や漁獵の密獲取締又は吟味等何れも活動してゐるので，地先水面の一部と海布苔の漁場の一カ所を興へられ年収五百圓位の漁業權を有してゐる。」田村・前掲注18）書92頁。

22） 三餘会会員の「旗係」によるフノリ採捕時の監視要領を以下に掲載しておく。

平成20年度　旗揚げ要領

1．浜が大きい時及び警戒を要する時は，人員を増加する事もある。
2．旗上げする人は，フノリ摘みが終わってから監視員と交代する事。
3．命令に従わない者がある時は，浜を変更する事が出来る。
4．フノリ石に置いてある衣服，ビニール，風呂敷などは，取り除くようにする事。
5．緑の旗で下げ，赤の旗で摘ませる事。
6．組合役員と旗あげの時間を決める事。
7．フノリは必ず袋に詰め，それ以外のフノリは赤旗を置いて回収する。
8．旗上げは，フノリを摘まないで厳重に監視すること。

9．旗の使用後は，組合玄関前に置くこと。
10．磯吟味帳の使用後は，次の浜に当たっている人に渡して置く事。
11．旗上げする人は，最後尾の人を確認してから旗上げする事。

4項はフノリ採捕時には各人に海岸の石を2個までは衣服，ビニールなどの持ち物を置くことができるとしており，それを超えた個数の石にこれらを置いた場合は取り除くということである。5項での「緑の旗」は組合員が浜におりることができる合図であり，「赤の旗」で採捕を開始する。7項は袋に詰められないフノリは三余会によって没収するという意味である。

23）川島武宜「『ゲルマン的共同体』における『形式的平等性』の原理について」『川島武宜著作集第八巻』（岩波書店，1983年）45頁以下。
24）「中間集団」についてここで詳述する余裕はないが，以下の論稿を参照。樹沢能生・名和田是彦「地域中間集団の法社会学」利谷信義他編『法における近代と現代』（日本評論社，1993年），高村学人『アソシアシオンへの自由』（日本評論社，2006年）
25）「多配列的」についてロドニー・ニーダムは以下のように述べている。「『多配列的』（polythetic）［……］という語が，諸個体が全体としては一つの特性も共有しないクラスに用いられるようになった。一つの例として，五つの特性によって定義される五つの個体についてみる。各個体が五つの特性のうち四特性を共有することができ，こうして相互に全体としては似ているが，五つの個体全部が共有する特性をまったくもたない場合がある．……これら五つの個体は，それぞれ定義による類似の特性をもつことによって一つのクラスにまとめられる。」（ロドニー・ニーダム（吉田禎吾他訳）『象徴的分類』〔みすず書房，1993年〕88～89頁）。R・Needham, “Polythetic Classification : Convergence and Consequences ” in *Man*（*N.S*）10（1975), p.357 では，この点に関連して以下の表が掲載されている。

「　　個体

	1	2	3	4	5	6
特性	A		A	A		
	B	B	B			
	C	C		C		
		D	D	D		
					F	F
					G	G
					H	H

」（罫線は筆者）

この表の個体1～4に共通の特性は一つもないし，各個体に欠けている特性はすべて異なるが，「家族的類似」（ヴィトゲンシュタイン）の特性を持っているので一つのクラスにまとめられることになる。これを多配列的分類という。これに対して5と6は同じ特性を有しているので一つのクラスに分類される。これは単配列的分類である。

【付記】本稿は平成18（2006）年～平成20（2008）年にかけての調査によって得られた資料に基づくものである。

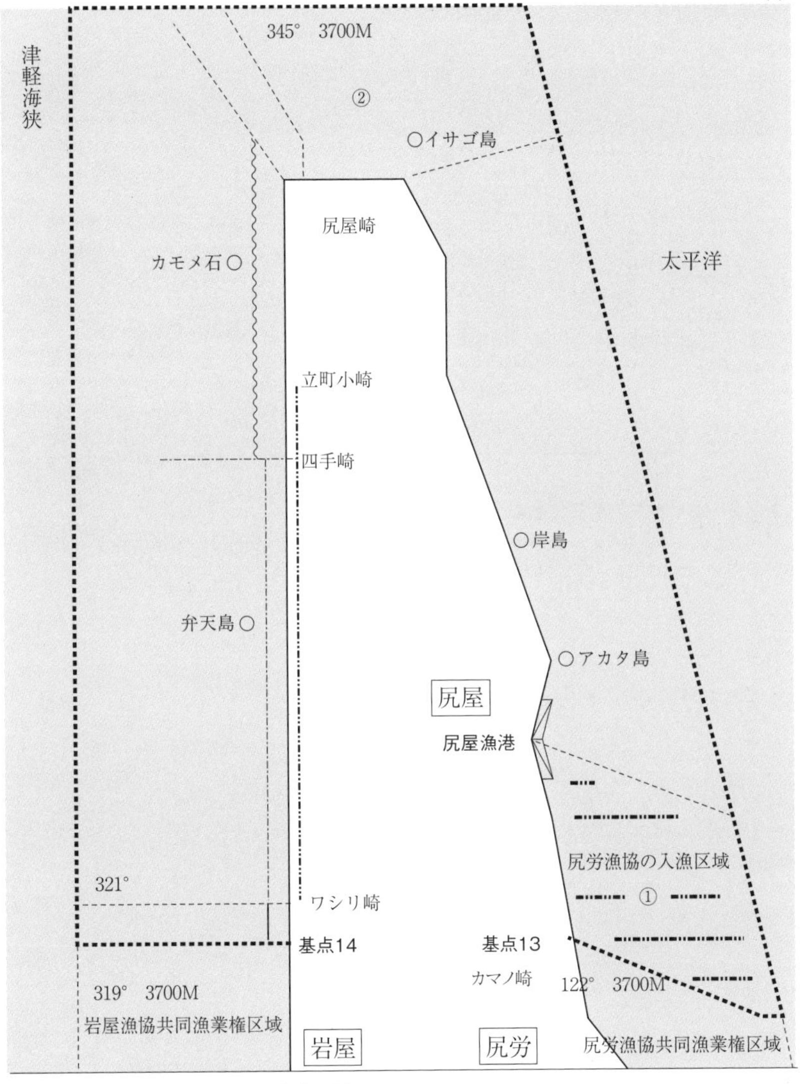

▶図６－１　尻屋漁協の共同漁業権区域

注：———：岩屋小型定置海区　■■■■■■：尻屋漁協共同漁業権区域

-・・-・・-：岩屋だけのフノリ磯区

-・-・-・-：岩屋だけの磯区（ウニ，アワビを胴付き長靴で採取，潜水や泳ぎでの採取は禁止）

〰〰〰：フノリは尻屋だけ（ウニ・アワビは岩屋と尻屋合同で採取）

①：尻屋・尻労漁協が一緒に採取　②：刺し網・篭・箱禁止区域

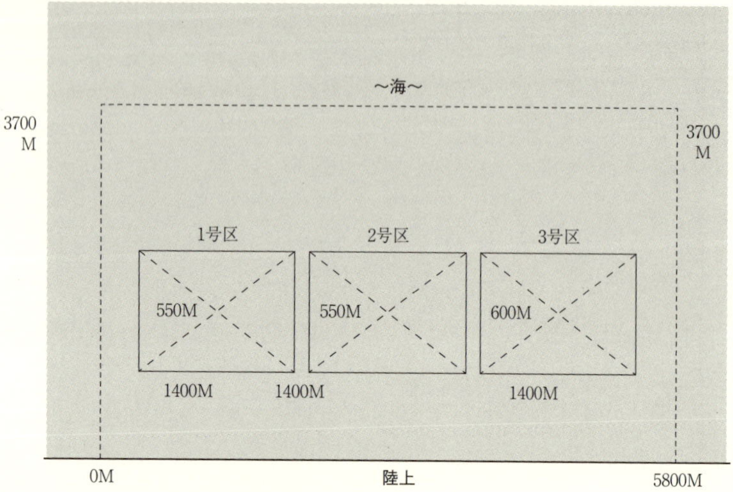

▶図６－２　ホタテ垂下式養殖の概略図

注：１～３号区はほたて稚貝の放流区。平成18年（１号区）は126トン，平成19年（２号区）は133トン，平成20年（３号区）は131トンを放流した。

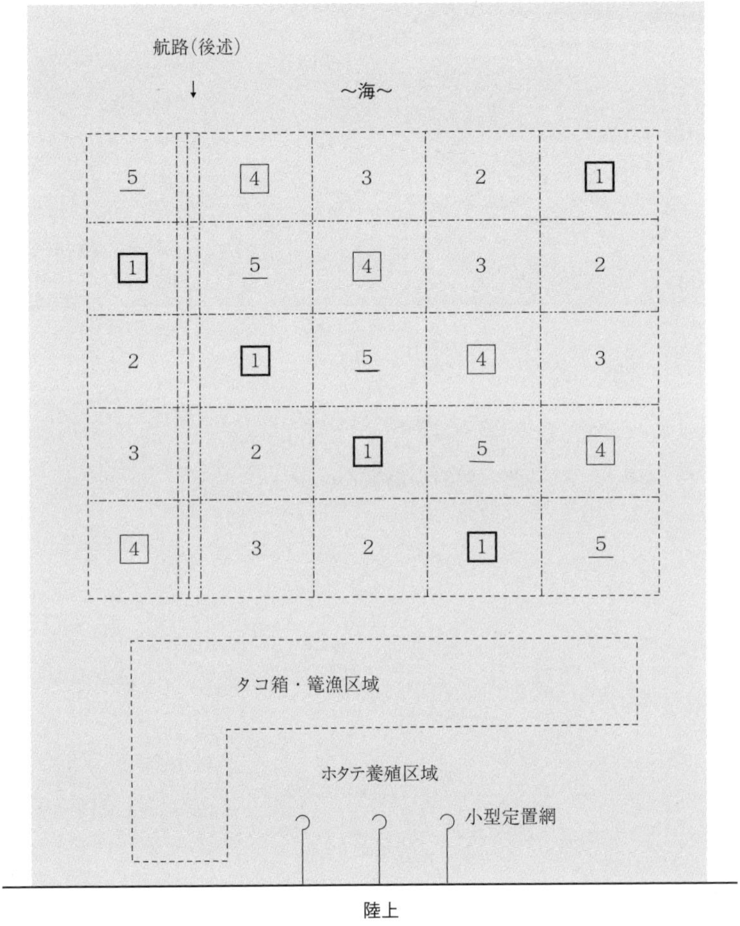

▶図6－3　共同漁業権区域内の配置略図

注：1～5は5人の漁民が底建網を入れる場所を指す。

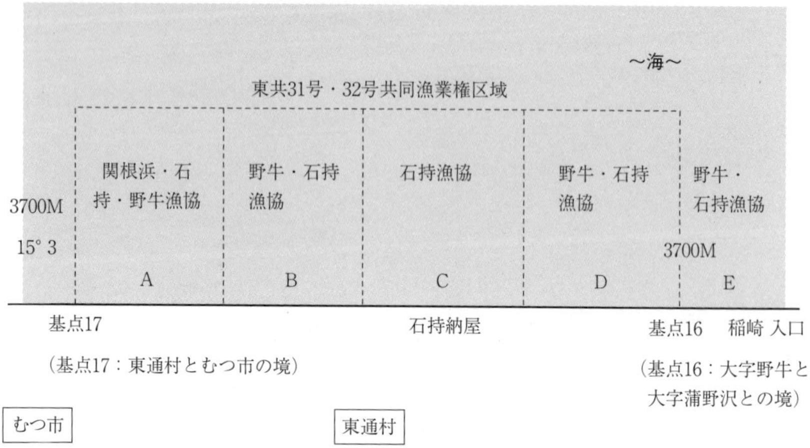

▶図6－4　石持・野牛・関根浜漁協の入漁権区域

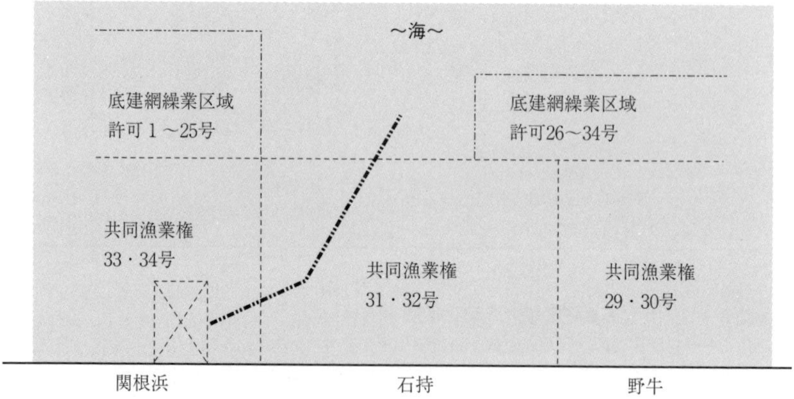

▶図6－5　石持漁協の共同漁業権区域の概略図

注：⊠は原子力船「むつ」の新定港の建設に係わる漁業補償に関する協定書（関根浜漁協と日本原子力船研究開発事業団が昭和58年9月5日締結）の第一条に規定する消滅区域。
‥━‥━‥が航路。

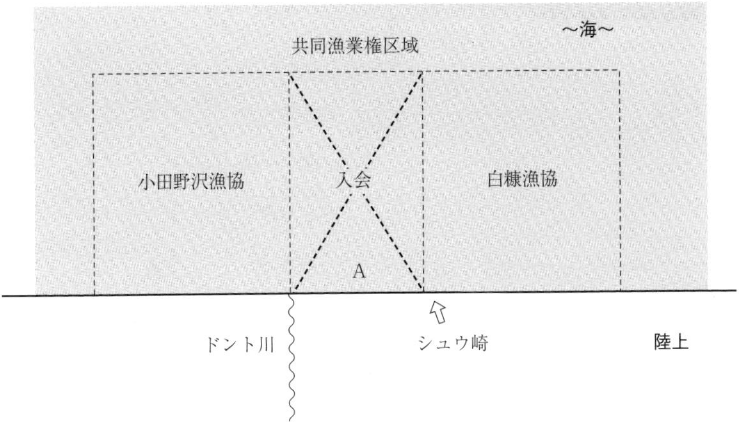

▶図6－6　共同漁業権区域の区分

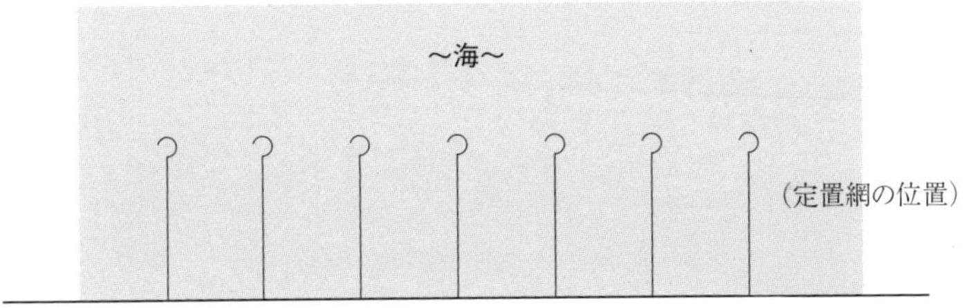

今年	A	B	C	D	E	F	G	（経営体ABCD…）
来年	F	G	A	B	C	D	E	
再来年	D	E	F	G	A	B	C	

▶図6－7　小型定置網の場所（ローテーション）の概念図

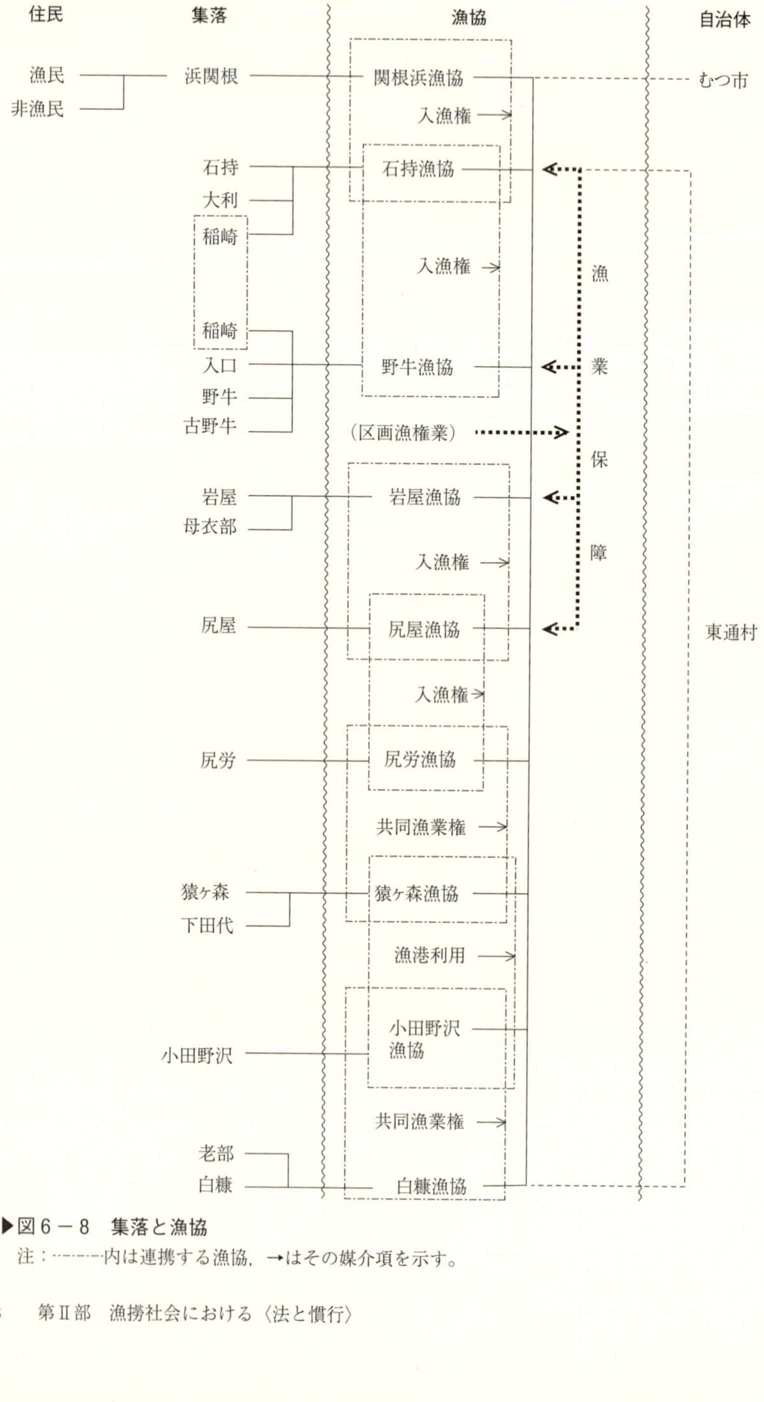

▶図6－8　集落と漁協

注：------内は連携する漁協，→はその媒介項を示す。

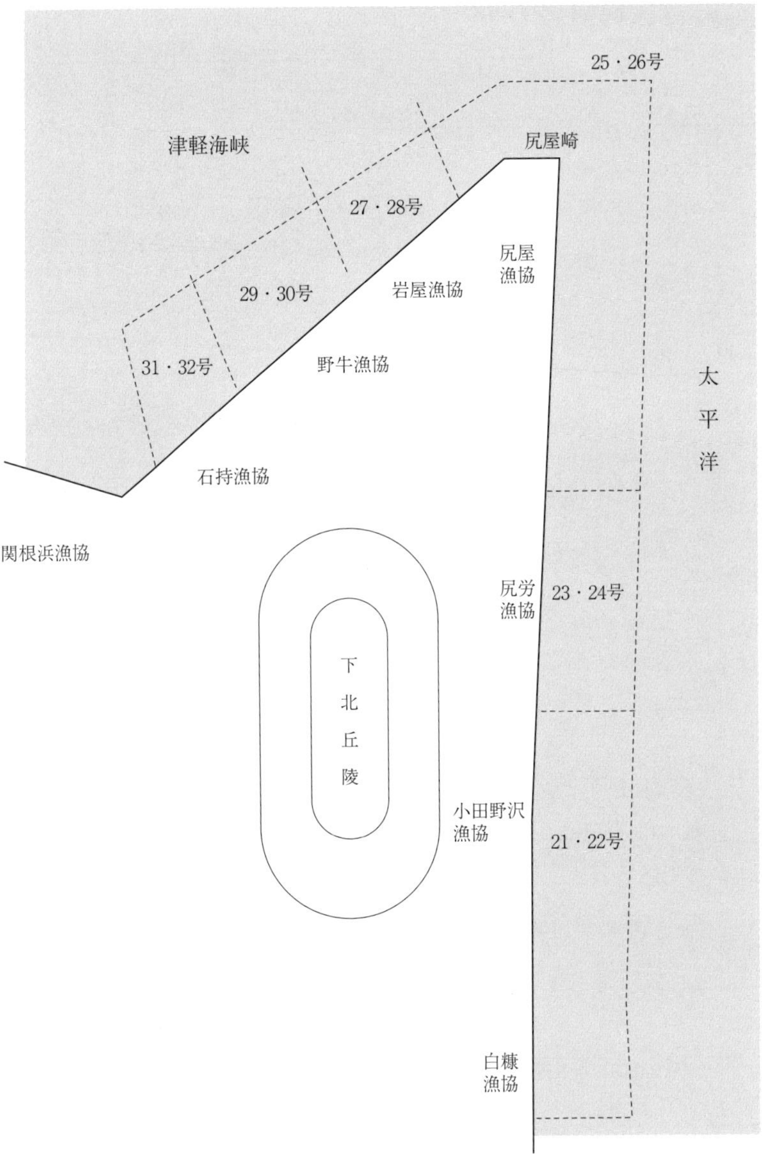

▶図6－9　共同漁業権番号と漁協

集落＼年	享保6 (1721)	享和2 (1802)	文政12 (1829)	明12 (1879)	明22 (1889)	昭12 (1937)	昭25 (1950)	昭38 (1963)	昭55 (1980)	平2 (1990)	平12 (2000)	平18 (2006)
大利	25戸 201人	26	30	32 228	31 251	35 世帯 355	45 377	60 417	37 200	36 155	44 150	45 144
早掛平	大利から1967年に分村								22 世帯 74人	22 66	26 87	34 98
目名	26戸 205人	23	28	31 255	32 281	49 471	64 526	71 476	78 317	71 286	68 225	75 224
向野	目名から1955年に分村							17 世帯 100人	24 106	26 100	31 100	44 123
上田屋	21戸 291人	33 江戸時代は青平	33	36 302	37 329	55 423	65 481	66 世帯 441	61 280	65 250	64 208	73 199
下田屋	6戸 上田屋からの分村	5	5		10戸 82人	11 世帯 124	22 170	23 168	25 112	29 105	26 68	24 59
豊栄	上田屋の引揚者による戦後の分村							12 世帯 72人	10 49	11 52	9 30	11 30
石蕨平	1949年以降の引揚者による開拓集落							27 世帯 160人	26 116	23 75	24 73	28 72
一里小屋	1945年田名部からの入植者14戸による開拓集落							10 世帯 56人	9 35	10 43	9 26	11 31
蒲野沢	50戸 621人	36	40	38 296	37 302	50 450		91 世帯 584	87 401	87 348	83 304	103 318
桑原	1800頃成立 砂子又からの分村		4戸		7 45人	10 世帯 107		14 世帯 117	15 65	16 54	15 48	15 43
東栄	1958年近隣からの入植・開拓							14 世帯 68人	8 31	9 31	9 31	8 25
稲崎	石持への移住のため閉村時期あり					9戸 68人	13 38	16 世帯 97	16 88	16 66	17 50	19 65
入口	野牛から分村（2から3戸）				10戸 90人	56 418		138 世帯 729	125 492	125 468	122 397	128 375
古野牛川	天保9（1838）年漁業争いのため入口から移住					34戸 205人		56 世帯 442	62 308	64 284	73 281	84 297
野牛	19戸 164人	26	28	23 158	26 200	42 363		55 世帯 320	55 199	47 182	44 134	46 126
尻屋	25戸 190人	27	17	28 177	29 229	48 478		106 世帯 577	200 764	165 600	133 447	105 412

集落＼年	享保6 (1721)	享和2 (1802)	文政12 (1829)	明12 (1879)	明22 (1889)	昭12 (1937)	昭25 (1950)	昭38 (1963)	昭55 (1980)	平2 (1990)	平12 (2000)	平18 (2006)
尻労	27戸	23		33	33	87		128 世帯	146	147	148	166
	166人			229	284	737		868	638	566	495	499
岩屋	10戸	16	21	24	24	60		107 世帯	145	95	83	82
	63人			176	222	439		600	464	370	315	299
袰部		6戸	8		9	26		44 世帯	46	76	30	27
	岩屋から分村				68	189		277	176	151	73	74
小田野沢	19戸	22	12	26	31	87	109	154 世帯	234	287	325	353
	189人			234	276	784	881	1094	1099	1159	1076	1033
猿ヶ森	15戸	1	12		16	25		32 世帯	24	20	18	22
	110人				127	108		240	103	71	61	68
下田代	9戸	6	8		9	12		13 世帯	16	15	7	13
	猿ヶ森から分村				79人	107		97	61	76	29	37
上田代	上・下田代で一集落（砂子又からの分村）	6戸	6		11		20	18 世帯	15	9	15	17
					91人		160	157	91	38	53	48
砂子又	40戸	13	18	22	22			52 世帯	50	49	53	136
	335人			170	179			330	218	193	192	305
白糠	34戸	37	37	51	56	233		370 世帯	424	430	438	493
	250人			450人	525	1535		2302	1830	1487	1340	1466
老部		10戸	10	31	33	110		179 世帯	231	277	632	358
	白糠から分村			256人	319	800		1173	1044	988	1236	967
鹿橋	10戸	28	30		26	35	50	61 世帯	56	57	56	60
	蒲野沢からの分村				200人	291	387	405	265	234	199	188
石持	8戸	21	24		35			83 世帯	83	71	69	83
	蒲野沢からの分村				253人			556	349	296	247	263

（上段戸数・世帯数，下段人口）

▶表6－1　東通村の集落人口と世帯数の推移

出所：『東通村史　歴史編Ⅱ』（1999年），『東通村統計資料2004』，笹沢魯羊『東通村誌』（1964年）より作成。

		昭和35年	40年	45年	50年	55年	60年	平成2年	7年	12年	17年
第1次産業	農業	3587	3010	2543	1710	907	883	660	416	294	325
	林業	117	77	59	66	97	73	78	81	64	32
	漁業	1337	1109	966	989	697	973	856	705	612	799
	計	5041	4196	3568	2765	1701	1929	1594	1202	970	1156
	（人口比）	(38.6)	(37.6)	(33.2)	(27.2)	(17.1)	(19.9)	(18.1)	(14.9)	(12.2)	(14.4)
第2次産業	鉱業	417	377	248	171	165	150	133	120	125	100
	建設業	71	163	364	532	918	733	733	1018	1080	828
	製造業	55	64	98	132	337	271	271	289	289	243
	計	543	604	710	835	1420	1154	1344	1427	1427	1171
	（人口比）	(4.2)	(5.2)	(6.6)	(8.2)	(14.2)	(11.9)	(15.3)	(17.7)	(17.9)	(14.6)
第3次産業	A	178	170	210	251	329	335	349	359	400	443
	B	268	295	373	402	498	427	447	492	666	747
	その他	96	117	111	155	225	394	320	365	328	356
	計	542	582	694	808	1052	1156	1116	1216	1394	1546
	（人口比）	(4.1)	(5.0)	(6.5)	(7.9)	(10.5)	(13.1)	(12.7)	(15.1)	(17.5)	(19.2)
村内人口		13069	11660	10735	10174	9975	9675	8794	8045	7975	8042

（Aは卸売・小売・飲食業，Bはサービス業）

▶表6－2　15歳以上の産業別就業人口

出所：『東通村勢要覧1963』，『東通村統計資料2004』，『東通村統計資料2007』より作成。

	労働人口 20-60	推定失業人口	有業人口	産業別人口						
	計	計	計	農業	水産	鉱業	建工	運輸通信	自由	その他
合計	4648	251	4397	2942	1070	81	55	24	242	
比率	42.9	2.3	40.5	66.4	24.3	1.8	1.2	0.6	5.7	

▶表6－3　産業人口（昭和25年1月1日現在）

出所：『東通村勢要覧1950』

	総数		農業		水産業		商工業		給与者		その他	
	戸数	人口	戸数	人口	戸数	人口	戸数	人口	戸数	人口	戸数	人口
1952年	1645	1127	767	6132	537	3731	43	44	192	42	106	578
1956年	1720	1215	711	5815	696	5107	88	20	162	25	63	284

▶表6－4　産業別人口および戸数

出所：上段は『東通村勢要覧1953』，下段は『東通村勢要覧1957』より。

センサス	5次	6次	7次	8次	9次	10次	11次	B
西暦年	1973	1978	1983	1988	1993	1998	2003	
風間浦村	99	119	146	216	340	373	259	67.7
	403	382	477	390	348	282	273	
脇野沢村	229	918	306	792	851	607	628	70.7
	92	93	100	85	87	74	65	
大間町	100	139	309	304	492	400	479	67.9
	820	762	697	680	607	656	557	
大畑町	1082	4070	3567	2496	2736	2290	1647	72.7
	216	184	180	181	166	155	157	
川内町	178	242	1003	1143	635	705	389	69.4
	147	149	99	104	97	85	102	
佐井村	95	126	181	216	271	253	239	60.6
	432	445	416	390	356	315	262	
東通村	66	139	332	460	735	455	432	75.0
	1073	839	988	887	808	844	805	
A	3183	2854	2957	2717	2469	2411	2221	69.8

▶表6－5　下北半島の各町村での漁業経営体数と平均漁獲金額

注：上段は一経営体の平均漁獲金額（万円），下段は経営体数，Aは経営体数の合計，Bは1973年の経営体数に対する2003年の経営体数の百分比。

	a	b	c	d	e	f	g	h	i	j	k
風間浦村	2	32	27	55	54	58	18	28	8	0	0
脇野沢村	0	5	4	7	6	15	22	13	2	0	0
大畑町	5	16	6	13	16	23	15	18	19	16	8
大間町	0	39	49	120	139	165	62	52	28	2	0
川内町	0	2	2	2	12	17	26	23	1	0	0
佐井村	1	26	47	46	78	77	28	7	5	0	0
東通村	34	419	62	69	43	57	59	59	32	6	4

▶表6－6　町村単位での漁獲金額別経営体数　（10次センサス1998）

注：漁獲金額a：なし　b：30万円未満　c：30～50万円　d：50～100万円　e：100～200万円　f：200～500万円　g：500～1000万円　h：1000～2000万円　i：2000～5000万円　j：5000万円～1億円　k：1億～10億円

	a	b	c	d	e	f	g	h	i	j	k
風間浦村	0	22	23	59	62	69	20	2	5	0	0
脇野沢村	0	5	4	5	7	15	16	8	5	0	0
大畑町	3	16	13	22	15	23	17	15	12	15	6
大間町	0	30	41	79	109	150	60	56	28	4	0
川内町	0	3	2	6	21	40	26	4	0	0	0
佐井村	1	22	23	59	62	69	20	2	5	0	0
東通村	60	369	55	58	34	64	57	66	33	5	4

▶表6－7　町村単位での漁獲金額別経営体数　（11次センサス2003）

	平成10年	11年	12年	13年	14年	15年	16年	17年
イカ釣漁業	1652517	2992590	4279743	4052236	4690440	4459014	5446120	5621865
	675569	1001137	1166613	977811	1231056	1227483	1652294	1426793
アワビ	10158	8345	12641	11718	13426	15969	22805	18283
	57880	45829	73047	78685	81577	109172	165813	139267
昆布	894433	1466339	223975	1062388	1135818	324654	763523	547742
	164552	429100	62560	295344	171048	85354	185031	93349
全漁獲高	7384806	8407939	9498994	9771918	10096696	9179090	10503288	9788044
	3062557	3406048	3662480	3152541	3413872	2996066	3668816	3089179

▶表6－8　東通村イカ・アワビ漁獲量および漁獲金額　（上段kg，下段千円）

漁協	年次	正組合員	準組合員	組合員数	漁協	年次	正組合員	準組合員	組合員数
白糠	1977	481	84	565	岩屋	1977	89	0	89
	1996	1357	214	1571		1996	81	0	81
	2001	1270	309	1579		2001	84	0	84
	2006	536	129	668		2006	86(*5)	0	86
尻屋	1977	58	2	60	尻労	1977	119	1	120
	1996	77	0	77		1996	121	24	145
	2001	79	1	80		2001	105	39	144
	2006	74	0	74		2006	110	29	139
石持	1977	102	0	104	小田野沢	1977	309	10	319
	1996	88	5	93		1996	264	39	303
	2001	42	48	90		2001	281	23	304
	2006	88	3	91		2006	225	29	254
野牛	1977	141	54	195	猿ケ森	1977	58	0	58
	1996	95	103	198		1996	48	3	51
	2001	105	90	195		2001	48	2	50
	2006	105	95	200		2006	49	2	51

▶表6－9　各漁協の組合員数

	正組合員	准組合員	計
1977年	1357	151	1508
1996年	2131	388	2519
2001年	2014	512	2526
2006年	1273	287	1560

▶表6－10　漁協組合員総数

	a	b	c	d	e	f	g	h	i	j	k
石持	0	1	0	6	24	8	4	1	2	0	1
野牛	0	15	4	5	2	6	14	14	8	1	1
岩屋	17	11	13	13	11	13	10	3	0	0	0
尻屋	0	0	0	0	1	2	15	22	1	0	1
尻労	1	19	2	2	0	8	22	0	2	0	3
小田野沢	0	4	2	4	2	7	0	0	1	1	0
白糠	4	354	74	30	19	47	18	2	6	3	0

▶表6－11　漁業地区別漁獲金額別経営体数　（8次センサス1988）

注：漁獲金額 a～kは表6－6に準じる，以下の表も同じ。

	a	b	c	d	e	f	g	h	i	j	k
石持	0	0	23	3	2	4	4	3	3	0	0
野牛	0	0	2	0	3	4	6	10	17	2	0
岩屋	0	41	7	8	5	11	4	8	2	0	0
尻屋	0	0	0	1	0	5	8	23	4	0	1
尻労	0	0	0	1	2	6	11	9	2	2	5
小田野沢	0	7	2	15	14	25	9	0	0	2	0
白糠	10	278	61	38	21	41	17	7	5	3	1

▶表6－12　漁業地区別漁獲金額別経営体数　（9次センサス1993）

	a	b	c	d	e	f	g	h	i	j	k
石持	1	9	8	5	0	8	2	2	3	0	0
野牛	0	3	0	5	2	2	8	13	9	3	0
岩屋	20	11	11	6	9	11	7	7	0	0	0
尻屋	0	0	0	0	1	4	16	17	2	0	0
尻労	0	0	1	2	1	6	10	4	4	2	3
小田野沢	3	22	6	26	13	8	1	1	3	0	0
白糠	10	374	36	25	17	18	15	15	11	1	0

▶表6－13　漁業地区別漁獲金額別経営体数　（10次センサス1998）

	a	b	c	d	e	f	g	h	i	j	k
石持	0	7	4	4	3	5	5	6	1	0	0
野牛	0	1	0	1	3	5	6	13	15	2	0
岩屋	14	29	8	7	9	7	4	8	0	0	0
尻屋	0	0	0	0	0	4	11	22	2	0	1
尻労	0	1	1	4	1	11	10	4	4	1	3
小田野沢	0	52	4	2	10	11	0	1	0	1	0
白糠	46	279	38	40	8	21	21	12	11	1	0

▶表6－14　漁業地区別漁獲金額別経営体数　（11次センサス2003）

		白糠	小田野沢	尻労	尻屋	岩屋	野牛	石持	小計
総　数		523	169	96	40	86	99	60	1073
漁船非使用		77	16	15		1	4		233
無動力船		274	101	43	8	21	53	1	520
動力船	1トン未満	100	49	11	2	40	10	59	252
	1～3トン	24		22	22	21	23		93
	3～5トン	31		3	7	2			41
	5～10トン	4		1	1				6
	10～30トン	6							6
	30～100トン	3							3
	100トン以上								
	小　計	168	49	37	32	63	33	59	401
小型定置網		4	3	1		1	7		16
大型定置網									
平均漁獲金額（万）		58	39	68	152	62	136	49	66

▶表6－15　経営体階層別経営体数
出所：第5次漁業センサス（1973）から作成。

		白糠	小田野沢	尻労	尻屋	岩屋	野牛	石持	小計
総　数		543	170	38	41	87	56	53	988
漁船非使用		70	44						114
無動力船		173	1	1		21			196
動力船	1トン未満	177	121	13	7	39	12	40	409
	1～3トン	40		9	4	8		3	64
	3～5トン	67	2	11	25	12	17	3	87
	5～10トン	3		1	4	1	17	1	27
	10～30トン						3		4
	30～100トン								
	100トン以上								
	小　計	237	123	34	40	60	49	47	591
小型定置網		13	2	1	1	6	7	6	45
大型定置網				3	1				4
平均漁獲金額（万）		157	169	2647	1015	235	725	214	332

▶表6－16　経営体階層別経営体数

出所：第7次漁業センサス（1983）から作成。

		白糠	小田野沢	尻労	尻屋	岩屋	野牛	石持	小計
総　数		482	74	38	42	86	44	42	808
漁船非使用		248			1	8			257
無動力船		47	1	1		8			57
動力船	1トン未満	93	57	5	7	38	1	28	229
	1～3トン	8	3	1	1	7	1		21
	3～5トン	66	3	17	23	13	16	4	142
	5～10トン	9	1	1	9	2	11		33
	10～30トン	2	1				7		10
	30～100トン						1	1	2
	100トン以上								
	小　計	281	17	25	41	59	37	33	550
小型定置網		9	7	10		10	8	9	53
大型定置網				3	1				4
平均漁獲金額（万）		207	380	6092	2522	302	1888	465	735

▶表6－17　経営体階層別経営体数

出所：第9次漁業センサス（1993）から作成。

		白糠	小田野沢	尻労	尻屋	岩屋	野牛	石持	小計
総　数		477	81	40	40	88	46	35	805
漁船非使用		293	8		1	25			367
無動力船		12	1			4			22
動力船	1トン未満	84	55	10	3	31	3	23	202
	1～3トン	5		3		3			20
	3～5トン	54	5	14	19	10	17	2	121
	5～10トン	13	1	1	13	4	15		46
	10～30トン	6			2		5		13
	30～100トン							1	2
	100トン以上						1		
	小　計	162	61	28	37	48	40	26	402
小型定置網		10	12	8	1	9	5	9	54
大型定置網				4	1				5
平均漁獲金額（万）		168	154	2127	1463	219	1658	477	432

▶表6－18　経営体階層別経営体数

出所：第11次漁業センサス（2003）から作成。

	フノリその他雑海草	コンブ	アワビおよび雑魚	計
大正14	28975（円）	8297（円）	24297（円）	61569（円）
15	24975	21217	28975	75167
昭和2	27492	22250	4875	54617
3	27380	18315	21275	66970
4	22150	1250	21000	44400

▶表6－19　魚種と漁獲量

出所：堀經夫他『青森県尻屋部落経済制度一般』（昭和6年）18～19頁。

年度	数量(kg)	金額(千円)	年度	数量(kg)	金額(千円)
1970	123979	72098（100）	2001	1524707	675461（937）
1980	430385	337952（469）	2002	1904459	698390（969）
1985	651958	479186（665）	2003	1566631	596212（827）
1990	1495396	788899(1094)	2004	1919162	792231(1099)
1995	2029561	865027(1200)	2005	1547369	580168（805）
2000	1785228	646716（897）	2006	1330762	757051(1050)

▶表6－20　尻屋漁協の漁獲高　　(括弧内は指数)
出所：「第59年度尻屋漁協業務報告書」より。

		無動力	3t未満	3～5t未満	5～10t未満	10～25t
所有数		33	79	24	13	3
種類別数	イカ釣	0	0	20	12	0
	一本釣	0	6	24	12	0
	定置漁業	0	2	0	0	3
	その他漁業	33	77	24	13	0

▶表6－21　尻屋漁協での所有漁船

	数量（kg）	金額（円）
イカ	1376687.10	265804754
タコ	131139.30	68799332
サケ	113980.70	40206025
成貝	6011.60	46673151
塩ウニ	1305.54	13382619
干フノリ	21744.90	53109116
干コンブ	187204.40	252321898

▶表6－22　平成19年度尻屋漁協の主要水産物

注：尻屋漁協「第59年度業務報告書」

免許番号	漁業種類	漁業ノ名称
東共第25号	第1種共同漁業	コンブ・ワカメ・アマノリ・フノリ・アカバ・ギンナンソウ・ツノマタ・テングサ・マツモ・ヒジキ・チガイソ・モズク・アサリ・イガイ・クボガイ・タコ・ナマコ・ウニ・ホヤ・エラコ・エゾボラガイ
東共第26号	第2種共同漁業	サケ・マス定置・ヤリイカ・コウナゴ・タナゴ定置・カレイ・ヒラメ・タナゴ底建網・サケ刺網・ソイ・タナゴ刺網・カレイ・ヒラメ刺網・サメ・タラ刺網・タコ篭・アイナメ篭
東定第11号	定置漁業	サケ・マグロ・マス定置漁業

▶表6－23　尻屋漁協の漁業権

注：定置漁業（東定11号）はI・N外8名による（平成20年9月1日～平成25年8月31日）。

漁業の時期はサケ刺網漁業は9月1日～1月31日，サメ・タラ刺網漁業が11月1日～6月30日以外は1月1日～12月31日。サケ・マス小型定置網は4ヶ統以内，サケ刺網は72ヶ統以内。

日付	事項	日付	事項
3月9日（日）	専有地磯廻り（ノニ取り）	5月10日（土）	
⟆	同上	5月16日（金）	第1回目ピロプラズマ予防注射
3月13日（木）	同上	⟆	フノリ摘み
3月18日（火）	岸島神社祭典	5月24日（土）	フノリ摘み（尻屋小学校大運動会）
3月22日（土）	専有地磯廻り（マツモ取り）	5月25日（日）	フノリ摘み
⟆	同上	6月3日（土）	
3月27日（木）	同上	⟆	フノリ摘み
4月5日（土）	専有地磯廻り	6月5日（月）	
4月6日（日）	尻労との入合の磯廻り	6月6日（金）	節句用ウニ取り
4月7日（月）	尻屋小学校入学式	6月7日（土）	同上
4月8日（火）	尻屋幼稚園入園式	6月12日（木）	第2回ピロプラズマ予防注射
4月9日（水）	専有地磯廻り（家族全員）	6月17日（火）	岩屋入合の磯廻り（尻労入合）
4月10日（火）	同上	⟆	同上
4月11日（金）	同上	6月22日（日）	同上
4月15日（日）	淡島神社祭典	7月2日（水）	
4月17日（木）	キッソ赤羽注射	⟆	岩屋：尻労両組合入合の磯廻り
4月21日（月）		7月7日（月）	
⟆	フノリ摘み	7月17日（木）	
4月25日（金）		⟆	岩屋：尻労両組合入合の磯廻り
5月5日（月）		7月22日（火）	
⟆	フノリ摘み	9月15日（月）	八幡神社祭典

▶表6－24　平成20年度磯廻りおよび各団体行事予定表　（平成20年2月1日作成）

免許番号	漁業種類	漁業ノ名称
東共第27号	第1種共同漁業	コンブ・ワカメ・アマノリ・フノリ・ギンナンソウ・ツノマタ・テングサ・マツモ・ヒジキ・チガイソ・モズク・アサリ・アワビ・イガイ・カキ・ウニ・ナマコ・ホヤ・エラコ・タコ・ホタテガイ・クボガイ漁業
東共第28号	第2種共同漁業	サケ・マス・カレイ・ヒラメ小型定置漁業，カレイ・ヒラメ・タナゴ底建網漁業、サケ刺網漁業，ソイ・タナゴ・カレイ・ラメ・サメ・タラ刺網漁業，エボラゾイ篭漁業，カニ篭漁業・アイナメ篭漁業
	第3種共同漁業	イワシ地びき網漁業

▶**表6－25　岩屋漁協の共同漁業権**

漁業期間：サケ刺網漁業は9月1日から翌年1月31日，サメ・タラ刺網漁業は11月1日～翌年6月30日，イワシ地びき網漁業は5月1日～12月31日まで，他は1月1日から12月31日まで。

免許番号	漁業種類	漁業ノ名称
東共第29号	第1種共同漁業	コンブ漁業，アワビ漁業，ワカメ漁業，エラボラガイ漁業，タコ漁業，モスソガイ漁業，ナマコ漁業，ホタテ漁業，ウニ漁業，ホヤ漁業
東共第30号	第2種共同漁業	サケ・マス小型定置網，ヤリイカ・コウナゴ・タナゴ小型定置網，カレイ・ヒラメ・タナゴ底建網，サケ・カレイ・ヒラメ刺網，モスガイ・エラボライガイ篭・タコ篭・アイナメ篭
	第3種共同漁業	イワシ地びき網
内共第35号	第5種共同漁業	コイ漁業・ウナギ漁業
東共第17号	第1種区画漁業	ホタテガイ垂下式養殖

▶**表6－26　野牛漁協の漁業権**

漁業期間：サケ刺網は9月1日～1月31日，イワシ地びき網は5月1日～12月31日，他は1月1日～12月31日，入漁権：東共第31号（石持漁協）と東共第29号の相互入漁権（コンブ漁業）

	数量（kg）	金額（千円）
ババガレイ	30913	24502
サケ	130656	31216
アイナメ	8140	9299
スルメイカ	1974260	544799
タコ	134233	68081
全体の合計	2334054	718490

▶**表6－27　野牛漁協の主要水産物**（2005年）

年度／名前	2004	05	06	07	08	09	10
A	1	2	3	4	5	6	7
B	6	7	1	2	3	4	5
C	2	3	4	5	6	7	1
D	4	5	6	7	1	2	3
E	5	6	7	1	2	3	4
F	7	1	2	3	4	5	6
G	3	4	5	6	7	1	2

（ABC…は人名　1234…は漁場）

▶**表6－28　春定置網順番表**（2004年3月4日抽選）

	1	2	3	4	5	6	7	8	9	10	11	12	13	14	15	16	17	
1		○	○	○	○	●	○	●	○	●	○	●	○	●	○	○	○	
2	○		○	○	○	●	○	●	○	●	○	●	○	●	○	○	○	
3	○	○		●	●	●	●	●	●	●	●	●	●	●	●	●	○	サケ
4	○	○	●		○	○	○	●	○	●	●	●	○	●	●	○	○	
5	○	○	●	○		○	○	○	●	●	●	○	●	●	●	○	○	
6	●	●	●	○	○		○	○	●	●	●	○	○	○	○	○	○	
7	○	○	●	○	○	○		○	○	○	○	○	○	○	○	○	○	
8	●	●	●	●	○	○	○		○	●	○	●	○	●	○	●	○	
9	○	○	●	○	●	●	○	○		○	●	●	●	○	●	○	○	
10	●	●	●	●	●	●	○	●	○		○	●	○	●	●	●	○	
11	○	○	●	●	●	●	○	○	●	○		○	●	●	●	●	○	
12	●	●	●	●	○	○	○	●	●	●	○		○	○	○	●	○	
13	○	○	●	○	●	○	○	○	●	●	●	○		○	○	○	○	
14	●	●	●	●	●	○	○	●	○	●	●	○	○		○	●	○	
15	○	○	●	●	●	○	○	○	●	●	●	○	○	○		○	○	
16	○	○	●	○	○	○	○	●	○	●	●	●	○		○		○	
17	○	○	○	○	○	○	○	○	○	○	○	○	○	○	○	○		

▶表6－29　2007年度漁業種類別行使適格表

注：1：春定置　2：夏定置　3：秋定置　4：底建網（春）　5：底建網（秋）　6：サケ刺網　7：ツブ篭　8：タコ箱・篭（春）　9：タコ箱・篭（秋）　10：アイナメ篭（春）　11：アイナメ篭（秋）　12：タコ縄（春）　13：タコ縄（秋）　14：カレイ刺網（春）　15：カレイ刺網（秋）　16：コウナゴ敷網　17：鉾突

漁業種類	規制・条件
春定置	「突き」には標識を放置し，航行の妨げにならない・「突き」鴨居の長さは90cm以内・輪番参加者は休漁中も行使料を納付する。
夏定置	「突き」には標識を放置し，航行の妨げにならない・「突き」鴨居の長さは90cm以内。
秋定置	妨藻剤は組合の承認した物を使用・「型入れ」と同時に桴標灯を設置・「のし」はおか側150mを終点とする。
底建網（春）	申し込み承認により行使料を納付する・ホタテ放流区域の沖とし，標識よりアンカー頭を200m以上離す・名義の貸借は認めない。
底建網（秋）	申し込み承認により行使料を納付する・ホタテ放流区域の沖とし，標識よりアンカー頭を200m以上離す・名義の貸借は認めない・秋定置網の50m以上の沖側とする。
サケ刺網	1世帯1ヶ統，網の全長は75m以内・申し込み，承認により行使料を納付する。
ツブ篭	1世帯篭200ヶ以内・ホタテ放流区域外とし50m以上離す・「小つぶ」は原則放流する。
タコ箱・篭（春）	1世帯200ヶ以内・「アイナメ篭」行使者はこの間休漁・ホタテ放流区域外とし50m以上離す。
タコ箱・篭（秋）	同上
アイナメ篭（春）	1世帯200ヶ以内・ホタテ放流区域外とし50m以上離す・28cm以下のアイナメは再放流する。
アイナメ篭（秋）	同上
タコ縄（春）	1世帯7伸し以内・免許漁業を妨げない。
タコ縄（秋）	同上
カレイ刺網（春）	1世帯3ヶ統とし，網の長さを200m以内・春定置の鴨居の間を認める・ホタテ放流区域の200m以上離し沖100m以上のおかを認める。
カレイ刺網（秋）	同上
コウナゴ敷網	許可書による・行使料の納付。
銛突	アワビは8月1日～10月31日は禁漁・殻長9cm未満は年間禁漁。

▶表6－30　2007年度共同漁業権行使条件・規制

《共通注意事項》

①全漁業，次のサイズのものは再放流する――ヒラメ：35cm以内，タコ：3kg以内，マコガレイ：20cm以内，アイナメ：28cm未満，混穫したホタテ，ウニ

②重大な違反行為があった場合は，理事会の協議により7日間以内の操業停止および20万円以内の過怠金の徴収

③ホタテ漁業に重大な妨害・損害を与えた場合は100万円以下の過怠金の徴収

④ホタテ放流区には刺網・タコ箱篭・アイナメ篭漁業の行使は禁止

	正組合員	准組合員
大利	1	23
稲崎*	4	1
石持	26	31
計	31	55

▶**表 6 − 31　石持漁協の組合員**
注：＊印は，稲崎地区の石持側に居住している者

免許番号	漁業の種類	漁業の名称
東共31号	第 1 種共同漁業権	コンブ・ワカメ・アワビ・カキ・ホタテガイ・エゾボラガイ・タコ・ナマコ・ウニ・ホヤ漁業
東共第32号	第 2 種共同漁業権	サケ・マス小型定置網・ヤチイカ・タナゴ・カレイ小型定置網・カレイ・ヒラメ・タナゴ底建網・サケ刺網漁業・ソイ・タナゴ・カレイ刺網漁業・エゾボラガイ篭・タコ篭・アイナメ篭漁業

▶**表 6 − 32　石持漁協の漁業権**

	数量（kg）	金額（千円）
ヒラメ	4805	8555
サケ	255726	54011
タコ	37301	15635
コンブ	116516	9244

▶**表 6 − 33　石持漁協の主要水産物**（2005年）

	正組合員	准組合員
白糠	336	99
老部	174	58
計	510	157

▶表6－34　組合員の居住集落

免許番号	漁業種類	漁業の名称
東共第21号	第1種共同漁業	コンブ・ワカメ・アマノリ・フノリ・ギンナンソウ・ツノマタ・テングサ・マツモ・ヒジキ・アワビ・イガイ・クボガイ・タコ・ナマコ・ウニ・ホヤ・エラコ漁業
東共第22号	第2種共同漁業	サケ・マス小型定置網・ヤリイカ・コウナゴ・タナゴ小型定置・サケ刺網・ソイ・タナゴ刺網・カレイ・ヒラメ刺網・サメ・タラコ刺網・タコ篭・アイナメ篭漁業
内共第38号	第5種共同漁業	アユ・ヤマメ・イワナ・ウグイ漁業
内共第39号	第5種共同漁業	アユ・ヤマメ・イワナ・ウグイ漁業
東区第15号	第1種区画漁業	アワビ垂下式・コンブ延縄式養殖業

▶表6－35　白糠漁協の漁業権

魚種	数量（kg）	金額（千円）
サケ	474804	113296
コウナゴ	159226	46968
スルメイカ	1844086	463206
ヤリイカ	18381	27011

▶表6－36　白糠漁協の主要水産物（2005年）

免許番号	漁業種類	漁業の名称	漁業期間
東定第５号	定置漁業	サケ・マス・イカ定置漁業	１月１日～12月31日
東定第６号	定置漁業	サケ・マグロ・ブリ定置漁業	１月１日～12月31日

免許番号	漁業種類	漁業の名称
東共第23号	第１種共同漁業	コンブ・ワカメ・アマノリ・フノリ・アカバ・ギンナンソウ・テングサ・マツモ・ヒジキ・チガイソ・アワビ・クボガイ・タコ・ナマコ・ウニ・ホヤ漁業
東共第24号	第２種共同漁業	サケ・マス・ヤリイカ・コウナゴ・タナゴ小型定置，カレイ・ヒラメ・タバゴ底建網漁業，サケ・カレイ・ヒラメ・カニ・サメ・タラコ刺網漁業，タコ篭・アイナメ篭・カニ篭漁業

▶表６－37　尻労漁協の漁業権

注：漁業期間:サケ刺網漁業は９月１日～１月31日，カニ刺網漁業は４月１日～12月31日，サメ・タラ刺し網漁業は11月１日～６月30日，カニ篭漁業は４月１日～12月31日。

魚種	数量（kg）	金額（千円）
マグロ	48842	91595
ブリ	362305	70071
サケ	346868	82145
スルメイカ	283084	61982

▶表６－38　尻労漁協での主要水産物

免許番号	漁業種類	漁業の名称
東区16号	第１種区画漁業	アワビ垂下式養殖業・コンブ・ワカメ延縄式養殖業

▶表６－39　小田野沢漁協の漁業権

注：漁業期間は１月１日～12月31日。

	数量（kg）	金額（千円）
ヒラメ	24177	27517
サケ	123264	41879
アワビ	2153	25100
コンブ	23939	28421

▶表６－40　小田野沢漁協の主要水産物（2006年）

免許番号	漁業種類	漁業の名称	漁業期間
東定４号	定置漁業	サケ・マグロ・イカ定置漁業	１月１日～12月31日

免許番号	漁業種類	漁業の名称	場所
内共第36号	第５種共同漁業	コイ・ウナギ・ワカサギ・スジエビ漁業	大沼
内共第37号	第５種共同漁業	同上	左京沼

▶表６－41　猿ヶ森漁協の漁業権

注：漁業期間は１月１日～12月31日。

類	項 共同漁業権区域（番号）	因子（特性） 利用する漁協	
沿岸部	29・30号	石持・野牛	漁民の共同性
	31・32号	関根浜・石持・野牛・岩屋・尻屋	
	27・28号	岩屋	
	25・26号	尻労・岩屋・尻屋	
	23・24号	尻労・猿ヶ森	
	21・22号	小田野沢・白糠・猿ヶ森	

▶表６－42　共同漁業権区域の多配列的分類

第Ⅲ部

漁撈社会における〈個と共同性〉

第7章　漁業集落における〈個と共同性〉(1)

――尻屋の村落組織と漁協――

はじめに

本章では下北半島の一漁村である尻屋集落での村落組織を紹介することによって，次章での漁業集落での重層的，多元的な〈個と共同性〉を論じる素材としたい。いうまでもなく，漁業集落は漁業を生業とし，多くの場合はそこに漁業協同組合（以下，漁協と称す）またはその支部が存在している。そして組合員はその組合に免許されている共同漁業権区域での漁業を行うが，この漁協と集落の関係性については，前章でも若干言及したが，従来は両者が相互に独立して併存するか，あるいは一方が他方を溶解すると想定されていた。しかし，共同漁業権区域という視点からの漁協，あるいは漁民の共同性も展望できるかもしれない。

もちろん，当該集落を超えた市町村域を包含し，近年合併した漁協である場合と，1集落1漁協の場合とでは，自ずからその性格や関係性は異なることはいうまでもない。後者の場合，藩政期からの集落を単位とした漁協が多く，集落構成員と漁協組合員の重なりの度合いは高いことが予想される。したがって，組合員資格は水産業協同組合法での規定とは異なった制約を設けている場合もあり得よう。その制約は多くの場合は当該集落に限定される慣習・慣行によるところが大きく，しかも組合員資格とともに共同漁業権行使規則もそういった慣習・慣行に委ねられることが多い。そうであれば，当該漁協に免許された共同漁業権区域での操業はその組合員に限定されているのであるから，共同漁業権の行使は概ね慣行・慣習に委ねられているともいえよう。

こういった慣行・慣習による権利行使という点では，入会権（民法234条・256条）も同じであろう。このような場合の慣行・慣習は漁業権や入会権の行使にのみ限定されているわけではなく，当該集落の構造や仕組み，あるいは祭祀組織や年齢集団などに深く関与している場合が多い。それ故に，社会的・経済的状況の変化にもかかわらず，あるいは，こちらの場合がむしろ多いであろうが，その状況の変化に対応しつつ，その慣行・慣習が存続している。法も社会的・経済的状況の変化と無縁ではないとすれば，ここに法と慣行・慣習の関係性が表出してくることになろう。入会権の場合は法が認めた慣習・慣行が入会権行使の変化をもたらし得るが，共同漁業権の場合はそういった規定は漁業法にはない。それ故，慣習・慣行が漁業権の種別や権利主体の形式的資格等を変更することはないが，その執行段階で大きく関与し，結果としては法を飼馴化していく場合もあるし，逆に法が慣習・慣行を規制していく場合も想定される。

しかし，このような入会権や共同漁業権をめぐっての法と慣行の相互関係は，その権利者の範囲や資格，当該の権利の態様に最も明瞭に現れてくるのではないだろうか。前者が集落の構成員性と深く関与しているとすれば，後者は総有の態様として現れてくる。この総有の態様については，本稿は次の石井良介の「風呂敷理論」に示唆されるところが大きい。

「村は風呂敷，村民は糸である。風呂敷は糸以外の何ものでもないが，それが一定の形に織られると風呂敷になる。風呂敷はたんなる糸とちがって，一定の機能（物を包むという）を果たすことができる。同じように，村民はばらばらでは自治体として機能できないが，一定の形で村に組織されると，総村民が一つの自治的団体になるのである。この意味で，村は総村民と同じといえる。そこで，風呂敷が包んだ物は，実は風呂敷の糸が包んだ，といえるように，村持の土地は同時に総村民（当時「総村持」と呼んだ）の土地だったのである。……このように村持の土地すなわち村の所有地は同時にまた村民の総有地でもあったであるが，こういう考え方は，ローマ法的な法人の観念とは大いに異なる所である[1]。」

総有については，従来は農村社会学や農業経済学において，最近ではコモンズ論との関係で環境社会学や民俗学でも盛んに取りあげられているが，その意味するところは，法律学とかなり異なることは指摘されていた[2]。法律学あるいは法社会学では，入会集団の構成員と村落居住者のズレ[3]，あるいは入会地と各構成員の田畑・宅地（私有地）の区分は明確であるが，農村社会学では私有地を含めた村落全域の土地を「ムラ産」と呼んだり[4]，ムラ全域の土地に「総有の網がかぶされている[5]」とし,「地域社会住民が総体としてもつ権利」を「総有権」と称している[6]。他方では法社会学の総有権に関しても，川島武宜とは異なった戒能通孝の入会権論からの視点も考慮すべきであるという指摘もある[7]。

いずれにせよ，そういったコモンズ論と交錯する論点をも念頭におきながら[8]，本章第1節では対象集落である尻屋の概況，特に部落会や通婚圏を中心に述べ，第2節では尻屋集落での入会集団と年齢集団の様相を述べる。特に年齢集団としての三餘会の規程から漁協との結びつきを示す。第3節ではその漁協について述べる。次章では本章の記述を前提として，「尻屋村制」以後の規約の変化をたどるなかで，当地の〈個と共同性〉を考察する。

1 尻屋集落の概要――部落会と人口・通婚圏

尻屋は典型的な集村形態をとっており，集落は太平洋と津軽海峡境に突出した尻屋崎の太平洋側の海岸段丘面に広がっている。かつて宮本常一は尻屋について「岬の東側，桑畑山のかげにあった。1つの隔絶された世界であったが，冬の西風をさけ，前にひろい海をひかえた浦である[9]」と述べていた。この言葉には尻屋のおかれてきた状況と可能性が言い表されている。もともと，この集落は大正期に尻屋崎で座礁した船舶の船員が約1ヶ月ほど当地に滞在した時の見聞録，特にコンブ採取方法とその収入を「村内拾五才以上の男子全員[10]」に平等に配分することに関心をもった船長が，その見聞を大阪毎日新聞に掲載した。このことによって，当地の地名が広く知られるとともに，そのコンブ採取方法から「共産部落」とも命名され，戦前から中川善之助氏をはじめとする多くの研究者が調査を試みてきた[11]。

戦後，尻屋を含む下北地方は再三言及したように，1963年と64年の2年間にわたって九学会下北連合調査の対象地であった。この調査に日本社会学会から参加していた竹内利美は，これ以前から当該地の調査を継続していたこともあり，九学会連合調査の報告書[12]とは別に『下北の村落社会』（以下,「下北」と称す）を刊行し，当地域の産業構造と村落組織をその歴史的背景をも踏まえて論じている。特に尻屋については詳細な調査報告を掲載し，戦前から調査時までの変遷と当時の様子を記している。

▶**尻屋集落の風景**（2012年９月撮影）

尻屋では戦前のようなコンブ採取とその収益の配分方法は「下北」当時にはすでに見られなかった。そもそも尻屋の昆布は昭和３（1928）年の駒ヶ岳噴火による「磯焼」で壊滅したと言われている。その後このコンブ採取の方法はワカメ採取方法に継承されたが，長くは続かなかったようであり，「下北」においても「平等配分は個別配分に比べて，二割くらい減産になり，また配分の実際に手数がかかりすぎ，日没後に及ぶのが常であった。そのため組合員の不平も多く，ついに総会の決議で，この配分方法を全廃し，個別配分になったのである。いわゆる「尻屋共産制」はすでに全くの昔語りである。[13]」と記されている。

しかし，集落と漁業組合の一体化の傾向は継続していたようであり，集落での「居住権は漁場の享有権と相即していた。そして昭和初年には三三戸に固定され，土地の共有ともそれは相関していた。戦後は三四戸の旧権利戸（イカ船出資者）が，戸数増加の事態を抑止しえないまま，一応部落集団から離れて「土地保全会」を結成して，自衛措置に出たが，漁業協同組合は法の規制もあって，やや範囲がひろく，新分家の若干を加えて，三九戸として新しい制度のもとに再発足した[14]」と記されている。

この記述は1960年頃の様子であるが，現在でも当地では「尻屋部落会」と尻屋漁業協同組合（以下，尻屋漁協と称す），「尻屋土地保全会」は併存している。「部落会」は現在は正会員39戸と准会員10戸から構成されており，正会員の大部分は漁家，准会員は全戸が非漁家である。両者の差異は会費（正会員は6万円，准会員は3万円）と各種役職への就任如何であり，准会員は会長や輪番伍長などの役職にはつかない。この部落会正准会員の各戸と部落会未加入戸1戸が旧来の当地域内での家であり，以下で述べる「尻屋土地保全会」や「三餘会」等もこれらの家々（全てではないが）の成員から構成されているので，本稿でもこれらを対象としていく。

最初に当地での人口と戸数（世帯数）の推移を見ておこう。**表7－1（→章末218頁）**は町村制施行期以来のそれらの推移を示したものである。昭和38（1963）年から世帯数が急増しているが，これは集落周辺の山林から昭和27（1952）年に日鉄鉱業が石灰石を採掘し始め，昭和54（1979）年にはその隣接地区に東北開発株式会社（現三菱マテリアル）が青森セメント工場を建設し，その社員寮が行政上の尻屋地区内に建設されたことによるものである。したがって，この数字には上記の49戸以外の家々の世帯数が加算されている。

旧来の49戸の通婚圏を表示したものが**表7－2（→章末218頁）**である。当地での村内婚率は33．8％である。「下北」では74.2％であったので，確かに村内婚率は低下してきているが，それでも決して低い数字ではない。宮本常一の言う「一つの隔絶された世界」という説明はこの村内婚率からも類推されるであろう。他方で，東通村内からの婚入者率，下北郡内から婚入者率を見てみると，双方とも増加してきており，特に後者の増加が著しい。尻屋内からの婚入者率の低下をこの両者での増加が補っているとも言えるが，それでも下北地方以外からの婚入者数が現在においても少ないことは，前章でも引用したが，「下北は半島というよりも，むしろ島といった方がよい[15]」との印象を裏付けるものであろう。

2　尻屋土地保全会・三餘会

既述のように,「尻屋部落会」と尻屋漁協,「尻屋土地保全会」(以下,「土地保全会」と称す)は併存することになったが，その結果，部落会の影響力は大きくそがれることとなった。その理由は「財産がないから」と説明されていたが，実際「部落会館」や「漁協事務所」の土地も「土地保全会」からの借地である。「土地保全会」の構成戸数は昭和初年と同じ33戸であるが,昭和7(1932)年に最後の1戸が追加され34戸となった。その後1950年代後半に1戸が脱退し，33戸に戻った。

現在「土地保全会」は約250町歩の山林原野を所有しているが，集落周辺のその一部の山林で日鉄鉱業による石灰岩の採掘を認め，三菱マテリアルによる青森セメント工場の建設地を貸与している。これらの企業からの採掘権料や賃貸料が毎年土地保全会に入ってきており，それらは各会員に毎年配分されている。他の山林原野の手入れは東通村森林組合に依頼している。現在「土地保全会」は自らの事務所を漁協事務所の隣に構え,専属の事務員を1名おいている。

1950年代に「土地保全会」を脱退した1戸はその後当地から他出したが，その脱退理由は以下のような事情であった。当時の当該戸の当主が「土地保全会の権利を借金の担保にした」ので，その「権利」が「土地保全会」外に移譲される可能性が生じた。そこで,「保全会がその借金を支払い，その家が保全会から脱退することになった」。こういった経緯は下記の昭和26(1951)年当時の「尻屋土地保全株式会社規則」3条と4条[16)]とも適合しており，これらの経緯を踏まえると，この「土地保全会」を「入会集団」として見なすこともできる。ちなみに，同規則の9条では後述の「尻屋三餘会」への入会も規定されていた。

「　第3条　本社の社員は昭和26年度まで部落共有権利者であった三十四名である
　　第4条　社員にして退社せんとするものは賃貸借価格にて権利を社に譲渡する事
　　第9条　社員の家族にして定年に達したものは必ず三餘会に入会すること　」

部落会の正会員38戸のうち37戸は漁家であり，これらから漁協組合員が輩

▶尻屋漁協・尻屋土地保全会・尻屋部落会（2012年9月撮影）

出されているが，漁協については後で述べることにして，ここではこの漁家の「跡取り」から構成されている「尻屋三餘会」について記述していく。これは明治期以前の「若者連中」であり，明治24（1891）年に「尻屋青年会」に組織変えをしたが，同44（1911）年に「三餘会」と改名した。その経緯については以下のように記されている。[17]

「古来当村ニ若者連中ト称セシモノアリ，明治二十四年是レガ組織ヲ改メテ尻屋青年会ト称シ，同四十四年一月一日更ニ尻屋三餘会ト改称スルニ至レリ，三餘会ナル名称ハ時ノ下北郡長林武蔵氏ヨリ優良青年会トシテ表彰セラレ，同時ニ古言ニ則リ，年中ノ余時ハ冬ニ在リ晴天ノ余リハ雨天ナリ昼間ノ余時ハ夜間ナリ，此ノ三ツノ余暇ヲ利用シテ修養ヲ努メヨトノ意ヲ以テ命名セラレタル始マレリ」

三餘会の会員は現在は26名であり，独自の三餘会館（会場）も維持している。会員資格は以下のように三餘会会則に規定されている。この第三条の規定からも知られるように，「三餘会」会員は男のみであり，16歳から42歳までの年齢集団である。しかし，実際には現在は中学校卒業後に高校に進学する者がほとんどであるので，高校卒業後に会員となることが多い。また，この42歳を過ぎ「三餘会」から脱退した者は，各戸の当主となり，以前であれば戸主会，現在では部落会に出席することになる。しかし，ここでも実際は退会後ただちに当主に移行するとは限らない。したがって42歳以上で「三餘会」会員である者が生じることになるが，彼らは「特別会員」(会則第4条) とされている。

「第三条　本会は，尻屋に居住する男子のうち義務教育を終了した者で四十二歳以下の者を以て組織する。
一、　尻屋漁業協同組合員及びその家族であって，義務教育を終了した男子は本会に入会するものとする。中途で退会しようとする者は正当な理由なくして退会することはできない。
第四条　会員であって定められた年齢を越えた時は特別会員とする。」

三餘会の役員としては，会長1名，副会長1名，相談役1名，理事2名，幹事2名，監事1名，評議員5名がおかれている。これらの任期は幹事は1年，それ以外は2年であり，18歳以上の会員によって選出される (会則第6条，第9条) が，会長のみは21歳以上の会員が被選挙権を有する (附則1条)。役員報酬も附則43条に規定されている。この報酬を含めた三餘会の維持費は会員からの会費によってまかなわれているのではなく，「財産より得た収益及び各会員が労働によって得た収益をこれにあてる」(同16条) とされている。この「財産」としては東通村蒲野沢の土地2町歩，東北電力の株券 (約50万円) があげられていた。さらに尻屋の前浜のなかの「三餘会専用の浜」(後述) での会員とその妻によって年1回採取されたフノリの販売代金，三餘会会員の行う能舞による祈祷料等が「維持費」とされ，年間約250万円の予算とされている。

三餘会会則第三条で会員は「尻屋漁業協同組合員及びその家族」であると明記されていたが，以下の会則や附則からも，三餘会と漁協との結びつきの強さがうかがわれるであろう。しかし，ここで注目したいのは，会則第三条での「尻屋漁業協同組合員及びその家族」という規定からすれば，長男だけでなく次三男であっても入会できることになる。しかも，附則第26条では「正会員一戸より二名以上の場合は，海産事業及び特殊の事業の外，会計見計らいの上，一

▶三餘会会場（2012年９月撮影）

名だけは不参加を認める」としており，ここでも１戸につき複数の会員が想定されている。しかしながら，事実上は三餘会会員は各漁協組合員の家の「跡継ぎ」（長男）に，すなわち１戸１名に限定されている。このことは当地の社会構造を考えるうえで，大きな留意点であることは間違いない。

もともと当地では年序的集団が組織され，男性は子供組から三餘会を経て，戸主会（部落会），さらには隠居（インキョジサマ・72歳以上）へと年齢や各戸での地位の変遷とともに属する集団も移行していくし，女性の集団も同様な階層制としてメラサド・アンネド・婦人会・婆連中が成立していたとされている[18)]。現在ではこれらの年序制は大きく崩れてきており，女性の場合ならばメラサドはなく，小正月に各戸をまわり「餅つき踊り」を見せる「姉連中」（既婚者で42歳まで）・毎月１回公衆トイレ等を清掃する「婦人会」（既婚者で50歳まで）・毎月１，２回寺の清掃を行っている「老婆連中」が存続している。そのなかでこの三餘会だけは従来の慣行を比較的維持してきており（「三餘会」会長談），会則上も漁協や部落会との連携を保持している。例えば，下記の会則第21条，附則第６条，33条・39条・40条・41条において示されているように，会員はフノリ採取時や土地保全会の「共有林」の監視役をつとめるし，高校進学者には奨学金も授与している。さらに，三餘会とは別組織である尻屋青年団（15～28歳）にも毎年寄付することが定められている。

「三餘会会則

第二十一条　本会は，尻屋部落会及び漁業協同組合の諮問に応じ，又は必要と認める事項に関して，建議をする事がある。」

「三餘会附則

第六条　本会は，保全会より共有林の監督を委任され，山林取締役二名を選出する。任期は二年とする。ただしその役員はすべての役員を兼務する事ができる。

第三十三条　本則第二十条第二項に準じて，当部落から上級学校生に対して奨励の為，各学校進学ごとに一名ごと金五千円以上を給付する。

第三十五条　本則二十条第二項に準じて，本部落青年団に修養費として毎年一万円以上を寄付するものとする。

第三十九条　組合から春磯及び秋磯等の吟味方を依頼された場合，磯吟味方二名を選任する。

第四十条　夜磯の吟味は，正会員の者を以て取締りに任ずる。ただし会長並びに漁業組合理事の命による事。

第四十一条　磯時に禁制物を採取し，又は持ち帰った者のある時は，現品取上げの上，五千円以上の違約金に処する。又，違約程度の軽重に応じて総会の決議を経て処決する。」

3　漁業協同組合

東通村では８漁協，１内水面漁協が存立している。近年同村内の漁協の合併問題の推移については前章でも言及したが，平成19（2007）年に「東通地区漁協合併協議会」は解散した。その後は一部の漁協が近隣漁協との合併を模索している段階である。尻屋漁協では現在までのところ，近接する岩屋漁協との合併については一部では話題になるようであるが，そのための話し合いが始まっているわけではない。そもそも岩屋漁協と尻屋漁協は隣接しているが，前章でも言及した年間の漁獲高だけでなく，その抱える負債，組合員の出資金なども異なっており，単純に合併にむけて始動できる状態ではないのであろう。

村内８漁協のなかには複数の集落居住者を組合員としている漁協もあるが，尻屋漁協組合員は尻屋集落居住者のみから構成されている。というよりは，組合員を輩出する居住戸が制約されており，平成21（2009）年現在は37戸である。しかし，ここでは１戸１組合員方式をとっていないので，この37戸のなかには複数の組合員を出している家もある。現在は74人が正組合員であり，准組合員はいない。

この37戸は旧来の33戸（「土地保全会」構成戸）とそこからの分家を含んだものである。現在のようにこの37戸から複数の組合員を輩出するようになったのは，昭和40（1965）年頃であったとされている。昭和43（1968）年９月に漁協職員となったＡ氏（昭和23年生）が当漁協の最初の「専門的な」職員であった。Ａ氏は尻屋出身で長男であったが，「船酔い」が激しいので，漁業には従事するつもりはなかったという。そこで，当時の漁協組合長の依頼で，高校卒業後に１年間は首都圏の「全国漁業協同組合学校」で学び，その後に当漁協の職員として採用された。

Ａ氏によれば，採用された当時は「年配の教員退職者が事務を行っていた」ので，組合業務は滞りがちであったという。昭和43（1968）年当時はすでにそれまでの「40人正組合員体制」から「40漁家60人正組合員体制」に移行していた。すなわち，それまでは１漁家１組合員方式で40漁家に組合員は制限されていたが，「県の指導によって」組合員を増加させ，出資金を増やす必要がでてきた。そこで60人までに正組合員を増やすことにしたようであるが，Ａ氏によると「60人というのは当時の漁家の跡取りを加入させた結果ではないか」と言われている。

しかし，その後もしばらくは「跡取りは『准組合員』扱いであった」。すなわち，当時の漁協役員改選の時に，選挙管理委員会が「無効票」とした投票用紙があった。その理由を職員であったＡ氏が問うと，「跡取りの名前が記されていたから」と言われたという。この点についての明文の「規定」はなかったが，このことは事実上「跡取り」は被選挙権のない「准組合員扱い」とされていたことになろう。

60人という人数制限は，その後もしばらくは継続し，60人のうち死亡者や脱退者が生じた場合のみ欠員を補充していたようである。その補充方法は年齢順であったという。A氏によれば，1名欠員となった時に，2名の「跡取り」である同年齢の有資格者がいたが，結局は生年月日が早いほうの1名のみを正組合員として認めたという。

この60人という制約は昭和51（1976）年頃からこだわらなくなっていったようである。但し，1漁家から複数の組合員を輩出する場合でも，同居する兄弟が同時に組合員となることはない。これは漁協が規制しているわけではないが，当地では「簡単な手伝いを別とすれば」兄弟で操業することはないからであろうと言われている。他方で，同居する父子の2人，あるいは祖父，父，子（孫）の3人が同時に組合員となることもある。この場合の子や孫は各戸の「跡取り」やその予定者である。そして，祖父や父が死亡後はその出資金はそのまま子や孫の出資金として加算されることが多かった。

さらに，同じ頃にA氏が「組合員資格審査委員会」を設置した。同委員会の構成を，組合員から選出された3名，三餘会会長，「漁業研究会」からの1名とした。この「漁業研究会」は，各漁家の「跡取り」から構成されている組織であり，現在は30名が属している。この委員会の設置はそれまでの60人体制からの移行に伴って必要となったものであろうが，その委員に三餘会会長を加えたのはA氏であった。この委員会に三餘会や「漁業研究会」が参画していることは，各戸の「跡取り」の意見の比重が大きいことを意味してよう。

表7－3（**→章末219頁**）は昭和49（1974）年からの組合員数の推移であるが，准組合員は一時的に生じているにすぎない。これらの准組合員は夫が非漁業に従事している妻であった。このように准組合員は例外的現象であったが，役員選出に際しては各戸の当主（「跡取り」ではなく）のみが立候補していることは，先のような「跡取り」の「准組合員扱い」は実質的には現在も継続しているとも考えられるかもしれない。しかし，ここで留意したい点は，当主と「跡取り」，「跡取り」とそのキョウダイという家内的区分が漁協組合員資格や組合員の区別等と連動しているということである。

さて，当漁協の漁獲高や共同漁業権については前章で述べたが，ここでは行論に必要な範囲で再度共同漁業権や入漁権等について論じよう。当漁協に免許されている共同漁業権は「東共第25号」（第1種共同漁業），「東共第26号」（第

2種共同漁業）であり，他には9名の組合員が「東定第11号」（定置漁業）の免許を受けている。「東共26号」のサケ・マス小型定置網漁業については4ヶ統以内，サケ刺網漁業では72ヶ統以内の免許を受けている。

ここの共同漁業権区域は尻屋岬崎の両側に，太平洋側と津軽海峡側に開く形で広がっており，隣接する岩屋漁協や尻労漁協の共同漁業権区域に比しても広い。それ故，藩政期からこの両集落と尻屋集落の間では操業範囲をめぐって争いが生じていた。現在では，当漁協の区域内への岩屋・尻労漁協の入漁権を認めるという形で決着している。尻労漁協の場合は，尻屋漁港の建設によって漁場が狭くなったということもあり，その後で現在のように年2回，尻屋漁港から尻労との境界線までの沿岸部での入漁がなされている。岩屋漁協による入漁はより複雑であり，年3回に分けて行われているが，装具についても一定の取り決めを行っていることは前章でも述べた通りである。かつてこの岩屋漁協の入漁を認めるに際して，岩屋集落の有していた約72町歩の土地での用益権を尻屋集落は獲得していた。最近この約72町歩の登記をなしたが，それは漁協ではなく「土地保全会」名義による登記であった。

現在の尻屋漁協での主たる魚種はイカである**表7－4・5**（**→章末219頁**）。組合員の多くはイカ釣りに従事しているが，現在イカ釣りは「昼イカ」が中心である。従来「イカ釣り」は夜の操業が多かったが，尻労漁協での「昼イカ」操業が行われ始めると，当地でもその方法を採用してきた。イカ釣りは毎年6～9月頃が盛期であるが，「青森県イカ釣り協議会」の取り決めによって，毎週土曜日は休業日としている。船には親子で乗船する場合と単独で操業する場合がある。既述のように，兄弟が同じ漁船で操業することはない。さらに，最近では「定休日」として，これ以外の尻屋漁協独自の「定休日」[19]を決めている。このような「定休日」の設定は，資源保護だけでなく，若者層の漁業への従事の促進にも寄与しているという。

当地での往年の「共産部落」との名称をもたらしたのはコンブの採取・配分方法であった。そのコンブ採取は現在も行われているが，その方法はかなり異なっている。コンブについては，毎日午前8時45分から午後3時までの間，前浜のゲートが開けられるので，組合員とその家族であれば誰でもが，その前浜でコンブを採取（コンブ拾い）できる。採取したコンブは各戸の乾燥室で乾燥させてから出荷する。

フノリ採取については前章でも説明したが，前浜を７区に区分して，漁協役員と三餘会役員が相談して順次口あけ日を決めていく。各組合員とその同居家族が採取権を有しており，各人の採取場所の目印となるとともに，用具等をおく場所にもなる「石」はそれぞれ各人２個に限定されている点を指摘しておきたい。

前浜のなかには既述の「三餘会の浜」があるが，ここは組合員が採取することはない。アワビは毎年春に３～４回，秋に２回ほど資源調査を兼ねて採取される。比較的浅い海では「漁業研究会」と他の７名が潜って採取しているし，沖合は潜水業者に依頼している。さらに，ウニは漁船での「タモとり」と磯での採取が行われる。漁船での採取は年２回程度，各２時間であるが，磯での場合は年数回，各戸１名がカゴを持参して採取する。磯で採取されたウニは，最後には全部を合算して各戸に等分するという。ウニのこの等分方法はかつてのコンブ採取後の分配方法を想起させるものである。

このようなコンブ，フノリ，アワビ等の採取は「磯まわり」と呼ばれているが，「尻屋の磯は三餘会の磯」と言われているように，これらの採取への三餘会の関与の度合いは今も大きい[20]。最後に上記で述べた部落会と「土地保全会」，三餘会，漁協組合員を表示したものを掲載しておこう表７－６（→章末220～221頁）。

1） 石井良助「山梨県山中部落の入会権」法学協会雑誌86巻１号（1969年）20～21頁。
2） 菅豊「平準化システムとしての新しい総有論の試み」寺嶋秀明編『平等と不平等をめぐる人類学的研究』（ナカニシヤ出版，2004年）240～273頁。
3） 川島武宜「『ゲルマン的共同体』における『形式的平等の原理について』」『川島武宜著作集第八巻』（岩波書店，1983年）49頁。
4） 川本彰『日本農村の論理』（龍渓書舎，1972年）138頁。
5） 鳥越浩之『家と村の社会学』（世界思想社，1985年）99頁。
6） 鳥越浩之『環境社会学の理論と実践』（有斐閣，1997年）69頁。
7） 楜沢能生「法律学からの応答」『社会的共通資本・コモンズの視角から市民社会・企業・所有を問う』（早稲田大学21世紀COE《企業法制と法創造》総合研究「基本的法概念のクリティーク」研究会，2008年），97頁。
8） コモンズ論への法律学・法社会学からの応答としては，鈴木龍也他編著『コモンズ論再考』（晃洋書房，2006年），「コモンズと法」法社会学73号（有斐閣，2010年）がある。
9） 宮本常一『私の日本地図　下北半島』（同友館，1967年）130頁。
10）「日本海軍の特務艦労山丸四千七百屯は，大正十一年六月十四日，尻矢崎燈台の南

六百米の暗礁に擱坐した。船長以下乗務員三十五名は，全員無事に尻屋村に避難して，善後処置のために一と月程も滞在した。恰も尻屋村の昆布採りに際会したが，同所の昆布採りには全戸浜に下りて，男は海に舟を浮べ長い棹で昆布を巧みに搦み採り，女達はそれを海岸に並べて乾かし，乾上がった昆布は一括して入札払とする。そして総収入を村内拾五才以上の全員に頭割にする。当日村に居残った漁業組合の書記，学校の先生，寺の僧侶にも壱人分を給与される。昆布収入は欺く均分されるのだが，労山丸の乗組員は之を見て，今の世に寔に珍しい事と感嘆し」た。笹澤魯羊『東通村誌〔改訂再版〕』（下北郷土会，1964年）134頁。

11）中川善之助「尻屋部落」『法学協奏曲』（河出書房，1937年）334頁以下，堀經夫他『青森県尻屋部落経済制度一般』（仙台財団法人斉藤報恩学術研究総務部出版，1931年），田村浩『農漁村共産体の研究』（泰文館，1931年），山口彌一郎「本州最北端尻屋崎附近の集落」地理学５巻８号（古今書院，1937年）115頁以下。

12）九学会連合下北調査委員会『下北——自然・文化・社会』（平凡社，1967年）。

13）竹内利美『下北の村落社会』（未來社，1968年）528頁。

14）竹内・前掲注13）書520頁。

15）同上47頁。

16）同上538頁。

17）同上549頁。によれば，「尻屋三餘会会則（昭和十三年三月改定）」にこの沿革が記されている。

18）竹内・前掲注13）書502頁。

19）参考までに，尻屋漁協が定めた平成21（2009）年度の「定休日表」を表７－７（→章末222頁）に掲げておく。

20）このことは前掲の「三餘会」附則39～41条にも表れている。

<table>
<tr><td rowspan="2">年
西暦</td><td>明治22</td><td>昭和12</td><td>昭和38</td><td>昭和55</td><td>平成2</td><td>平成12</td><td>平成18</td></tr>
<tr><td>1889</td><td>1937</td><td>1963</td><td>1980</td><td>1990</td><td>2000</td><td>2006</td></tr>
<tr><td>戸数*</td><td>29</td><td>48</td><td>106</td><td>200</td><td>165</td><td>133</td><td>105</td></tr>
<tr><td>人口</td><td>229</td><td>478</td><td>577</td><td>764</td><td>600</td><td>447</td><td>412</td></tr>
</table>

▶表7－1　戸数（世帯数）と人口

注：1963年以降の「戸数」は「世帯数」。

<table>
<tr><td rowspan="2">県名</td><td rowspan="2" colspan="2">市町村名</td><td rowspan="2">集落名</td><td colspan="3">2008年</td><td colspan="2">1958年</td></tr>
<tr><td colspan="2">実数</td><td>比率(%)</td><td>実数</td><td>比率(%)</td></tr>
<tr><td rowspan="20">青森県</td><td rowspan="16">下北地方の市町村</td><td rowspan="11">東通村</td><td>尻屋</td><td>21</td><td>21</td><td>33.8</td><td>69</td><td>74.2</td></tr>
<tr><td>尻労</td><td>3</td><td rowspan="10">19</td><td rowspan="10">30.6</td><td rowspan="10">20</td><td rowspan="10">21.5</td></tr>
<tr><td>古野牛</td><td>2</td></tr>
<tr><td>鹿橋</td><td>4</td></tr>
<tr><td>岩屋</td><td>1</td></tr>
<tr><td>桑原</td><td>1</td></tr>
<tr><td>石持</td><td>3</td></tr>
<tr><td>小田野沢</td><td>2</td></tr>
<tr><td>稲崎</td><td>1</td></tr>
<tr><td>入口</td><td>1</td></tr>
<tr><td>砂子又</td><td>1</td></tr>
<tr><td rowspan="5"></td><td>大間町</td><td>4</td><td rowspan="5">14</td><td rowspan="5">22.2</td><td rowspan="5">2</td><td rowspan="5">2.1</td></tr>
<tr><td>旧大畑町</td><td>3</td></tr>
<tr><td>旧風間浦</td><td>1</td></tr>
<tr><td>旧脇野沢</td><td>1</td></tr>
<tr><td>旧むつ市</td><td>5</td></tr>
<tr><td rowspan="4" colspan="2"></td><td>野辺地</td><td>1</td><td rowspan="4">5</td><td rowspan="4">8</td><td rowspan="4">1</td><td rowspan="4">1.1</td></tr>
<tr><td>津軽</td><td>2</td></tr>
<tr><td>八戸</td><td>1</td></tr>
<tr><td>十和田</td><td>1</td></tr>
<tr><td>県外</td><td colspan="2"></td><td>岩手県</td><td>1</td><td>1</td><td>1.6</td><td>1</td><td>1.1</td></tr>
<tr><td>不明</td><td colspan="2"></td><td>不明</td><td>3</td><td>3</td><td>4.8</td><td></td><td></td></tr>
<tr><td colspan="3">計</td><td></td><td colspan="2">64</td><td>100%</td><td>93</td><td>100%</td></tr>
</table>

▶表7－2　尻屋出身者の配偶者（婚入者）の出身地

注：1958年の数字は竹内利美「下北の村落社会」より。

年度	●	▲	◎	年度	●	▲	◎	年度	●	▲	◎
1974	60	0	3	1986	67	0	5	1998	80	0	6
1975	60	0	3	1987	70	0	5	1999	82	0	6
1976	60	2	3	1988	71	0	5	2000	81	0	6
1977	58	2	3	1989	73	0	5	2001	79	0	6
1978	58	2	3	1990	74	0	5	2002	81	0	6
1979	64	1	3	1991	75	0	5	2003	81	0	6
1980	67	1	3	1992	75	0	5	2004	78	0	6
1981	67	1	4	1993	73	0	5	2005	80	0	6
1982	68	0	4	1994	72	0	5	2006	79	0	6
1983	68	0	4	1995	74	0	5	2007	79	0	6
1984	68	0	5	1996	77	0	6	2008	78	0	6
1985	69	0	5	1997	76	0	6	2009	74	0	6

▶表７－３　組合員数の推移

注：●は正組合員，▲は准組合員，◎は職員。

品目	取り扱い高（円）
イカ	292,045,511
タコ	69,044,548
サケ（定）	53,186,870
生鮮魚小計	584,161,115
貝類	24,800,094
海草類	315,578
干フノリ	18,882,677
干コンブ	44,171,568
その他	15,878,435
合計	688,209,467

▶表７－４　2008年度魚種別水揚げ高

出所：第60年度業務報告書：尻屋漁協。

漁業種類	経営体数
イカ釣漁業	38
一本釣り業	
採貝藻漁業	
その他漁業	
定置漁業	1
合計	39

▶表７－５　2008年度漁業種類別経営体数

出所：第60年度業務報告書：尻屋漁協。

家番号	主のWの出身地	三餘会員	跡取りの続柄	その配偶者出身地	部落会の正・準	土地保全会	漁協組合員数
1	尻屋				準		
2	むつ市	○	1M	むつ市	正	○	2
3	東	○			正	○	2
4	津軽				準		
5	尻屋	○	1M	東	正	○	2
6	東				準		
7	尻屋				正	○	1
8	東				正	○	1
9	東	○	1M	むつ市	正	○	2
10	尻屋	○	1M	東	正	○	2
11	尻屋	○	1M	東	正	○	2
12	むつ市				準		
13	むつ市	○	1M	東	正	○	3
14	脇野沢村	○	1M	東	準		2
15	東	○			正	○	2
16	尻屋				正	○	1
17	むつ市				準		
18	東	○	1M	むつ市	正	○	2
19	尻屋	○	1M	東	正	○	3
20	むつ市				準		
21	十和田町	○			正	○	2
22	津軽				正		
23	尻屋				正	○	2
24	むつ市				正		
25	尻屋	○	A	むつ市	正	○	3
26	東	○			正	○	2
27	東	○	2M		正	○	2
28	尻屋				正	○	2

家番号	主のWの出身地	三餘会員	跡取りの続柄	その配偶者出身地	部落会の正・準	土地保全会	漁協組合員数
29	東	○	1M	大間町	正	○	3
30	東				準		
31	大間町	○	1M	大間町	正		2
32	東	○	1M	弘前市	正	○	2
33	東				正	○	1
34	尻屋	○	1M		正	○	2
35	尻屋	○	1M	尻屋	正	○	2
36	むつ市				正		
37	尻屋	○	1M	岩手県	正		3
38	東	○			正	○	3
39	尻屋		1F	むつ市	正	○	1
40	東		1M	大畑町	正		2
41	大畑町				正	○	1
42	尻屋	○（孫）	1F	大間町	正	○	3
43	尻屋		1M	むつ市	正	○	2
44	むつ市				正	○	1
45	尻屋	○	1M	東	正	○	3
46	東	○	1M	大畑町	正	○	3
47	野辺地町		1M	東	準		
48	東	○	1M		正	○	2
49	大畑町				準		

▶表7－6　尻屋部落会会員等

注：出身地のむつ市・大畑町・脇野沢村は新むつ市発足以前の市町村名。「東」は尻屋以外の東通村。「家番号」は筆者が便宜上付したものである。

<table>
<tr><th></th><th>第1
日曜</th><th>第2
土曜</th><th>第2
日曜</th><th></th><th>第3
日曜</th><th>第4
土曜</th><th>第4
日曜</th><th>第5
日曜</th></tr>
<tr><td>4月</td><td>5日</td><td>○11日</td><td>12日</td><td rowspan="4">注：淡島神社祭典の期間
4月14日・15日・16日は昆布拾いを中止と致します

午後3時迄に入港すること</td><td>19日</td><td>○25日</td><td>26日</td><td></td></tr>
<tr><td>5月</td><td>3日</td><td>○9日</td><td>10日</td><td>17日</td><td>○23日</td><td>24日</td><td>31日</td></tr>
<tr><td>6月</td><td>7日</td><td>○13日</td><td>14日</td><td>21日</td><td>○27日</td><td>28日</td><td></td></tr>
<tr><td>7月</td><td>5日</td><td>○11日</td><td>12日</td><td>19日</td><td>○25日</td><td>26日</td><td></td></tr>
<tr><td>8月</td><td>2日</td><td>○8日</td><td>9日</td><td>お盆休み
13日 ○14日 ○15日 ○16日 17日</td><td>16日</td><td>○22日</td><td>23日</td><td>30日</td></tr>
<tr><td>9月</td><td>6日</td><td>○12日</td><td>13日</td><td>お祭り休み
13日 14日 ○15日 ○16日 ○17日</td><td>20日</td><td>○26日</td><td>27日</td><td></td></tr>
<tr><td>10月</td><td>4日</td><td>○10日</td><td>11日</td><td></td><td>18日</td><td>○24日</td><td>25日</td><td></td></tr>
</table>

▶表7－7　定休日予定表　（平成21年3月1日発行）

「○印の付いた日は昆布拾い及び全ての漁業の定休日とする。○印のない日は昆布拾いのみの定休日とする。通夜及び葬儀の際，昆布拾いは定休日とする。

　このほか，表には載せませんが毎月24日は昆布拾いのみを定休日とする。　　　」

出所：『尻屋漁業協同組合』

第8章　漁業集落における〈個と共同性〉(2)
──「尻屋村民」と「尻屋村制」──

1　尻屋と「尻屋村民」

本稿の対象地である尻屋については，藩政期の紀行文においても触れられていたが，戦前期には，前述のように大正時代の新聞各紙における「尻屋報告」などを契機として，戦後に至るまで様々な見地から注目されてきている。特に1960年前後の尻屋については前章でも引用した「下北」があるが，そこではいわゆる「「尻屋共産制」はすでに全くの昔語りである[1)]」とさていた。しかし，この「尻屋共産制」とはどのような内容のものであり，それがどのように変容してきたのであろうか。

ここでは戦前の研究を含む，「下北」以前のいくつかの「尻屋報告」を参照しながら，「変容」する以前と想定される「尻屋共産制」について述べることから始めたい。そして，戦前，1950～60年頃，現在の尻屋の「村規約」を若干なりとも比較することによって，部落会，漁協，三餘会等に見られる当地の多彩な〈個と共同性〉に接近していきたい。

まず，藩政期での東北地方に関しては菅江真澄の紀行文が著名であるが，尻屋に直接言及した記述はその紀行文には残っていない。しかし，寛政6（1794）年の『奥の冬ごもり』では下北半島の中心部であるむつ市の田名部での真澄の滞在が記されている。その後の伊能忠敬の『沿海日記』や松浦武四郎の『東奥沿海日誌』，漆戸茂樹の『北奥路程記』等では，それぞれが尻屋を訪ねたことを記していた。例えば，伊能忠敬は以下のように記している[2)]。

「十一月十六日　朝六つ後泊村出立。少晴無程雪時雨度々なり…（中略）…同十七日
　朝より晴るる。六つ頃小田澤村出立。猿ヶ森村尻勞村中食，尻谷村八つ頃に着。止宿小兵衛，此所迄田名部附添人輿左衛門来て世話し，是より別る。」

尻屋地区ではその地理的要因もあり藩制村としての尻屋村とその周辺地区がそのまま現在の東通村の1行政区となり，漁協も当地区に尻屋漁協が成立している。もともと東通村は既述のように「集落連合」と呼ばれるくらい各集落の自立性が高く，集落間の道路網も十分整備されていなかった。そのため昭和62（1987）年までは村役場も隣接するむつ市田名部におかれていたし[3)]，東通村自体も明治22（1889）年の町村制以来他の市町村との合併を経験していない。この点からもすぐ後で述べる下北地方自体の特質とともに，東通村や尻屋の特異性が予想される。

下北地方の村落構造は，「青森県社会構造の三類型」の一つとして取りあげられることがあった。「三類型」とは県下の南部地区での「南部型」，津軽地区での「津軽型」，そして「下北型」である[4)]。「南部型」はいわゆる「マキ的（同族結合的）村落」であり，「津軽型」は「講組型村落」に相当する。「下北型」村落は「南部型」村落でのような本家（の当主）による統率はなく，「津軽型」でのように「寄り合い」等で選出された「總代」によって統率されているが，「津軽型」と異なり，「強力な部落共同経済にうらづけされた部落共同態の一環として各単位家族が位置づけられ……部落と各単位家族は相互に切りはなし得ない関係で結ばれている。そしてそのために各単位家族は部落によってその存立を規定されている。……こうして単位家族は部落において強大な社會保障を確保しているのである[5)]」。このような「下北型」の特質は尻屋において特に注目されるべき点となる。

再三言及したように，大正時代の座礁事故以後，多くの研究者がこの尻屋に注目し来訪したが，田村浩も昭和初期に次のように述べていた[6)]。

「大正十一年六月五日特務艦「勞山丸」が尻屋沖で座礁し，乗組員は月餘この部落に滞在を餘儀なくされた。その間に土地の人情風俗や特殊の慣行を知り，門司のある新聞『共産部落』という言葉を用ひたのが世に傳へられた始めである。續いて東京日日新聞記者の探訪による紀行文が掲載され，昭和二年には東北大學の堀，中川教授一行の踏査があり，大原社會問題研究所からも調査員が派遣され，その他青森商業學校の横山教諭を始め學生の研究するところとなった」

ここでは田村自身の著書とともに，田村も紹介していた中川善之助，堀經夫，横山武雄らによる尻屋報告を参照しながら，戦前期の尻屋とその後の変容について記述していこう。中川は昭和４（1929）年に最初に尻屋を訪れたようであるが，「村の家」（『東北の土俗』所収），「尻屋部落」（『法学協奏曲』所収），「本州の北の果て」（『民法風土記』所収）等で当時の様子を記している。これに対して，田村自身は昭和６（1931）年６月９日に，堀經夫らは昭和４（1929）年夏から昭和５（1930）年夏にかけて尻屋を調査し，「尻屋村制」，「尻屋村制附則」，「尻屋三餘會會則」等の「尻屋三制」と呼ばれる詳細な「村規約」を引用している。但し，田村によれば，「尻屋村制」は昭和６（1931）年３月に改訂されているので，田村自身が引用する規約はこの改正後のものとなり，中川や堀らの引用している規約とは異なる点があり得る。「尻屋村制」はその後も改正を重ねており，昭和12（1937）年正月には「東通村大字尻屋村規約」（以後，「12年規約」と称する）として大きな改正がなされた[7]。「下北」にはこの「12年規約」と昭和27（1952）年改正の「尻屋部落会規約」（以後，「27年規約」と称する）をはじめとしたいくつかの規約が掲載されている。

中川によれば，昭和４（1929）年の尻屋集落（藩政期の尻屋村区域での集落）の居住戸数は39戸であったが，そのうち６戸（住職，訓導，大工，書記，豆腐屋，宿屋）は他からの移入者であった。行政区である大字尻屋としては集落から約5km離れた燈台職員の家族等を加えた48戸，454人である[8]。東通村役場によって昭和５（1930）年３月20日に発行された『尻屋状況一班』では「部落勢一班」として以下のように記されている[9]。

「戸数…四八
　人口…男二一五，女二三九　計四五四名
　牛馬…牛八二頭　　馬一二二頭
　漁舟…二間一〇八，三間四，四間五，五間一，六間一，計一一九
　土地…宅地　六〇七九坪三合二勺
　　　　田地　拾町五段七畝二四歩
　　　　畑地　弐拾町四段六畝一歩
　　　　山林　一二七町四畝二七歩
　　　　原野其他　六六二町六段三畝一歩
　職業別…漁撈三四　商業一。僧侶一。旅人宿業一，教員一，大工職一，燈台員九
　生産物…海蘿，昆布，石花菜，鮑，柔魚及雑魚にして，豊凶あるも年額五，六萬円を

下らず
租税…國税九〇円，縣税一，二八七円，村税二，一七六円，計三，五五三円　一戸平均七四円」

前述のように，尻屋集落に居住する39戸のうち，移入戸６戸を除いた33戸（382人）が旧来の尻屋居住戸であり，このうちの２戸は比較的近年に分家した家である。享保年間の25戸と比するとさほど増加していないのは，集落内での宅地の狭さとも相まって長く分家を制限してきたからであろう。33戸の大部分は「大家族」であったようであり，中川によると，24戸が10人以上の世帯であり，最も多かったのは19人世帯であったが（１戸平均11.6人），「養子わらし」も「男48人，女21人」いたと報告されている[10]。他方の田村によると，燈台職員や教員などを除いた戸数は33戸であり，人口は367人（男166人，女201人），「借り子」は64人（男42人，女22人）であった[11]。

「養子わらし」や「借り子」はいわゆる「寄留者」であったが，「大抵は仲介人の手で津輕地方から連れられて來る[12]」のであり，「そのころの寄留者というのは，いわゆる貰い子で，家内労働力補充のため他処から貰った子である。貰ったといえば体裁はいいが，要するに買った子である」。「当時の相場では，大体年齢一歳につき一〇円だった。七歳の子なら，七〇円というわけだから，大学卒業生の初任給が六五円から七〇円の時代としては，割合高価である[13]」と述べられていた。その後このモライッコについてはいくつかの議論がなされてきたが，モライッコが同居家族とどういう関係を取り結ぶかは，当地での〈個と共同性〉とも関連してこよう。

前述の「南部型」，「下北型」，「津軽型」にはそれぞれ「名子」，「貰い子」（モライッコ），「借り子」が対応し，「名子」は「全く家族的原理によってやがては「カマド」になるところに勞働の對價を求め，「借り子」はいわば季節的農業労働者的な勞働契約の上にその對價を米或は現金によってまかなわれるのである。「貰い子」はあたかも「名子」と「借り子」の中間に位する形態であつて「着せて，くわせて，小使いを貰う」がしかしカマドになることはその中の少數であつてやがて成年に達する頃は多く主家を去る」と述べられている[14]。

「名子」は「住込奉公人[15]」として，本家の次三男と同様にやがては分家（カマド）していくことが予定されていたという点で家族員に近似していたが，「借り子」は全くの被雇用者であった。これらに対してその「中間に位する」とされていた下北地方のモライッコは，いわば「家族」と「非家族」の境界域に存在し,「生活共同体や労働組織としての家」[16]の一成員ではあったのかもしれない。

当時は各戸でのこのモライッコの人数には制限はなかったようであるが，イエの一成員であるならばコンブ採取等にも参画できる故に，モライッコの存在は，当地での分家と同様に,「尻屋村民」の定義や漁業権の問題にも関連してくることになる。そもそもコンブなどの「磯物」採取権については，資源保護の観点からも厳しく「尻屋村民」にのみ限定されていたが,「尻屋33軒はすべて本家」と言われてきた背後には，次のように「尻屋村制」での「尻屋村民」の厳密な定義と新たな分家者への制約があったのである。

「第一條　本規約ニ於テ尻屋村民ト稱スルハ末尾記名者及仝族乃至相屬者ヲ謂フ。新規分家スル者及絶家再興者ハ本規約第六條ニ依リ總會ノ承認ヲ經タルモノニアラザレバ権利ヲ有セサルモノトス」

「第七條　新ニ分家シタル戸主ハ前條ノ部落共有財産ノ一人分ニ加入スル権利ヲ得ル代償トシテ八百圓ヲ一時金乃至五ヶ年賦トシテ尻屋部落へ出金スルモノトス

第八條　新規分家ハ村中ノ總會ノ承認ヲ得タル月ヨリ起算シテ滿三ケ年間ハ村中一切ノ賦役，村費ノ負擔及總會出席ノ義務ヲ免除シ一家創設ノ基礎ヲ造ラシムルコトヲ容認ス

第九條　本村民ノ家族ニシテ戸主ノ承認ヲ得ズ獨自ノ都合上一家ヲ創立したるモノイハ村内共同ノ財産ニ加入スルコト得サルハ勿論尻屋漁業組合ノ享有セル漁業ニ従事スルコトヲ得ス[17]

第十條　本村民ニシテ家計上ノ都合ニヨリ廢絶家トナリタル場合ハ其ノ親族及遺産管理者ニ交渉ノ上當部落地區内ノ土地其ノ他ノ貨財ハ尻屋部落共同ニテ讓渡ヲ受クルモノトス而シテ共有地ニ屬スル権利ハ時價四分ノ三以内ノ價格ニテ部落共有財産ノ内ニ讓渡ヲ受クルモノトス尚他地方ニ移住シタル場合亦仝ジ

但シ分家シタル者ニシテ二代目迄ノ間ニ於テ廢絶家シタル場合ハ加入當時ノ部落出金額即チ八百圓ニテ共同財産ノ権利ヲ尻屋村ニ讓渡スルモノトス

三代以上ハ本来ノ村民ト同等ノ権利ヲ得ルモノトス[18]」

これらによれば,「尻屋村民」とは「末尾記名者」である戸主だけでなくその家族も含んでいた。戸主の承認のもとでその家族が分家する場合は，一時金800円を支払うことによって「共有財産」の権利や漁業権を得るとともに，3年間は「村中一切ノ賦役，村費ノ負擔及總會出席ノ義務」は免除された。しか

し，この金額は，前述のように「大学卒業生の初任給が六五円から七〇円の時代」では，相当大きな金額であるので，当地内よりも近隣の商業地区でもあった田名部に分家させるほうが容易かったようである[19]。そして，他への分家もできない次三男のなかには生家にとどまる者もいたので，既述のような「大家族」が出現したのであろう。それでも昭和11（1936）年頃にこの金額が1300円に値上げされたのは，その直前に新たな１戸が一時金を支払って分家したからであるとも言われている[20]。

いずれにせよ，分家が「戸主ノ承認」とともに「總會ノ承認」を必要としていたことは，分家がその本家の家内的事象ではなく，「部落共有財産」や漁業権等とも連動する「部落」レベルでの事象（「尻屋村制」の問題）として位置づけられていたことになる。「第十條」での廃絶家の場合の「當部落地區内ノ土地其ノ他ノ貨財」と「共有地ニ屬スル權利」の外部流出防止策も，イエと「部落」の相互関係の物的な保障を表すものであるし，モライッコである「寄留者」にもコンブ等を採取する「漁業権」を認める場合もあり得たので，次のように「尻屋村制」において規定する必要があった[21]。

「一、同居寄留人ハ届出後一ヶ月ヲ經過セザレバ家族ト同等ノ漁業權ヲ容認スルコトヲ得ズ（第五十二條）。

一、前條同居寄留者ニシテ組合員ノ家族ト同等ノ漁業權ヲ容認スベキ資格者ハ各戸ノ都合ニヨリ男女ノ性及ビ其ノ人數ノ制限ヲ問ワザルモノトス。而シテ寄留當初ノ年齢ハ十五歳未満タルベシ（但シ年齢ノ算定は生年月ヲ以テ算定スルコト）（第五十二條の二）」

これらの条項は田村によれば，すなわち，昭和６（1931）年の改正後には，「尻屋村制附則　第二十四條と二十五條」として記されており，次のように若干の修正が加えられていた[22]。

「第二十四條　養子ノ意味ヲ以スル同居寄留人ハ寄留届出後一ヶ月ヲ經過セサレハ家族ト同等ノ漁業權ヲ得サルモノトス」

「同居寄留人」としてのモライッコが「家族ト同等ノ漁業權ヲ容認」（傍点は林）される対象であったことは，モライッコは「家族」とは区分されていたことを

	享保の頃 1716～1735年	安永の頃 1772～1780年	明治23年 1890年	昭和10年 1935年
戸数	25	28	30	48
人口	190	187	226	481
1戸当人口	7.6	6.7	7.5	9.6

▶表8－1戸数と人口

出所：山口彌一郎「本州最北端尻屋崎附近の聚落（二）」『地理学』5－9，67頁掲載の表からの引用。

意味しよう。それが昭和6（1931）年改正後は単なる「同居寄留人」ではなく，「養子ノ意味ヲ以スル同居寄留人」とあえて明記されていることは，モライッコが「里子」と同様な位置を占め，さらには「漁業権」と「家族」のより近接した関係を示唆するものと考えられる。そして，このモライッコが「同居寄留者」とされている点からは，「分家者」や「相続人」等とも共通する「尻屋村民」の必須要件としての当地での「居住」が指摘されるし，この要件を欠く転出者は「尻屋村民」ではなく，上記の「尻屋村制第十條」での廃絶家の場合のように，「共有財産」への権利や漁業権も喪失することになろう。

2 「尻屋村制」の変遷

尻屋の居住戸数や人口は藩政期からさほどの増加があったわけではない。このことは今までも指摘されてきたが，中川善之助らよりも若干後に尻屋を訪問した山口彌一郎による記述を整理すれば，表8－1のように表示される。この表からは戸数に比して人口は明治期から昭和初期にかけて大きく増加しており，このことが1戸あたりの人員の増加をもたらしたことになろう。

その後の尻屋集落での居住戸数の変遷は明らかではないが，大字尻屋での居住戸数の推移は前章で示したように，戦後になって大きく増大している。これは近郊での三菱マテリアル株式会社の石灰石採掘場建設等をその要因としていると考えられるが，こういった社会的，経済的状況の変化のなかで，前項で引用した「尻屋村制」での「尻屋村民」の資格や分家条項，寄留者条項も変化していくことになる。「12年規約」と「27年規約」，そして現在の「尻屋部落会規約」（以下，「現行規約」と称す）では以下のように変わってきている。

「12年規約」

「第一条　本規約ニ於テ尻屋村民ト称スルハ各戸主，同家族及ヒ寄留者ヲ謂フ。

第二条　前条ノ寄留者トハ正当ナ手続ヲ了エタル寄留者ニシテ男女共ニ年令十五歳以下ノ者ニテ本籍吏ノ証明セル謄本又ハ抄本ヲ持参シ到達ノ日ヨリ起算シテ三十日ヲ経過セル者ヲ認ム但シ年令ノ正否ヲ認ムルニハ謄抄本ニ依ルモノトス。」

「第六条　尻屋村民ノ家族ニシテ戸主ノ同意ヲ得テ分家スル者及ヒ絶家再興ノ場合ハ其ノ旨惣代人迄申出テ総会ノ承認ヲ得ルモノトス。

第七条　前条ノ承認ヲ得テ一戸ヲ建立セル時ハ尻屋部落從來ノ規定ニ応ジ一般共有財産ノ一人分ノ権利及ヒ義務ヲ有スルモノトス。

第八条　新タニ加入シタル戸主ハ前条ノ部落共有財産ノ一部ニ加入スル権利ノ代償トシテ弐十年間ノ償還年賦ヲ以テ金四百円ノ加入金ヲ村方ニ納附スルモノトス。而シテ加入金ノ完納迄ハ期間中ハ本家ノ戸主又ハ身元保証人ニ於テ其ノ債務ヲ保証シ必ズ完納セシムベキ事ヲ誓約ス。

第九条　新規分家ハ村中総会ノ承認ヲ得タル日ヨリ村中一切ノ賦役，村費ノ負担及ヒ総会ニ出席等ノ義務ニ随ヒ其他村規約ニ依ル一般ノ権利義務ヲ有スルモノトス。[23]」

「27年規約」

「第一条　本規約に於て尻屋部落民と称するのは尻屋部落に住居し住民登録をしたる各世帯主及同家族を言う。」

「第六条　部落民にして分家希望の者及絶家再興の場合はその旨を部落会長に申出総会の承認を得るものとする。

第七条　新加入したる者は部落の承認を得た日より部落一切の賦課経費の負担及総会に出席その他部落規約による一切の権利義務を有するものとす。[24]」

「現行規約」

「第四条　この会は，住民登録をし，尻屋部落地区内に住居している，世帯主をもってする。[25]」

「第六条　入会者は，尻屋部落地区内に住居し，保証人一名を有し，加入申込書を添えて申し出ること。」

「第九条

一　会員は，加入と同時に，会の強化に努めることを誓い，会員としての責任を負わなければならない。

二　会員は，加入した日より，会一切の賦役，経費の負担を負うこと。」

「尻屋村制」とそれ以後の改正規約を「尻屋村民」，分家，モライッコを含む「寄留者」のそれぞれについて比較していこう。まず「尻屋村民」については，当初は「末尾記名者及仝族乃至相屬者」（「尻屋村制第一條」）であったが，「12年規約第一条」では「各戸主，同家族及ヒ寄留者」とし，「寄留者」を「尻屋村民」に含めている。この間に前述の「養子ノ意味ヲ以スル同居寄留人」という昭和6年3月の改正があったとすれば，この改正によってモライッコである「里子」は各戸の「実子」に近似するイエ成員として「尻屋村民」に含まれることになったと解せよう。但し，この「12年規約」ではそういった「寄留者」は「正当ナ手続ヲ了エタル寄留者」であるとし，その「正当ナル手続」とは「本籍吏ノ証明セル謄本又ハ抄本」によって遂行されるとしている。つまり，公式法によって「尻屋村民」である条件が証明されねばならないし，その手続きが明文化されている。

分家は「尻屋村制」以来総会の承認を必要としているが，「12年規約」では「部落共有財産ノ一部ニ加入スル権利ノ代償トシテ弐十年間ノ償還年賦ヲ以テ金四百円ノ加入金」の支払いが義務づけられ，加入と同時に「村中一切ノ賦役，村費ノ負担及ヒ総会ニ出席等ノ義務ニ随ヒ其他村規約ニ依ル一般ノ権利義務」を有するとされた。つまり，「5年間で800円」の賦課金が「20年間で400円」に引き下げられるとともに[26]，様々な義務や負担の免除規定はなくなった。さらに，400円の支払いに関しての「身元保証人」を必要とすることが成文化されている。この「身元保証人」規定もそれまでの慣習に依存していた部分の成文法（規約）への顕在化として捉えることができる。

「27年規約」になると，「寄留者」の規定はないが，このことは当時「寄留者」が存在していなかったことを意味しない[27]。この規約での「尻屋部落民」とは「尻屋部落に住居し住民登録をしたる各世帯主及同家族」であるとされており，この条文のなかの「住民登録をしたる……同家族」に「里子」である「寄留者」が含まれることはあり得よう。分家については総会の承認を必要とし，「部落民」

としての「一切の権利義務」を負うとされていることは同じである。この規約には「賦課金」規定はないが，昭和28（1953）年に当地を調査した盛田稔によれば，分家に際しては「現在は時価数十万円の代償金を支払わなければならない[28)]」と記していた。「現行規約」になると，「住民登録」，部落地区内での現住，「保証人」を要件とした世帯主が「部落会員」となり，「部落会員」としての賦役や経費の負担は従前通り明示されている。他方でそれまでの「部落共有財産」についての言及は「27年規約」以後は消失している。これは戦後になると共有地については「土地保全会」（昭和26年成立），漁業権については尻屋漁協の管轄事項となり，これら両者が「尻屋部落会」から分離したからであろう。にもかかわらず「27年規約」では分家は「総会の承認」を必要としているが，これはこの承認によって分家者とその家族が「尻屋部落民」として認知されることになるからである。しかし，「現行規約」では「尻屋部落民」の規定は存在せず，各世帯主が「尻屋部落会」の会員であることやその入会方法，入会後の義務等についての規定のみであるので，厳密に言うと「尻屋部落民」や「尻屋村民」についての「総会の承認」規定はない。

「尻屋村制」以来の「尻屋村民」，「尻屋部落民」，「尻屋部落会員」は各戸の戸主，世帯主とその家族であった。その戸主や世帯主の継承方法の一つとして，当地では「隠居制」がとられていたが，当初の「尻屋村制」ではこれが「尻屋村民」自体にも適用されていた点に当地の特質がある。以下ではこの隠居規定を見てみよう。

「尻屋村制」

「第四條 尻屋村民ハ家事ノ都合ニヨリ何時ニテモ隠居ヲ申出ルコトヲ得但シ前條ノ隠居トハ法定ノ年齢ニ達セサルモノ及法定ノ年齢即チ六十歳以上ト雖モ家事ノ都合上終身隠居セサルモ之ヲ承認スルモノトス。

第五條 戸主隠居ノ場合ハ法定ノ家督相続人前戸主ノ権利義務ヲ継承スルモノトス[29)]」

「12年規約」

「第三条 尻屋村戸主ニ於テ家事ノ都合ニヨリ何時ニテモ隠居ヲ申出ルコトヲ得。但シ前項ノ隠居トハ村規定ニヨル年令即チ七十二歳ニ達セル者及ビ該年令ニ達セサルモ特別ノ事由ヲ申出テ村方ノ承認ヲ得タル者ヲ謂フ。

第四条 前条ニヨリ隠居セルモノト雖モ七十二歳迄ハ総テノ事業ニ代理者ヲ頼ム事

ヲ得，七十二歳以上ハ之ヲ許サズ。
第五条　戸主ニシテ隠居ノ場合ハ法定ノ家督相続人及ビ後見人ヲ以テ前戸主ノ権利義務ヲ継承スルモノトス。但シ後見人ニシテ他日家事上都合ニ依リ親族会議ノ上戸主ト認メ村方ニ申出ノ際ハ是ヲ容認スルモノトス。」

「27年規約」
「第三条　世帯主にして都合により部落会より隠退することができる。但しこの事について申出があった場合は部落会長は臨時総会を開き協議のうえこれを承認する。
第四条　世帯主にして隠退せし時は前世帯主の指名する者をもって権利義務を承継するものとする。右者部落会に入会を申出ありし時は此を容認するものとする。…」

「60歳」は明治民法上で「普通隠居」（明治民法752条）が可能になる年齢であるが，「尻屋村制第四條」では「尻屋村民」はそれ以前の年齢においても隠居すること，逆に終身隠居しないことも可能であるとされている。「12年規約」では「村規定」による隠居年齢72歳が明記されて，それ以前の隠居の場合はコンブなどの代理採取が可能とされているが，これらはこの「12年規約」以前からの慣習上の不文規定を成文化したものである。「戸主」以外の「隠居」に関しては明文規定はないが，「尻屋村制」4条では「尻屋村民」の「隠居」を規定し，後述する当地の年序制のなかで女性についても「インキョバサマ」が用意されている点，「12年規約」4条での「事業」には戸主以外の者（戸主の妻など）も参加していたので，それらの「代理者」もあり得る点，これらを考慮すると戸主以外の「隠居」もあり得たとの推測は可能である。また，戦後の「27年規約」での「隠退」が「臨時総会」での承認を必要としている点は，それ以前との連続性を示すものであろう。

しかしながら，ここで特に留意しておきたい点は，「尻屋村制」から「27年規約」までの第1条では「尻屋村民」や「尻屋部落民」を規定しており，それは戸主や世帯主だけでなく，その家族や寄留者をも含んでいる，そして新規分家の場合を除けば一般的にはムラの構成単位として想定されている家への言及はないという点である。ここからは，「尻屋村」や「尻屋部落」の構成単位は家ではなく，これらの「尻屋村民」，「尻屋部落民」であるとの推測も可能であろう。それ故に戸主以外の者の「隠居」にも言及されていたのではなかろうか。

「現行規約」での「部落会」会員は世帯ではなく世帯主である点もこの傾向の継承であるとの解釈もできるかもしれない。もっとも「現行規約」では「尻屋村民」,「尻屋部落民」の規定はなく，各世帯主である「部落会会員」のみの規定である点は,後述するような「部落会」自身の変化を示唆するものであろう。

次に「尻屋部落会」の役職や執行機関についての規定を見てみよう。「尻屋村制」の5条では,「正總代」のもと,「副總代，區長，漁業組合理事，評議員，東通村會議員，産牛馬代議員，衛生委員，十五日輪番伍長，書記」などの役員が列挙されていたが,これらの多くは家長の選挙によって選出される。「正總代」は「部落全般の事務を管掌する」[30]ほか，漁撈や薪炭の採取等の生業に関しても大きな権限を有していた。この「正總代」が決めた事項は，1日交代の「傳令役」である「参伍」と15日ごとに各戸の家長が交代で担当する「輪番伍長」によって伝達･実行される。特に「輪番伍長」は「尻屋村制」8条によると「惣代ノ指揮ニ従ヒ大字内全般ノ庶務ヲ辨ジ乃至會議ノ際ハ各自ノ私宅ヲ以テ議場ニ供スルモノトス」と規定されていたが，ここでの私宅の提供には燃料費としての「炭，油等の提供」をも含んでいた。[31]

「區長」や「村會議員」は明治22年施行の「町村制」によるものであり,「區長」の仕事は村長の職務の一部を行っていたが，実際には当地では「正總代」がその大部分を行っていた。評議員は「評議員會」を構成するが，この「評議員會」と,「大寄合」と呼ばれ通常は正月に開催される「通常總會」,そして「正總代」が必要と認めた場合に召集される「臨時總會」が当地の決議機関であった。「通常總會」では「尻屋村制」の改廃，總代等の役員の改選，予算決算等の集落での経営全般についての事項の審議がなされていたが,「決議は出席員の多数決によつて行う」[32]とされている。この決議方式は「12年規約」では多数決のままであったが,「27年規約」では「会員の三分の二以上出席し出席員の三分の二以上の同意を以てこれを決するものする」(11条)となり,「現行規約」もこれを踏襲している。

こういった各種の役員から容易にうかがわれることは,「東通村會議員」等の行政村関係の役員，漁業組合の理事，そして集落（「部落会」）固有の役員がともに「尻屋村制」のもとに掌握されていることである。つまり，公式法である国家法のもとでの村会議員や漁業組合理事が，非公式法（非国家法）としての「尻屋村制」に包含されることによって，「尻屋部落会」のもとで一元化されているのである。よって，行政村関係事項も漁業組合関係事項も「大寄合」で審議され，「總代」のもとで執行される。

「12年規約」は役員や決議方式については「尻屋村制」をおおむね踏襲していたが，「27年規約」では，「正副總代」は「正副会長」とされ，他の役員としては評議員，書記，衛生委員，伍長があげられていたにすぎない。しかし，その「第八条ト」では「伍長は半月の輪番とし当番中は総会及役員会会場に出席し会長の指示に従い雑務に従事する。木炭は集会の有無に関せず一俵ずつお茶は一本宛差出すものとする」とされ「尻屋村制」との連続性が見られるが，この条項の前段は「尻屋村制」下では不文の慣習であった事項の成文化である。「現行規約」では役員は「会長，副会長，監事，顧問，衛生委員，書記」(16条)となっており，評議員が消え，「監事，顧問」が新たに加えられている。「伍長」は役員としてはあげられていないが，9条4項で「伍長は，半月の輪番とし，当番中は，会長の指示に従い雑役に服す」とされ，「木炭」や「お茶」の提供は除かれている。また，それまでは規約に掲載されていなかった「公事」が「会員は，加入と同時に，輪番伍長，公事，その他に服すこと」，「公事は，伍長の指示に従い作業に従事し，上下番を申しおくること」(9条3項・5項）と明記されている。この「公事」とは「毎戸輪番であたる少人数でできる村仕事[33)]」の担当者のことである。

このような役員の種類の変化は，戦前の部落会と漁協，行政村関係事項との一体化から，戦後それぞれの組織・機能が分離していったことに伴うものである。そもそもこの分離によって生業（漁業）や法・行政上の規制は部落会から削除され，さらに「土地保全会」も戦後分離したのであるから，それらを除いた後の「尻屋部落会」としての強制力の弱化は避けられなかったのであろう。田村の調査当時は「成文による規律慣行に違反し又は風俗秩序を亂した場合には總會の決議によって處分されるが，（村制第四十八條罰則）總代の指示に服従しないものは三十錢から五十錢の金錢罰を受け」ていたし[34)]，「27年規約」でも「本規約に違反し又人夫出役に遅刻その他仕事を怠け且つ他人をせん導して悪意を生ぜしむる行為のものには総会の決議を経て違約金を課す」とされていた。しかし，「現行規約」では会員としての責任や義務を明記しているが（9条），罰則規定は設けていない。

こういった変化は部落会自体にはもはや居住者の生活全般を掌握する力はなく，またその必要性もなくなってきたことを意味する。それゆえ前述のように，「現行規約」においては部落会会員（世帯主）の資格規定はあっても，「尻屋部落民」の定義は必要とされなくなった。しかし，他方では，部落会運営に必要な，それまでは慣習に委ねてきた会員としての義務をあえて成文化する必要もでてくる。「伍長」や「公事」が成文化され，会議での定足数の明示と決議方式が過半数から「三分の二」条項に変更されたことは，それまで慣習に依存してきた部分（会議への参加や決議方式，あるいは些細な村仕事）の「法化」としても把握できるかもしれない。

これらに対して尻屋三餘会會則および附則は，昭和初期と比すると変更点はきわめて少ない。当時「會員は七十名あつ《ママ》て基本金は五千圓に達してゐる。……地先水面の一部と海布苔の漁場一ヶ所を與へられ年収五百圓位の漁業権を有してい」[35]た。同様に『尻屋状況一班』でも三餘会の「所有財産」としては「現金二千圓，本縣農工銀行，大湊電燈會社，大湊興業會社，五十九銀行等の株券を有す。又山林及會場敷地建物二棟及海蘿採収濱一ヶ所，年収五百円内外の漁業権を有す」[36]とされている。会員資格は現在と同じであるが，「大正12年7月改正」の会則では「會長は二十四歳以上四十一歳迄の有為徳望の者を選任することゝなつており，正副惣代人及び漁業組合理事長の家族は被選挙権がない」し，「會長以下の役員は二十歳以上四十一歳迄であって，選挙権は正會員二十歳以上の者がすべてこれを有してゐる」[37]が，モライッコはこの会長と副会長にはなれなかったと記されている[38]。この会長らの役員の上限年齢は現在の会則や附則にはないし，役員の種類も正確には現在とは異なっているが，実質的な違いはほとんどない。また，惣代人や漁協理事長の家族の除外規定は現在はない。さらに上記のように「部落会」の「現行規約」では罰則規定は削除されていたが，三餘会附則では罰則規定はほぼ従前通りである。

部落会規約の変化に比して，三餘会会則・附則の変化がさほどないということは，社会的・経済的・政治的変動に対して，三餘会自体が変化しなかったことになるのであろうか。この点については後述するが，ここでは会則・附則の改正はなくとも，会員構成は変化してきたことのみを指摘しておきたい。当時

33戸の戸数に対して70名の会員が存在したことは，各戸から複数の会員が輩出していたことになるし，モライッコである「里子」が会長・副会長になれなかったという指摘自体，モライッコも会員にはなり得たことを意味している。つまり現在のように各戸の「跡取り」のみが会員となる方式に，その後変わったのであるが，会則ではこういった改正はなく，実質的に変わっていったという点に注目しておきたい。

さらにこの三餘会と前述の「隠居」規定は当地での性別年序制の一部を形成していた。「下北」によれば，男側は子供組—三餘会—戸主会（部落会）—隠居（インキョジサマ），女側は子供組—メラサド（娘連中）—アンネド（嫁連中）—ババ連中—隠居（インキョバサマ）という年序制が形成されており[39]，おおむね家族での地位と対応しているが，これらのうち規約を備えた組織は三餘会と戸主会のみであった。その理由は双方とも共有地等の財産を所有していたのでその構成員性を明確にする必要があったことともに，戸主と跡取り（予定者）から構成されるこれらが当地の年序制の中核的地位を占めていたからではなかろうか。

3　尻屋の漁業——「磯物」採取・分配・販売方法を中心に

尻屋が「共産集落」として世に知られた原因は，コンブ採取とその分配方法にあったとされている。確かに当地の産業は漁業が中心であり，牧畜業がこれに次ぐが，その一方で農業や林業はきわめて低調であった。前掲の『尻屋状況一班』での田畑面積はその後もほとんど変化がなく，昭和32（1957）年には「田9．64町，畑18．28町[40]」とむしろ微減している。したがってこの面積からも農業による各戸の自立は不可能に近かったのであり「陸産事業は牛馬の共同牧場経営のみにして，農産業は土地甚だ痩せ，岩石多く，加ふるに氣候適せざるを以て耕地僅少微々として振は[41]」なかった。「下北」でも「尻屋の陸の生産では農耕よりも牛馬飼育が重要であり，約八〇〇町歩の原野はあげて，その放牧採草に供されてきた[42]」と述べられているが，昭和初期には，約200頭の牛馬が約150町歩の共有牧草地で放牧されていた。しかし，この放牧に関しても「尻屋村制」53条では，他部落と共同で飼育するためには「牛馬惣代人」の承認を必要とするとし，かつ「牝牛馬二頭以上ヲ所有スルモノハ共同ノ牝牛馬ヲ牧養スルコトヲ禁[43]」じ，この草地で飼育する牝牛馬は１戸につき七頭以内とされていた[44]。「12年規約」ではその頭数は「三歳以上ノモノ五頭以上ヲ飼育放牧スルコトヲ禁ズ」とされ，戦後の「27年規約」ではこの類いの規定は姿を消したが，戦前までの規約からは一定面積の共有牧草地での放牧頭数を一律に制限することによって，各戸の形式的平等性を志向していたことがうかがわれよう。

こういった志向は主産業である漁業においてより強く見られる。昭和初期の尻屋での主要な漁獲物は地先専用漁業権区域等からのコンブ，フノリや雑海草，鮑や雑魚などであった[45]。これらの採取活動やその分配は總代の指揮のもとでの部落民の共同性と平等性を原則としており，その方式が「尻屋共産制」として注目されたのである。しかし，このコンブやフノリ等の採取・販売・分配にみられる共同性は以下のような，藩政期における人為的な措置の結果であったとも言われている。

すなわち，このような共同性が確立する以前は，隣接する尻労でのように最初の幾日間は共同採取日とし，その後の幾日間かは自由採取日としていたが，「藩主より部落の海産物取扱商人として獨占権を附輿されてゐた田名部山本海産商は，不當に低廉なる價格を以て部落の海産物を買占め，従って部落の生活が甚だしく窮乏に陥った」。「斯く部落が窮乏しつゝありし折柄，越後沼垂の人マカベクニサブロウ（眞壁國三郎か）なる者が難航して漂着した。吉蔵翁の祖父松兵衛（文化二年生）は，發覺のうえは斬殺せらるゝの覺悟を以て，部落の貧困を救はんがために，前記クニサブロウに海産物の一部を賣却方を託した。而して松兵衛は，海産物密賣の發覺を防ぐために，部落經濟を共同體として統制する必要を感じた」。さらに隣村の岩屋村との漁区争いやコンブ採取の特殊性のために自由採取を許すと自ずと生じるであろう格差拡大を防ぐために，「今日のような全體的共同經濟組織を生み出した」とされている[46]。

このコンブ採取の「共同性」の正確な由来は定かではないが，昭和初期には「總代」がコンブやフノリ採取の決定をなすと，「参伍」が各戸にその旨を伝え，当日は輪番伍長である「オガシラ」の指示のもとで採取が行われていた。しかし分配方法や代理採取の要件等と異なり，このような実際の採取方法については「尻屋村制」には記されていない。ここでは戦後の調査ではあるが，コンブ採取（「刈り昆布《コンブ》」）の様子を比較的詳しく記した盛田稔の論稿[47]が戦前の中川善之助の簡単な調査報告ともおおむね一致するので，それを引用しておこう。

「部落最高の権威者たる総代が漁業組合理事と協議の上，明日は昆布を採る日だと決定したとする。総代は直ちに此の旨をオガシラに伝える。オガシラは参伍即ち伝令役をして漁業権を有する38戸の村民に此の旨を伝達させる。いよいよ当日になると村の中央高地に立つたオガシラは総代の命令下「ホウホウ昆布刈り用意」と叫べば38戸の全村民（15才以上72才迄の男子）利鎌を手にして丘を走り下り浜辺に集まる。

頃合いを見計らつてオガシラが「昆布刈リ始メ」の号令を下せば若者と老人2人乗りの小舟は我先にと漕出し，4，5丁沖に出るや若者共は海底に沈み昆布を採取して浮び上がる。年寄はそれを舟に引上げる。暫くして「アガレ」と言うオガシラの命令一下小舟は一隻残らず岸へ漕ぎよせる。舟の昆布を砂上に拡げて乾かすのは女の任務である。かゝる作業が一日に何回となく繰り返される。かくして採取された昆布は一抱えずつ一塊とし砂上に蜿蜒と配列される。配列が終われば1本の棒を持つたオガシラは昆布の山を15才以上72才迄の男子の人数に当分し，一人一人村民の名を呼びながら昆布の山を棒でたゝき平等分配を終わるのである。」

コンブ採取は毎年7月末頃から8月下旬頃までの間に，沿岸を3区に分けて行われていた。男子のみがコンブを採取するが，女子もその乾燥作業を担うことなる。上記のように，分配は人頭割によって平等になされ，各人（男子）の「形式的平等性」が追求されているが，この方法は「尻屋村制附則第九條」の「昆布ノ採収ハ勞役ノ難易ヲ問ハス収穫品ヲ平等ニ各人ニ分配ス但シ故ナク休業シタルモノハ其ノ条件ヲ受クルコト能ハス」に基づくものであった。さらに「拾いコンブ」に関しては次のような規定があった[48]。

「尻屋村制附則」
「第一七條　拾昆布ニ際シテ一戸ヨリ四人迄出場ノ場合ハ戸數割ニテ配當シ四人以上ヲ要スルニ當リテハ全家總動員ノ命令ヲ発スルモノトス而シテ總動員ノ場合ハ其ノ配當方ハ人頭割に配當ス
第十八條　總代人乃至理事ヨリ昆布拾ヒ人數四人ツヽ出場ヲ命セラレタル場合其ノ家ノ都合上三人ヨリ出場出来サル家庭ニ於テモ四人出場シタル家ト同様ニ昆布分配ヲ戸別平等ニ行フモノトス
第十九條　昆布採取ノ時ニ當リ沖取リ後海岸ニ漂着シタルモノト雖勝手ニ取ルコトヲ得ス」

「拾いコンブ」の場合はその当日の「寄りコンブ」の量によって採取人数を調整し，１戸あたり４人以下の動員ですむ場合は，採取後の分配は各戸ごとに平等になし，４人以上の動員の場合は，「人頭割」で分配する。よって後者の場合は各戸の分配量に差異が生じることはあり得るが，各個人への分配に関しては形式的平等性が志向されている。そしてこのことが各戸単位での実質的な平等を実現することになるが，同時に４人以下の動員の場合に「戸数割」とすることによって各戸間の格差を抑制する措置をもとっている。さらに上記19条は「沖取り」(「刈りコンブ」) 時に流され海岸に漂着したコンブであっても勝手に拾得することを禁止した規定であり，後には拾得した場合は「拾圓以内の違約金を徴収」するという罰則規定も追加された。

フノリの場合は，地先沿岸を11区に分け旧暦４月上旬から５月下旬までの間に干潮時を見計らって１日３時間程度採取された[49]。フノリについては男女全員が採取活動に従事することになる。すなわち，「布海苔の採取は最も全體的である。男女を問わず，總代の命令一下全部落民は擧げて出働する。部落に殘る者はたゞ書記と小學教師のみである。この二人は部落の留守居役として火の要心等をなし，その反對給付として布海苔一人前の配當を受ける[50]」。さらにアワビはコンブ採取（「刈り昆布《コンブ》」）と同様に男のみが採取するが，「漁區は五區に分たれ，同一區を年に三回以上採取せざることゝしてゐる[51]」と述べられていた。他方で，堀らによると，アワビについては「三月二十日より十月三十一日迄捕獲を禁ず。磯付の鮑は捕獲を禁[52]」じていた。

フノリやアワビの分配方法は，コンブとは異なり，各自が採取した分はそのまま各自の収穫量となる。そうであれば，各自の収穫量に差異が生じることになるが，実際にはさほどの不平等は生じていないと報告されている[53]。この点に関して，田村は「布海苔は水面を七ヶ所に區分し，男女年齢別に從ひ其の難易を考慮し各組公平に採取する。……各組の採取區域は男女老若の難易により水面が一定されてゐる故男と女壮年と老若の採収量は略一定されてゐる。しかも採取日取が波静かな日を選び何人でも採取し得られるようにする[54]」。

このようなコンブ以外の海産物の採取方法や分配方法はすべて慣習に委ねていたが，一般に漁業権が停止される場合，代理採取を許す場合等は以下のように「尻屋村制」に記されていた。まず漁業権が停止される場合は次の場合である。[55]

「一、七十二歳以上の隠居者にして疾病事故ある場合
　一、漁業組合員の家族にして（實子，養子，寄留者全部を含む）他村乃至他部落に居住變をなし，自活の目的を以て商業に従事したるもの。
一、前項の家族にして地元の漁業以外の職業を二カ年以上他地方に於いて営み將來の自活の目的のためにせるものと認められたる場合
一、北海道に出稼したる者にありては出發のときより起算して一カ年内に帰家せざる場合（「村制」第五十五條及び第五十七條）」

これらの場合は最初の「隠居者にして疾病事故ある者」を除けば全て当地不在であるので，実質的に漁業権を行使することはできないが，そもそも不在者は居住を必須要件とする「尻屋村民」ではない。「尻屋村民」でなければ，当然漁業権はないことになる。しかし，不在者がすべて非「尻屋村民」であるわけではない。不在であっても，あるいは居住していても実際の採取活動に従事できない次のような場合は「尻屋村民」としての権利は維持されるので，「部落の家族の代理人」よる採取が認められることになる（①〜⑦は便宜上林が付した）。[56]

「①疾病事故ノ為メ昆布採収ノ業ニ従事シ難キモノハ代理ヲ以テ採収セシムルモノトス但シ本條ノ疾病ト稱スルハ藥用シ且ツ病褥ニ在ルモノ乃至區長，惣代，理事ノ見込ニヨリ實際昆布，布海苔ノ採収ヲ為ス能ザルモノヲ指ス，永病人ニアリテハ三カ年ヲ限リトシテ代理雇入ヲ許ス（「村制」第四十五條，尚ほ第四十七條参照）
②兵役ノ義務ニ服シ入営中乃至出征者ハ布海苔ハ代理摘採ヲ許ス（これは村費にて代理人雇入をなす。村會開會中の村會議員の分，産婆講習生ノ分モ同様ニ取扱ハル。…）（尚ほ第四十七條参照）。
③豫備，後備並ニ現役軍人ニシテ軍役ニ従事中負傷病氣ノ為メ身體ノ自由ヲ失ヘルモノハ終身昆布布海苔ノ代理摘採ヲ許ス（第四十六條）
④十二歳以上ノ男子ニシテ他ノ市町村ノ學校ヘ遊學スルモノ（昆布及び布海苔について）
⑤齒骨納骨ノ目的ヲ以テ他ノ市町村ノ寺院ヘ参詣中ノモノ
⑥参宮者，金比羅神社参詣ノ目的ヲ以テ旅行中ノモノ
⑦年齢七十二歳ニ滿タザル戸主ノ隠居ニシテ疾病事故アリタル場合　」

これらのうちの⑤〜⑦はフノリのみの代理採取を認め[57]，他はコンブとフノリのそれを認めている。さらに①〜④のうち③については「終身昆布布海苔ノ代理摘採」を特に認めているが，この「軍役」への配慮は「入営中」の者や「出征軍人」にはコンブ，「志願兵」にはコンブとフノリ，それぞれの代理採取なしの分配を認めている点にも表れている[58]。

「一、兵役ノ義務ニ服シ入営中ノモノ乃至出征軍人ハ昆布ニツキ各一人分ノ補助支給ヲ受ク（第四十四條参照）
一、公務ノタメ採収作業ニ従事シ得ザル者。
一、志願兵ニシテ入営セル本村住民ニ對シテハ現役年限中即チ陸軍ニアリテハ三カ年海軍ニアリテハ四カ年間ハ昆布及布海苔ノ補助ヲナス（村制第四十六條の二参照[59]）。」

これらの不在者はいずれは帰郷することが予定されているので，「尻屋村民」としての権利は喪失しない。この点は前掲の「地元の漁業以外の職業を二カ年以上他地方に於いて営み」，あるいは「北海道に出稼したる者にありては出發のときより起算して一カ年内に帰家せざる」（前掲「村制」55条および57条）場合とも共通する。すなわち，1年，あるいは2年以内に帰郷すれば「村民」としての権利は喪失しないのである。このような居住と漁業権の結びつきは,「尻屋部落」と漁業組合との一体化に伴うものであるが，その傾向は両者が分離した後の「現行規約」での「部落会員」資格にも継承されているし，戦後の一部の共同漁業権行使要件についても見られることになる[60]。

コンブやアワビは昭和3（1928）年の北海道駒ヶ岳の噴火による「磯焼け」でほぼ壊滅したといわれているが，その後のワカメ採取方法にコンブ採取方法が継承された。しかし，この方法は手間はかかるし，個別採取に比して減産になるので，昭和28（1953）年以降に廃止された。一方のフノリ採取は戦後も継続されてきた。「下北」によると，昭和30年代後半（1965年頃）のフノリ採取権者は「七歳以上の村民はすべて「磯札」をもらって，一斉に摘みとりに加われる[61]」ことができ，採取権者の年齢の上限（72歳）は廃止されていた。フノリの代理採取については，「病人代理と公務従事者」には認められていたが，「病人は3年以内だけで，その後は自身採取の事実がなければ，代理は認められない」[62]とされており，漁協以外の「部落会」等の「公務従事者」にも配分する規則は継続している。この点に先の「一体化」の継続が見られることになろう。

現在，フノリ採取は年数回の口あけ制によって漁協組合員とその同居家族によって行われ，コンブは一定の地先沿岸での採取，アワビやウニは素潜りでの採取を認めているが，[63]すべての「磯物」の代理採取は認められていない。しかし，フノリ採取時の「公務出張者」には「はかりフノリ」と呼ばれる方法での１人分の配分がなされている。当日は「三餘会」が「磯吟味役」（監視役）をつとめるが，各戸のフノリ採取者数と出張者数も「三餘会」が事前に把握している。採取終了後に「三餘会」役員がオガシラである輪番伍長の家に集まり，その日の総採取量を勘案して１人分の配分量を算出し，出張者に配分する方法を「はかりフノリ」と言っている。実際に総採取量を計測し，それを採取人数で割って１人分を確定しているわけではないが，それに近い方法であり，かつての「刈りコンブ」の分配方法にも類似しているともいえよう。

これら海産物の戦前の販賣方法についても見てみよう。コンブやフノリ等は函館から田名部，新潟，東京，大坂等に販売されていたが，その売値は入札で，出荷量は15歳以上72歳までの男女の人頭割によって決められていた。その根拠となる規定が以下の「漁業組合規約第17條」であった。[64]

「漁獲物ノ製造及販賣ハ左ノ方法ニ依リ組合員各自随意二之ヲ行フコトヲ得ス
一、組合員ノ生産品ハ總テ共同販賣所ニ於テ總會ノ決議ヲ經テ價格ヲ定メ仲買人其ノ他希望者ニ賣渡スモノトス但シ共同販賣所ハ十五日輪番ノ順序ヲ定メ組合員ノ私宅ヲ以テ之ニ充チ賣價確定當時ノ出席數ノ六分五以上ニシテ出席員全部ノ同意アル非サレハ決定スルコトヲ得ス
二、布海苔ノ販賣ニアリテハ買受船毎ニ本船積入ノ總石數ニ組合員及家族十五才以上ノ總人員ニ割當テ一人一船ノ出荷高ヲ定メ順次平均シ製品ノ輸出ヲ計リ相場ノ高低ヨリ生スル組合員収入ノ均一ヲ計ルモノトス」

上記の二でのフノリ販売では，買い付けにきた商船ごと売り渡す数量を決め，その数量を15歳以上の人数で割り，各戸ごとの割り当て量を算出するということになる。したがって家成員数の多少によって販売量，受け取る代金が異なるが，相場やその時の単価の差異による各戸の収入格差が生じることはない。各戸一様に売価での損得が均霑されるのである。確かに家成員数の多寡による

各戸の収入格差は生じるであろうが，個人に割り当てられる販売数量はその時々で一定なのであるから，各「尻屋村民」単位での平等性は志向されていたことになる。こういった個人を単位とする傾向は，これまで述べてきたコンブやフノリ採取，その代理採取や不在者への配分等からも見られるし，前項での部落会規約類でのいくつかの規定からも読み取れるであろう。

さらにこの傾向は「漁業組合規約」での次の条項からも読み取れるかもしれない。すなわち同34条「海轣養殖ノ為メ六月ヨリ八月迄ノ時期ニ於テ組合員並ニ同家族全部ヲ以テ海轣濱整理ヲ為スモノトス，但シ整理日數ハ少クトモ五日以上タルベキコト」，同35条「海轣ノ害虫驅除トシテ毎年五日以上組合員並ニ同家族全部ヲ以テ海轣繁殖ニ妨害スル布海苔唄ノ採捕及雑草ヲ除去スルモノトス」[65]での「組合員並ニ同家族全部」の規定である。すなわち，一般的な「道普請」でのような各戸単位での賦役や各戸１名での「人日数」ではなく，「組合員並ニ同家族全部」による沿岸での作業を要請しているのである。

4　「尻屋村民」と〈個と共同性〉

前述のごとく，戦前までの部落会から，戦後は水産業協同組合法に基づく尻屋漁協，および旧戸33戸からなる「土地保全会」が分離した。「土地保全会」会員の33戸とその分家４戸を加えた37戸の成員から尻屋漁協は成立しており，現在の部落会もこの37戸の世帯主（当主）が正会員である。土地保全会の共有地に関しては33戸の共有入会権が成立しているが，専用漁業権やその後身である共同漁業権，特にフノリ等の「磯物」採取権については上記のような経緯を経てきている。「尻屋村制」以来の「尻屋村民」規定とこの入会権や「磯物」採取権は決して無縁ではないことは明らかである。

入会権や共同漁業権は，最近のコモンズ論から改めて注目されているが，その権利主体や権利の性質に関しては，前章での石井良介の「風呂敷理論」をはじめ総有権説や社員権説など多くの研究がなされてきた。本節ではこれらの論稿でしばしば使用されている「共同」，「集合」等の語彙，その語彙で表象される事象に注目していきたい。

戦後の入会権研究についての代表的な論者の一人である川島武宜によれば，

入会集団は「独立で・相互に平等な・構成員（すなわち「仲間」Genosse。家族ないし，その代表者）によって構成される」「実在的総合人」[66]であった。この集団は「多数構成員の集合それ自体にほかならない」のであり，他者との外部関係においても「一つの統一体として権利主張するように見えるが，多数入会権者の共同の主張以外の法律関係を観念する必要はない」[67]と述べられている。換言すれば，「入会権の主体たる共同体（ゲマインデ）ないしムラは，オットー・ギールケのいわゆる仲間的共同体（Genossenschaft）であり，そこでは団体としての「単一性」Einheitは，構成員の「多数性」Vielheitから分離して存在しておらず，ムラという「共同体」は一つの団体であるが，即ちそのまま多数の村民の総合体以外のものではなかった」[68]。そして，入会権は，「そのような構成員の多数者が，そのような共同体という団体関係において共同して有する権利である」[69]。この入会集団に権利義務が帰属するしかたは，「権利主体たる入会集団の構造によって決定されているのであり，入会権は，そのような入会集団の仲間共同体的構造の物権的側面にほかならない。そうして，そのような物権的側面をドイツの法学者はGesamteigentumと名づけた（わが国では「総有」と訳されている）[70]」。

また，共同漁業権とは，漁業法第6条によれば「共同漁業を営む権利」であり，「一定の水面を共同に利用して営むもの」とされている。現行漁業法制定当時の水産庁によると，この「「共同に利用して」とは，その地区の漁民総有の入会漁場—— 一定の取り決めのもとに漁民が原則として平等に利用する漁場——ということを表現したもの」[71]と説明されていた。

これらの「多数構成員の集合それ自体」，「多数入会権者の共同の主張」，「多数の村民の総合体」，「共同体という団体関係において共同して有する権利」，「共同に利用して営む」という場合の「集合」，「総合体」，「共同」という語彙で表象される事象は何によってもたらされているのであろうか。入会権や共同漁業権を行使する際の共同性が意図されているとしても，その共同性は具体的にはどういう態様であり，何によってもたらされるのか。その態様としては，入会集団や漁協において各構成員，各組合員が一定の規約のもとで「一人前の構成員」[72]として形式的に平等に遇され，平等に権利主張できる点が共同性として現象していると言えるかもしれない。

このような入会集団や漁協はそれらが存する集落と表裏一体化することが多い。よって，こういった入会集団は「単に入会のためにだけ存在するものではなく，当該部落の存する地域において氏神社を維持し道路・消防・学校等の地域集団の共同の事務を行うための「村落協同生活のための地域体」なのであって，入会地に対する権利義務はこのような包括的な生活共同体の単なる一側面にすぎないのである[73)]」といった説明も可能になろう。

同様に共同漁業権に関しても，その前身である明治漁業法での専用漁業権については，「地先の海にたいする地元の入會利用関係がまず専用漁業権として構成」されているのであり，その「内的構造は，その漁場の利用に關係する村の構造を反映することになる。いいかえれば，その村の村落共同體の實態が専用漁業権のなかに反映し，その権利としての構造を規定してゆくのである[74)]」と説明されている。

そうであれば，この「生活共同体」や「村落共同體」での共同性が要となるが，それはどのような仕組みによって生じてくるのであろうか。これらは農村社会学等ではムラ，あるいは「自然村」と表記される集合体であるが，ムラでは家を原則的な構成単位として様々な共同性が見られるものとして想定されてきた[75)]。また，入会集団自体も家ないし世帯を基本的な構成単位としてきたし[76)]，1戸1組合員方式を採用している漁協も少なくない[77)]。

本稿の対象地での「生活共同体」とは，現在の尻屋漁協や入会集団としての「土地保全会」，世帯主を会員とする尻屋部落会，これらを取り除いた後の尻屋集落が該当することになる。しかしながら，この尻屋集落は少なくとも戦前期までは漁業組合や部落会とは表裏一体であったのであり，したがって，そのような尻屋集落での「生活共同体」の構成原理は，「尻屋村制」，「漁業組合規約」等の規約等からも推測されるであろう。前述のように，これら規約からは構成単位は，一般的な農村や入会集団でのような家ではなく個人（「尻屋村民」，「部落民」）ではなかったろうかとの推測は可能である。その構成単位としての個人が一方では各戸に結集するとともに，他方では現在に至るまで存続している「三餘会」に代表される年序集団に分節化されていたと考えられる。この双方の集合体は結集原理を異にするので，どちらかに収斂することはなく，少なくとも戦前期までは一定の均衡状態を維持していたのであろう。なぜなら，当時は「尻屋村制」によって總代の下で一元的に政治・経済等の諸機能は掌握されていたし，各個人も「尻屋村民」や「部落民」としての居住・年齢要件が明確に定められ，各機能，年齢ごとに家あるいは各年序集団に帰属していたと考えられるからである。

もちろん，各個人は多くの時間を各戸で過ごしていたのであろうが，当地での主要な生産活動としての「磯物」採取・分配・販売については，その基本的な単位は個人であることが多かったことを想起したい。すなわち，各戸４人以下の者が参加する「拾いコンブ」以外の「磯物」に関しては，家単位ではなく個人単位での採取・配分・販売が行われていたのである。さらに，代理採取や「代理採取なしの配分」も各個人ごとの要件が定められていたし，海藻類の育成のための海岸部の清掃等に関する規定での名宛人，現在のフノリ採取時でも持ち物を置く石を各人に２つずつと定めている点，各戸１名による磯でのウニ採取とその分配時の人頭割（前章参照），さらに「公務出張者」に対しての「はかりフノリ」という方法での「１人分」の配分からも，同様な傾向を読み取ることができよう。

現在の漁協や「土地保全会」，部落会にも同様の傾向が見られるのであろうか。部落会会員については，上記のように世帯ではなく世帯主を会員としている点は指摘した。他方で，「土地保全会」や前章で記した戦後の昭和40（1965）年頃までの尻屋漁協での「40漁家体制」では，むしろ構成単位を家とする傾向が見てとれるかもしれない。しかし，漁協でのその後の組合員数の増加が当時の行政側からの要請によるものであったにせよ，１戸あたりの組合員数に制限を設けていないことは，漁協自体が漁業に従事する個人を単位とした組織に変貌していったことを示すものであろうし，またこのことは水産業協同組合法にも沿うものでもあった。さらには前章でも紹介したように，当初は組合員の欠員を年齢順（生年月日順）で埋めていたことは，当地での個人単位の年序制的な傾向と適合するものとなる。

他方の「土地保全会」は確かに旧戸33戸の世帯主が構成員となっており，昭和26（1951）年に制定された「尻屋土地保全株式会社規則」[78)]や前章で記した脱退事例からは「入会集団」といえそうであるが，同時に戦前までの年序集団の一つでもあった「戸主会」を継承した集団としての側面をも有している。年序制のもとでの「戸主会」が戸主33人の集団であったように,「土地保全会」も「部落共有権者」(「尻屋土地保全株式会社規則」4条) としての33人の戸主の集団としての側面も有し,「土地保全会」の構成員は33戸の家であると言い切ることは難しいかもしれない[79]。各戸の「跡取り」のみによって現在の「三餘会」が構成されていることも,実際に「三餘会」に入会する年齢(高校卒業時)以降に「跡取り」以外の者は他の職業につき,他出しているという近年の状況が生み出した現象であり,会則上は各戸の「跡取り」にのみに限定しているわけではない[80](会則3条)。すなわちここでも構成単位は家でなく,当地に居住する個人である。

このように当地での「生活共同体」としてのムラ,あるいはそのムラを基盤とする尻屋漁協,「土地保全会」,三餘会,部落会等の基本的な構成単位が個人であるという傾向は指摘できそうであるが,少なくとも戦前までは「磯物」採取・分配権はそのうちの15歳から72歳までの個人であった。つまり「生活共同体」の構成員である「尻屋村民」であり,「子供組」や「インキョジサマ」のような年序集団にも帰属しているが,採取・分配権はなく漁獲物配分の「人頭割」には含まれない個人も存在していたのである。こういった存在を「生活共同体」は抱え込んでいたのであるが,このことは採取・分配権者集団とその「周辺部」の構成員に「尻屋村民」を区分することになろう。全ての「尻屋村民」は年齢の上昇とともに「周辺部」から「中核集団」である採取・分配権者集団に入り込んでいき,やがては隠居して「周辺部」に戻ってくる。このように年齢による区分が当地の年序制に適合していることはいうまでもないが,同時に当該「生活共同体」の開放性と封鎖性をもたらすことにもなろう。

居住者が生得的に区分されるのではなく,年齢によって区分されることによって,各年序集団も「中核集団」等も構成員が絶えず入れ替わるという流動性を有するが,その流動性が各集団の開放性をもたらすことになる。他方で,構成員が年齢等の客観的な指標によって限定されることによって各集団の区分は固定的になり,集団間の融通性はなくなるので,その意味では封鎖的になる。このような性格を最も明確に示すことが可能であったのが,年齢区分が明確な三餘会(16～42歳)と「土地保全会」の前身である戸主会(43～72歳)であった。しかし,後者の戸主会は戦後の転入戸増加に伴って共有財産を維持していくために新たに封鎖的な「土地保全会」を結成せざるを得ず，かつ戦後は「隠居年齢」はなくなったので，その構成員の流動性は弱化してきている。しかし，「三餘会」は「土地保全会」ほどの財産を保有していなかったこととともに，構成員性は家族上の地位ではなく，実年齢に対応していたので，組織改編を伴う規約改正も必要とはせずその開放性と封鎖性が維持されてきたのではないだろうか。[81)]

このように，同じ「尻屋村民」であっても，彼（女）らは「周辺部」と「中核集団」，各戸や各年序集団に区分されつつ，上記の規約で明記された共通の資格や条件のもとでの共同性を表出していた。しかしながら，本稿ではこれらの共同性の底流に潜むもう一つの共同性を想定したい。便宜上これまで言及してきた共同性を「形のある共同性」，もう一つの底流の共同性を「形のない共同性」と呼ぶことにする。この「形のない共同性」とは，非定型的なアモルフな共同性を考えているが，こういった共同性は明確な定義づけはなくとも，農村社会学等の村落研究のなかでは以前から指摘されてきたことである。前章冒頭で言及した「ムラ産[82)]」という観念や「みんなのものという習慣的な網[83)]」としての「総有」についての次の様な説明にも見られるところである。

「伝統的な総有関係が成り立つ背景には，メンバーによる共同行動があったように思います。たとえば，山道をなおしたり，共同で水管理をするといった共同行動があり，だからこそこの共同行動の恩恵を受けるものは，総有物であったのです。……はっきりした取り決めも慣習もないけれど，困ったことがあった家にはすぐに応援に行くという雰囲気もあります。そういう，明確なものからあいまいなものまでふくめて，地域共同体の多層的な共同行動があり，だからこそ，この共同行動とともに展開するものに対しては，総有の網がかぶっているのです。[84)]」

ここでの「困ったことがあった家にはすぐに応援に行くという雰囲気」が「形のない共同性」の一つの具体例である。こういった共同性なり「共同行動」は，「水の相談，病虫害の相談，農道の補修，水路の浚渫……，一枚の田でも，それを田んぼらしくあらせるためには，部落のなかでの相談ごとはいろいろである[85)]」と言われるように，当該地においても日々の相談や接触，日常会話等から生まれ，かつそれらを推進するものであろう。このことを敷衍すれば，日々の相互への「働きかけ」がこういった共同性と密接に関連しているといえよう。

そして，このような「形のない共同性」が規約等によって具体化される「形のある共同性」の底流に位置し，その共同性を支えているのである。[86)]

もちろん，このような「形のない共同性」は，時として「わずらわしさ」や「しがらみ」[87)]を生み，常に肯定的側面だけを持っているわけではない。しかし，モライッコである「里子」にしろ，あるいは婚入者にしろ，当該「生活共同体」外からの移入者が「尻屋村民」化していくには，既存の「尻屋村民」と「なじむ」時間が必要であったろう。こういった「なじむ」ことが「形のない共同性」の一つの具象化となる。モライッコについての前掲の「尻屋村制」52条，52条の2での「届け出後1ヶ月」や「十五歳未満」規程も，実際に貰われてくる年齢（4歳から7歳ぐらい）を勘案[88)]すると，採取権を享受するまで当地での「なじむ」時間を想定していたと解することもできよう。

かつて川島武宜は事実上の家族関係と戸籍上のそれの違いを述べるなかで，「民衆の親族家族関係の形成は，段階的に行われる」のであり，「嫁は徐々に婚家の家族員になってゆく」という「漸次的段階的な発展・生長」を指摘していた。[89)]その「漸次的段階的な発展・生長」の時期は個々の家だけでなく，ムラや部落のレベルでも必要であり，それが「なじむ」時間であった。その時間は「形のない共同性」によって満たされ，次の段階の「形のある共同性」への移行を円滑に進められたのであろう。

「形のある共同性」であった「尻屋村制」等は生産・生活上の強度の規制を課してきたことは本稿において参照してきた先行研究においてもいくたびか指摘されてきたことである。[90)]しかし，こういった規制が存続してきた一方で，再三言及してきたモライッコや外部からの婚入者の存在，[91)]および田名部など外部への次三男の転出は当地と外部との交流を示唆していよう。この交流は「なじんだ」者の流出と新たに「なじむ」者の流入をもたらすが，そのことによって底流の「形のない共同性」は新陳代謝され，新陳代謝されることによって，「形のある共同性」を活性化する。そして，活性化された後者は，その定型性の故に非定型的な前者を秩序化し，「生活共同体」の枠内に絶えず組み入れていくことになろう。

おわりに

本章と前章では，昭和初期から現在までの尻屋という１漁業集落での〈個と共同性〉の諸相の一部を，残された規約類を参照しながら記述してきた。「尻屋村制」から「現行規約」までの規約から読み取ることのできる尻屋集落の構成単位は家ではなく個人であったのではなかろうか。その個人が紡ぎ出す共同性は大きく「形のない共同性」と「形のある共同性」に分けられた。後者の共同性が見られる「生活共同体」では，さらに「周辺部」と「中核集団」に区分される一方で，各年序集団と各戸のそれぞれの共同性が見いだされる。整理してみると，図８－１での模式図のようになろう。

この模式図では，A夫婦はEGO夫婦の父母であり，72歳以上の「隠居」であり，B夫婦は跡取り夫婦で，Cは孫である。EGOは戸主会，その妻は婦人会，「跡取り」は「三餘会」，その妻は「アネ連中」，孫は「子供組」に属している。各人は各戸の成員でありながら，「隠居」から「子供組」までの年序集団に属しているが，その一方で漁業権（採取・分配権）の有無によって「中核集団」と「周辺部」に区分される。どのような集団に含まれていても「尻屋村民」には違いない。これらの各年序集団や採取・分配権者集団，「尻屋村民」としての資格や権利義務は「尻屋村制」以来の規約によって規定され，それを遵守するなかでそれぞれの集団での共同性が表出されてきており，それらを「形のある共同性」と呼んできた。他方の「形のない共同性」は，いわばこの模式図の裏側に存する共同性であり，各集団間，そして各戸間の交流を円滑に推進する潤滑油としての機能を果たしてきた。新たな移入者・婚入者もこういった「形のない共同性」のなかでなじんでいくことになろう。

これらのいくつもの「形のある共同性」を人の一生という観点から見てみよう。当地で誕生した者（男）は各戸の成員でありながら，幼少期には「子供組」に入っており，やがて15歳を過ぎると「三餘会」に加わることができ，それぞれの帰属集団ごとの共同性を担う。その一方で，フノリ等の採取期には15歳以上72歳までの「中核集団」に加わり，やがて72歳になると「隠居」し，「周辺部」に移行する。「周辺部」に移行し，採取権等がなくなることは，当該者

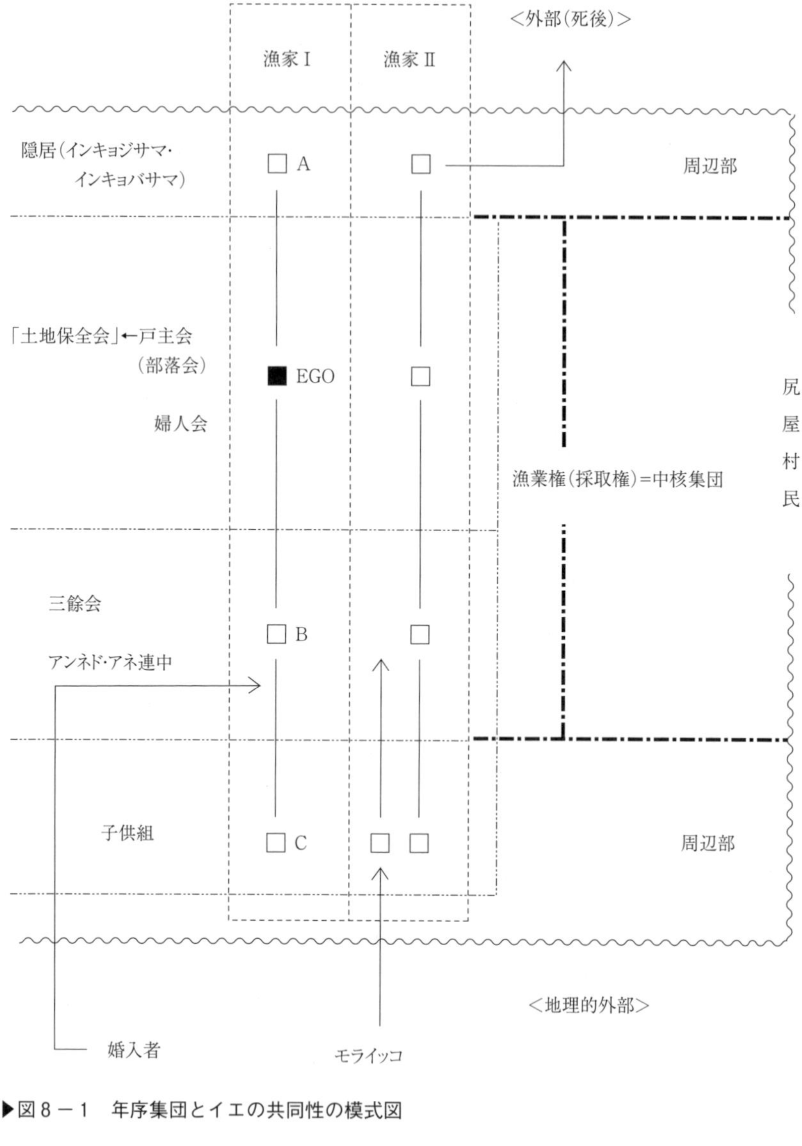

▶図８－１　年序集団とイエの共同性の模式図

の海への「働きかけ」(採取) とそれに伴う採取権者としての「村民」相互への「働きかけ」(相互承認) も終息することである。しかし,「隠居」や「周辺部」であっても「尻屋村民」としての共同性の一翼は担っている。つまり，当該者は年齢とともにこれら年序集団の共同性を順次担い続けるが,「尻屋村民」という外枠は維持されてきた。言い方を変えれば，当該者は「尻屋村民」であることによる一定の封鎖性を維持しながら，その内部では各戸と年序集団のいずれか,「中核集団」か「周辺部」のどちらかに帰属する。各戸での家内的な地位と年齢によって加わる集団は異なるのであるが，これらは全く乖離しているわけでも，いずれかに吸収されるわけでもない。

当該者はある家の成員でありながら，ある年序集団に属し，かつ「中核集団」に属する。家が婚姻と血縁を契機とする結合体であるとすれば，年齢集団は年齢によって区切られているのであり，その構成契機は異なるので，どちらか一方に収斂することはなかった。当該者は異なる構成契機の複数の集団に同時に属し，その集団が相互に当該者を牽引しあうとともに，各集団成員はその状況に応じて集合・解散を繰り返すので，いずれの集団にも開放性がもたらされることになろう。そして，ここでは家も他の集団と同じ次元で語られるので,「生活共同体」の構成単位にはなりにくい。

当該者にとっては，各種の行事や日常生活のなかでの生産活動時間か余暇時間かで，前景化し，具体化する集団が異なることになる。例えば，フノリ採取時期は各個人は家成員や年齢集団の成員でもありながら,主として「中核集団」成員として機能し，それが終わり各戸に戻れば家成員となり，翌日三餘会の作業に従事するときは三餘会会員として機能する。様々な状況次第で，ある集団が具体化し，ある共同性が表出する。それらが臨機応変に，あるいは生産活動時期や年中行事に応じて，柔軟に表出する点に当地での多彩な〈個と共同性〉がみられるのであるが，それらを束ねるものが「尻屋村民」であった。

個々人が「尻屋村民」であり,彼(女)らの織りなす多彩な共同性が当地の「生活共同体」の枠内で展開することになるが，そのことは「尻屋村民」であることが外枠となっている。「尻屋村民」が外枠であるとともに,「居住」を必須要件とする個々の構成員でもあった。このことは，前章冒頭で引用した石井良介の「風呂敷理論」[92] を援用すれば,「尻屋村民」は風呂敷であると同時に風呂敷の糸でもあることになろう。風呂敷の糸の集まりが風呂敷であり，糸が集合して風呂敷としての機能を遂行するように，小文字の「尻屋村民」の集まりが大文字の「尻屋村民」であり，それが「包括的な生活共同体」[93]となるが，それは個々の「尻屋村民」の集合にすぎない。その集合の具体化が家であり，年齢集団や漁協，「中核集団」や「周辺部」であり，そして「包括的な生活共同体」であった。

ここでの多彩な共同性は家から年齢集団，「生活共同体」，現在の部落会や漁協において，そしてそれらが相互に入り組むなかで表出している[94]。すなわち，その多様な集団では多様な「一人前の構成員」が存在し，かつ多重な〈個と共同性〉が柔軟に展開するなかで「包括的な生活共同体」としての尻屋集落も存続してきたと言えるのである。

しかしながら，こういった〈個と共同性〉のあり方は，公式法とも無縁ではなかった。戸籍を利用するモライッコの扱いのように，公式法を利用しつつ移入者を組み入れることによって，それまでの〈個と共同性〉を維持することもあれば，他方で公式法による漁協や「土地保全会」の分離によって「部落会」の力が実質的に弱化する場合もあり得た。どちらの場合も法と慣行のせめぎ合いと言えるが，後者の場合であっても，漁協，「土地保全会」，部落会は完全に分離することなく，相互に交錯しながらズレを生んでいるにすぎない。むしろ当地での多彩な〈個と共同性〉は，そういったズレを緩衝材として許容したいくつもの〈個と共同性〉の融通無碍な集合であったともいえよう。そうであれば，このような〈個と共同性〉の様相は，流動化しつつも一定の機能を担うことを要請されている現代の地域社会や農山漁村の今後のあり方の一つを示唆するものと言えるかもしれない。

1） 竹内利美編『下北の村落社会』（未來社，1968年）528頁。
2） 堀經夫・萩山健吉・横山武夫『青森縣尻屋部落經濟制度一般』（仙臺財團法人齋籐報恩會學術研究總務部出版，1931年）5頁より引用。
3）「村内の各部落は所謂自然村落であつて，海濱・小川・谷・丘とかに仕切られた土地に聚落を形成して居り，これが為め部落と部落の間の如きは遠きは二里も三里もある。從つて村内の交通は至って不便で各部落に對する日用品の供給並に農産物海産物の集散は凡て隣接の大湊線田名部町に仰がねばならず村落の行政所たる村役場も自村の地域内に置かず，田名部町に置いて産物の販賣，日用品の買出に出た序に公用も辨ずると云うようになつている。これは明治初年に東通村と云う政治村落が人為的に造り上げらるゝまでは，東通村内の各部落は各々独立したる天然村落として田名部代官所の支配下に属し同所が政治的並に通商的中心地であつた。」熊谷正男「日本の共産村落——青森縣東通村の郷土的研究」郷土5号（1933年）88頁。

4） 石崎宜雄「下北半島の村落構造——青森県における自治制度の成立に関連して」東北法学会雑誌10号（1960年）49頁。

5） 青森県農地改革史編纂委員会『復刻版　青森県農地改革史』（不二出版，1990年）321頁。

6） 田村浩『農漁村共産體の研究』（泰文舘，1931年）1頁。

7） 盛田稔「青森県尻屋部落に於ける特殊慣行について」『青森県農業総合研究所研究報告　2』（1954年）3頁。

8） 中川善之助『民法風土記』（講談社学術文庫，2001年）76頁。

9） 東通村役場『尻屋状況一班』（1930年）2頁。

10） 中川善之助「尻屋部落」『法学協奏曲』（河出書房，1936年）339頁，同・前掲注8）76頁。

11） 田村・前掲注6）12頁。

12） 中川・前掲注10）「尻屋部落」342頁。

13） 中川・前掲注8）77～78頁。

14） 青森県・前掲注5）322頁。

15） 有賀喜左衛門「家と奉公人」『有賀喜左衛門著作集XII』（未來社，2001年）322頁。

16） 拙稿「『貰い子』と家族と村落」札幌法学19巻2号（2008年）28頁。

17） 田村・前掲注6）12～14頁。

18） 同上16頁。

19） 小野武夫『近代村落の研究』（時潮社，1934年）258頁。

20） 山口彌一郎「本州最北端尻屋崎附近の聚落（二）」『地理学』5-9（1937年）11頁。

21） 堀ほか・前掲注2）34頁。

22） 田村・前掲注6）21頁。

23） 竹内・前掲注1）539頁。

24） 同上535頁。

25） 石崎宜雄によれば，このような規定になったのは昭和32年からである（石崎宜雄「崩壊する下北郡東通村の村落構造」弘前大学教育学部紀要8号〔1962年〕19頁）。

26） 前述の山口彌一郎の報告からすると，この間一時的に1300円に値上げされたことになろう。

27） 拙稿・前掲注16）4頁。盛田稔によれば，昭和27年（1952年）には「貰い子」は「男子10人，女子12人と性別も大体相半ばするようになって来た。昭和28年10月現在では総数27人，外にその配偶者1，子1である」と記している（盛田・前掲注7）22頁）。

28） 盛田・前掲注7）20頁。

29） 田村・前掲注6）19頁。

30） 同上60頁。

31） 堀ほか・前掲注2）25頁。

32） 同上26頁。

33） 小熊健・小池淳一「地域研究の対象としての「尻屋」研究史——民俗学および隣接諸

科学の調査研究の軌跡」青森県史研究７号（2001年）72頁。

34) 田村・前掲注６）61頁。

35) 同上92頁。

36) 東通村・前掲注９）10頁。

37) 堀ほか・前掲注２）27頁。

38) 田村・前掲注６）20頁，横山武夫『青森縣下に於ける特殊なる社會經濟制度の研究』青森縣經濟更正資料第三十一輯（1940年）73頁。

39) 竹内・前掲注１）507頁。

40) 同上。

41) 東通村・前掲注９）４頁。

42) 竹内・前掲注１）510頁。

43) 堀ほか・前掲注２）38頁。

44) 田村・前掲注６）40頁。

45) 堀らによると，当時の漁業権調での主な結果を表示すると以下の通りである（堀ほか・前掲注２）19頁）。ここでもコンブ，フノリ，鮑等が主要な漁獲物であったことが予想されている。

種別	指定番号	漁獲物	見積価格
地先専用漁業権	3187	鮑，海籮，昆布その他	21000円
同	3185	鰮，鮭，鱒	700円
慣行専用漁業権	3190	鮑，海籮，昆布その他	21000円
同	3184	鮑，昆布その他	21000円
地先専用漁業権	3189	鰮，鮭，鱒	1400円
同	3186	海籮	7000円
同	3188	石菜花	14000円
定置漁業	2320	鯛　鰤，平目，鱸	3600円

46) 堀ほか・前掲注２）８～12頁。

47) 盛田・前掲注７）８頁。

48) 田村・前掲注６）65頁。

49) 堀ほか・前掲注２）35頁。

50) 中川善之助「村の家（上）」社團法人日本放送協會東北支部編『東北の土俗』（三元社，1930年）153頁。

51) 横山・前掲注38）47頁。

52) 堀ほか・前掲注２）36頁。

53) 同上46頁。

54) 田村・前掲注６）70頁，72頁。フノリ採取区域を田村は７区に分けると報告しているが，前述のように掘らは11区としていた。この違いが何故生じたか，対象とする地先海岸の違いか，あるいは田村の調査時期には７区に変更されて，それが現在まで継続されているのかは不明であるが，ここではそのまま引用しておいた。

55) 堀ほか・前掲注２）32頁。

56） 同上31～34頁。
57） 田村・前掲注6）68頁。
58）「當部落に於《ママ》ては現役軍人は勿論，出征，演習召集，點呼召集等が海藻，鮑採取時季に遭遇する時は，軍人の不在出漁せざる者の家族に對し，一人分の收穫に相當する量を毎日の收穫量に應じ各出漁者一同（一五才以上七十二才以下）より均等に割當徴發して贈輿し以て生活の安定を得しむるは慣例なり。
他地方に修学する學生，生徒及公務の為不在出漁せざる者（例えば村會議員及産牛馬代議員等）に對しても亦同じ。而して最も美点とすべきは出征軍人にして不具癈疾となりたる者及私設消防に屬するものにして有事の際負傷して不具者となりたる者に對して，終生其の年度收穫の一人分を贈輿するの規定を作り，現に之を勵行しつヽある事なりとす。」（東通村・前掲注9）13頁）。
59） 堀ほか・前掲注2）34頁。
60） 拙稿「下北地方における法と共同性（その1）第Ⅰ報告　漁業慣行と漁業協同組合」札幌法学21巻1号（2009年）（本書第6章）参照。
61） 竹内・前掲注1）524頁。
62） 同上523頁。
63） 現在のフノリ等の採取方法については，林・前掲注60）と前稿を参照。ここで現在のコンブ採取とフノリ採取における三餘会の関わり方の差異について述べておこう。フノリ等の「磯物」採取時の三餘会の監視（「旗揚げ」）等（拙稿・前掲注60），拙稿「漁業集落における〈個と共同性〉（その1）」札幌法学22巻2号〔2011年〕本書第7章所収参照）は従来の「尻屋村制」や慣行に基づく部分が大きい。堀らも以下のように記していた。すなわち「從來「村制」に規定されて居た共有林管理人（二名）布海苔摘改メ役（三名）昆布採収吟味役（三名）鮑突キ改メ役（五名）等の職務は，現在はすべて同部落の三餘会（後述参照）にこれを依頼している。三餘会附則の……「本會ハ村方ヨリ春磯及秋夜磯等ノ吟味方委任セラレ春磯吟味役二名ヲ選任ス」（第二十九條）「夜磯ノ吟味ハ正會員貮拾五歳以下ノ者ヲ以テ取締ニ任ズ尚未入會拾五歳ノ者モコノ任ニ當ルコト」（第三十條）……というのが，これに當るものである。」（堀ほか・前掲注2）23頁）。
このようにコンブ採取も三餘会の監視のもとにあったが，既述のように「磯焼け」後，長くコンブは採取不能であった。しかし，昭和38（1963）年頃から漁協，特に漁業研究会が中心となって「海中造林作業」が行われるようになった。これはウニやアワビの餌としてのコンブの植え付け作業である。その後コンブに適した海流温度の変化もあって，コンブの生育が見られ，昭和57（1982）年度から新たに採取され始めた。このような経緯によってコンブ採取が再開されたので，現在のコンブ採取には三餘会は関与していないという。
64） 田村・前掲注6）73頁。
65） 堀ほか・前掲注2）38頁。
66） 川島武宜著作集第八巻『慣習法上の権利1』（岩波書店，1983年）70頁。
67） 同上71頁。
68） 川島武宜著作集第九巻『慣習法上の権利2』（岩波書店，1986年）90頁。
69） 川島・前掲注66）72頁。
70） 同上76頁。

71)　水産庁編『漁業制度の改革』（水産庁，1950年）281頁。

72)　ここでの「形式的平等性」とは，①法的な観点からの「共同体構成員の権利の平等性」，②構成員の需要や生産能力，社会的力関係の強弱や富の差異とも関係がない「抽象的な平等性」，③一定の条件を満たした者，従って当該村落共同体における居住者全員とは限らない「一人前の構成員」だけの平等性を意味している（川島・前掲注66）45頁）。

73)　川島・前掲注68）111頁。

74)　潮見俊隆『漁村の構造』（岩波書店，1954年）103頁。

75)　拙稿「日本農村における共同性」法社会学59号（2003年）参照。

76)　中尾英俊『新版　入会林野の法律問題』（勁草書房，1984年）65頁，川島武宜編『注釈民法（7）』（有斐閣，1968年）556頁。

77)　東通村内の８漁協（内水面漁協を除く）のうち尻屋漁協と猿が森漁協以外は１戸１組合員方式を採用している。

78)　当初は株式会社を設立するつもりであったようであり，そのときに制定された「尻屋土地保全株式会社規則」には以下のような条文が見られる（竹内・前掲注１）537頁）。

「第一条　わが部落は旧来より協同団結をもって自他ともに認められ今尚変わりはないが世の然らしむ処に依りムシリ（弁天島）の避難港着工とともに移住者多くなるによりわれわれ地元民として益々結束を固め持てる共有地を利用して造林事業及び畜産事業等を行い永く保全するを目的とす

第三条　本社の社員は昭和二十六年度まで部落共有権利者であった三十四名である（別紙社員名簿の通り）

第四条　社員にして退社せんとするものは賃貸価格にて権利を社に譲渡する事

第九条　社員の家族にして定年に達したものは必ず三余会に入会すること」

79)　この点について中尾英俊は「入会権は個人がもつ権利ではなく世帯（又は世帯主）がもつ権利である」（中尾・前掲注76）62頁）と述べているが，同書に引用されている盛岡地裁昭和５年７月９日判決では「入会権は……部落の住民で一戸を構える（主宰者である）戸主又は世帯主としての資格を有する者だけが之を有し……」と判示しており，中尾自身も「形式的には，世帯の代表者である世帯主が入会権をもつ，といってよいと思います」（同65～66頁）と述べている。本稿では入会集団の構成員という観点から，一定の限定されたイエの戸主又は世帯主の権利として入会権を考え，入会集団の構成単位もそういった個人であり，各イエは世代が変わるごとに入会集団の構成員を「選出」していると考えたい。

80)　拙稿・前掲注63）９頁。

81)　三餘会会員で42歳を超えた者を「特別会員」としている点は，年齢と家族内の地位によって区切られた三餘会と戸主会（部落会）のいずれにも属さない者への対応策であるが，こういった手法は各集団の封鎖性への柔軟な取り組みの一つとなり，各集団の分散・対立や当該集団の硬直化を防ぐことにもなろう。

82)　例えば守田志郎は「だれだれの田だれだれの屋敷地と普通に家庭共同体による土地の所有は，部落の所有というもっとも基礎的なあるいはもっとも根源的な所有に抱かれており，そのことによって，それぞれの家庭共同体が生活そしてそのための生産を，つまりは呼吸を，絶えることなく続けることができる」（守田志郎『日本の村』〔朝日新聞社，1978年〕113頁）と述べていたが，ここでの「部落の所有」という視点は，前稿冒頭で言及した集落内の土地を「ムラ産」とする観念や最近の鳥越の「共同占有論」(鳥越皓之『環境社会学の理論と実践』〔有斐閣, 1997年〕68頁)が想定している状態とも共通しよう。この「部落の所有」や「共同占有」の裏面には, 前掲の「尻屋村制第十條」での「本村民ニシテ家計上ノ都合ニヨリ廢絶家トナリタル場合ハ其ノ親族及遺産管理者ニ交渉ノ上當部落地區内ノ土地其ノ他ノ貨財ハ尻屋部落共同ニテ譲渡ヲ受クルモノトス而シテ共有地ニ屬スル権利ハ時價四分ノ三以内ノ價格ニテ部落共有財産ノ内ニ譲渡ヲ受クルモノトス尚他地方ニ移住シタル場合亦仝ジ」という規定が存する。この規定自体は「廢絶家」ではない家や居住し続ける個人の所有地も「部落の所有」地であると定めているわけではないが, 平常時には潜在化しいていた「部落の所有」という観念が「廢絶家」という緊急事態時に顕在化したものであるとの理解は可能であろう。

83) 内山節『地域の作法から』(農文協, 2006年)78頁。

84) 同上81頁。

85) 守田・前掲注82) 71頁。

86) 内山節は「講は入りたいからといって入れてくれる組織ではなかった。入会に当たっては, メンバー全員の承認が必要だったのである。つまりよく知り合った, 信頼できる仲間で講はつくられていた」(内山節『共同体の基礎理論』〔農文協, 2010年〕128頁〕と言うが, この場合の「信頼できる仲間」であることが「講」に入会する前提であり, そういった「信頼できる」状態がここでの「形のない共同性」なのである。そしてこのような「形のない共同性」は, 明文化された規約や客観的に明示できる規準によってのみ生まれるわけではない。

87) 二宮宏之編『結びあうかたち』(山川出版, 1995年)12頁。

88) 拙稿・前掲注16) 参照。

89) 川島武宜著作集第一巻『法社会学Ⅰ』(岩波書店, 1982年)67頁。

90) 本稿で紹介してきた各種の規制以外では「尻屋村制」には以下のようなものもあり, 生活全般に関しても規制していた。

「第十七條　從來ノ慣習ニ依リ酒類菓子類其他ノ飲食料品ノ販賣ハ村内ニ於テ營業スルコトヲ禁ズ, 但シ特ニ總會ノ承認ヲ得タルモノハコノ限リニ非ズ」

「第十八條　酒類其他ノ飲食品ヲ除クノ外呉服太物荒物小間物類ノ販賣ハ惣代人ノ承認ヲ得ルニ非レバ開店スルコトヲ得ズ, 但シ村内ノ取締上前項販賣ノ店舗ハ自宅ニ於テ開店シ小家其他雜建物等ニ於テ營業及居住スルコトヲ禁ズ」

さらに第十九條では「村社祭日及集會ノ席ニ於テ使用スル酒類其他飲食料品ハ左ノ數量ヲ超過スルコトヲ得ズ。」とし, 正月以降の各種の祭礼, 行事ごとの酒量を定め, なおかつ「驕奢ニ流ル丶ヲ禁ズ」と明記している(堀ほか・前掲注2) 40頁, 41頁, 49頁)。同様の規定は「12年規約」にも見られる(竹内・前掲注1) 542頁)。

91) 竹内利美は「尻屋の通婚範囲は圧倒的に部落内に集中している」とし, 昭和32年(1957年)現在の内婚率が75%であると記しているが(竹内・前掲注1) 499頁), 30戸前後の戸数であったことや,「貰い子」の相当数が津軽地方から貰われてきていたという中川の記述(中川・前掲注10) 342頁)から考えると, 外部からの婚入者が全くいなかったわけではないだろう。

92) 石井良介「山梨県山中部落の入会権」法学協会雑誌86巻1号(1969年)21頁。

93) 川島・前掲注68) 111頁。

94） 昭和24年（1949年）施行の「尻屋漁協規約附則」冒頭には以下のように記されていた。
「尻屋漁業協同組合相互扶助の精神を一層強固にし共存共栄の目的を以て次のとおり定める

第一章　冠婚葬祭

第一条　組合員並びに部落惣代に届けたる場合は地区内外を問わず二日間は全部休漁すること

外し区外との結婚者見送り際は出発の日より起算し鮑突に限り三日間休漁すること」

すなわち，漁協規約附則冒頭において「相互扶助」と「共存共栄」を掲げ，且つ休漁措置には「部落惣代」にも届けるが必要とされているが，後者の点に漁協と部落会の「入り組み」が見られよう。これを「未分化」として見ることは可能であるが，本稿ではむしろこの「入り組み」に〈個と共同性〉の多彩さを，そしてその基礎に「形のない共同性」を見てみたい。

【付記】 本章と前章で用いられた資料は平成20（2008）年〜平成21（2009）年の調査によって得られたものである。

結語――まとめにかえて

本書は，下北半島の諸地域における村落組織や家族・親族慣行，およびそれらと生業，特に漁業との関係について，法社会学的に考察することを目的としている。その際採った分析手法は，現地に入って数回わたる調査・フィールドワークを行い，その資料を持ち帰り，考察を加えるという，今の法社会学界では「少数派」となっている「村落調査」という手法である。敗戦直後の法社会学に典型的に見られるがごとく，わが国の戦後法社会学が，このような調査・フィールドワークによって得られた村落社会の実態と法との関係（この場合，主にその「ズレ」を批判的に考察することに焦点がおかれていた）を探求するところから始まったことは周知のことである。本書が，そのような流れを汲む「正統派」法社会学であると言うつもりは毛頭ないが，私はこの調査に基づいて自らの法社会学研究を続けてきたのであり，本書もそういった調査を基礎とした研究である。

ところで，このような調査という手法においては，調査目的はもちろんのことであるが，調査地の選定ということも重要である。以下では，本書での下北半島の諸地域における調査の経過を，おおむね時系列に従って叙述し，それぞれの調査で得られた結果について，若干の感想めいたことをも記して本書の「まとめ」としたい。

はじめに，「なぜ　下北か？」である。この問いに対しては〈個と共同性〉という視点から村落社会を考える場合には，第Ⅲ部第8章冒頭で記したように「下北型」村落はその最適の事例の一つであるからと答えることができる。しかしながら，私自身が下北調査を開始した直接のきっかけは，別のところにあった。

「下北」との「出会い」はかなり以前になる。本書でも度々引用してきた竹内利美編著『下北の村落社会』を読んだ時が最初の「出会い」であった。しかしながら，本格的な下北調査はそれからかなりの時間がたってからである。その直接のきっかけは秋田県の農村調査でのエッケと呼ばれる親族慣行にあった[1)]。このエッケを理解する鍵を下北半島のオヤグマキに求めたのである。下北半島のオヤグマキについては，上記の『下北の村落社会』とともに「九学会連合下北調査」の報告書（『下北　自然・文化・社会』）でも紹介されていた。

これらの先行研究が高度成長期の調査報告であったことも，下北調査を始めるもう一つのきっかけとなった。なぜなら，本書でも言及したように，一般に村落社会での「旧慣」と呼ばれるものは，多くの場合何の検証なくして，高度成長期以降に「衰退した」との前提のもとで語られてきた。その前提を検証するには，「衰退」前と想定される「旧慣」が報告されている地域を再度調査し，その「衰退」過程，あるいは「衰退」如何を考察することが必要であった。そのため，本書でも先行研究で「旧慣」が調査された集落である東通村目名・尻屋，脇野沢村九艘泊を，改めて調査対象として選定することになったのである。これら以外の佐井村牛滝での調査は九艘泊との比較のため，東通村の各漁協の調査は尻屋調査の過程で生まれたものであった。

最初の調査地は東通村目名であり，その結果は第Ⅰ部の3論文に纏められている。東通村を下北半島での最初の調査地とした理由の一つは，目名や尻屋といった往時の詳細な「村規約」が報告されている集落を含んでいたことである。目名ではオヤグマキとユブシオヤ・ムスコ，そしてモライッコと呼ばれた「里子」慣行を調査したが，そのなかで，行政上の区分（大字目名）とも，旧戸から構成された「目名生産森林組合」とも異なる「目名本村」としての「まとまり」と，これらの家族・親族慣行が関係している様子がうかがわれた。

当地でのオヤグマキはシンセキやシンルイと同義で使用されている民俗語彙であるが，このオヤグマキは血縁関係や姻戚関係によって生じるだけでなく，ユブシオヤ・ムスコや「里子」慣行によって，さらにはオヤグマキになることを目的としたユブシオヤ・ムスコ関係の締結によって形成・維持されていた。このように，オヤグマキが結果として生じるのではなく，ユブシオヤ・ムスコ関係がオヤグマキとしてのツキアイという目的のために締結される関係でもあったことは，親族関係や血縁関係，さらには家族概念を再考する大きな契機となった。

さらに注目されたことは，このような「旧慣」である家族・親族慣行のうち「里子」慣行以外は，確かに高度成長期に一時衰退したが，その後に変容しつつも再活性化してきているということである。この再活性化によって「目名本村」としての「まとまり」が形成・維持されてきた。すなわち，行政上の大字目名や，共有財産の維持·管理を目的とした「目名生産森林組合」とは異なり，旧来の「目名本村」の地理的範囲内の居住戸（旧戸と新戸）の「まとまり」の形成・維持のための「戦術」としての，これらの家族・親族慣行が活用されてきたと解釈できるのである。

目名は農村であったが，下北半島には漁村も存在しており，下北村落の特色を解明するには漁村調査も必要であった。そこで『下北の村落社会』でも報告されていた下北半島西通りの旧脇野沢村（現在は新むつ市）九艘泊の調査にむかうことになった。九艘泊では漁撈組織と家族・親族関係との関係を中心に調査したが，その成果は第Ⅱ部第４章に纏められている。当地では主としてタラ漁を営む上での各個人から編成される漁撈組織としての共同性，各漁撈組織が共同漁業権区域内で一定のルールによって操業する際の共同性，さらに共同漁業権区域外での操業に関する共同性が指摘されるが，これらの共同性は同時に共同されない部分を排出していくことによって差異性も生み出す。

すなわち，タラ漁を営む船主はおおむねその近親者から漁撈組織を編成する。各漁撈組織の共同漁業権区域内でのタラ漁は「場取り」によって開始され，共同漁業権区域を超える範囲では近隣の他漁協との取り決め（「覚書」）の制約下で操業される。これらの各次元では，法と慣行がせめぎ合うなかで共同性と差異性が生み出されている。とりわけ，近親者の「合意」を前提とした漁撈組織での最小化した共同性と最大化した差異性は，親族関係を媒介することによって「ムラの共同性」や漁協組合員を超える開放性の契機たり得ることに注目した。ここでの近親者の合意による共同性も，先のdoingな親族概念から析出されたものである。

この九艘泊との比較をなすため，同じタラ漁が営まれている佐井村牛滝の調査を次に行った。その結果は第Ⅱ部第５章に纏められている。当地では各漁船には父子または兄弟が乗り込む傾向が見られた。また，佐井村漁協の共同漁業権区域内に牛滝漁区が設けられ，その漁区内では牛滝在住者の漁船のみが操業できる。各漁船には漁区内でのタラ漁の操業区域が予め割り当てられ，その操業区域は年ごとにローテーションによって変化していくのであり，九艘泊のような「場取り」は見られない。

ここではこういった各戸（各漁船）を個とする「形式的平等性」の志向が見られるとともに，漁撈という「日常的実践」という視点からは，「共同漁業権区域内の牛滝漁区での操業」という法と慣行を駆使した共同性の構築が指摘される。この共同性は家内的領域（各戸）と相即する漁撈活動による共同性であるが，その構築を「日常的実践」から把握することによって，本書でも言及したエールリッヒの「生ける法」論との，さらには末弘厳太郎の「法的慣行」論との接点を見出すことが可能となる。

「生ける法」や国家法等を渾然一体化し包含する末弘の「法的慣行」は「実効性」を一つの指標としているが，[2)] その「実効性」をもたらす過程には，「法だけでは決定されつくせない部分に，当事者なりの状況の解釈，その独自のあるべき社会のヴィジョンといったものが織り込まれていく[3)]」こともあろう。そういった「状況の解釈」や「社会のヴィジョン」が織り込まれる「日常的実践」が共同性——牛滝漁区での漁場秩序等——を生み出す時に，そこに「実効性」のある「法的慣行」を指摘できるのであり，既存の法や慣行はそのなかに絡みとられていることになる。

牛滝調査後に，同じ漁村でありかつ東通村目名と同程度に旧来の詳細な「村規約」を有し，その独特のコンブ採取・分配方法から戦前は「共産部落」とも呼ばれていた東通村尻屋の調査を開始した。この調査では尻屋集落やその村落組織と尻屋漁協との関係を探ることを目的としていたが，そのためにも東通村の他の漁協との比較が必要となった。

第Ⅱ部第6章は東通村内の8漁協の調査に基づく論稿である。従来東通村は前述のように「集落連合」と呼ばれる程，各集落の自立性が高い村であり，集落相互間の陸上交通網はさほど整備されてこなかった。そのために昭和末期までは東通村役場は隣接するむつ市田名部におかれていた。これは各集落間の道路よりは，各集落から田名部への道路のほうが比較的整備されていることや，他の様々な点から田名部に設置しておくほうが便利であったからと言われていた。しかしながら，村内の8漁協の組合員が居住するそれぞれの集落間の陸上交通（道路）は未整備でも，各漁協の共同漁業権や入漁権等を契機とした，いわば〈海〉を媒介とする漁民の共同性を指摘するとは可能であろう。逆説的には，そういう〈海〉を媒介とした共同性の故に，陸上交通網の未整備が近年まで続いていたとも言えるかもしれない。

第Ⅲ部では尻屋調査の結果を纏めた。ここでは尻屋の現況，昭和初期以来の「尻屋村制」と呼ばれる「村規約」の現在に至までの変遷過程，往時のコンブやフノリ等の「磯物」の採取・分配・販売慣行を考察した。それらの考察からは，現在も尻屋漁協と尻屋集落との融合，あるいは構成員性に関しての緊密な相互関係が見られ，かつ尻屋での重層的・多元的な共同性は，各戸ではなく各個人を単位とする傾向が指摘されるとした。

以上の考察から，「衰退する旧慣」というテーゼが妥当しない慣行が見られたことを第一に指摘しておきたい。これが最も明確に見られたのが，目名でのユブシオヤ・ムスコ関係やオヤグマキである。それらの考察は前述のように家族・親族概念，さらには血縁関係自体の再考を迫るものであり，特にD.M.シュナイダーのdoingな，「構築主義」的な親族概念を援用することによって，オヤグマキへの理解が促進されることになる。すなわち，この親族概念からは，オヤグマキのような「旧慣」とされる家族・親族慣行の変容を，諸条件下での各個人の選択による「可逆的変化・展開」として把握することができ，一方的に「衰退」するだけではない「旧慣」を指摘できるのである。当地での「目名生産森林組合」の設立という法的措置や一部の旧戸の離村という諸状況が，これらの家族・親族慣行の変容・再活性化の一因ともなったのである。

さらに，本書ではいくつかの次元での〈個と共同性〉という観点からムラや村落社会を考えてきたが，この観点は「個」と「共同性」が単に乖離しているのではなく，両者の間での何がしかの連携（「対抗的相補性」）を模索していることを示している。しかも，多元的・重層的な「共同性」には多元的・重層的な「個」が対応すると考えられる。ここでの「個」は個人であり，家であり，さらには年齢集団や漁撈組織であったりするが，序章ではこの個人以外を「第一次結集体」とした。各ムラの領域を超えるレベルでの「共同性」を想定する場合には，漁協やムラ自体を「個」として把握ことも可能だが，その場合にはその「個」の内側は入れ子状にいくつかの〈個と共同性〉がおさまることが予想される。もちろん，そういった多元性や重層性は予定調和的に存続しているのではなく，当事者の選択や意思がそこに介在していることはいうまでもない。

他の政治的，経済的，法的諸条件とともに，これらが介在することによって，その時々に強調される「共同性」も異なってくる。例えば，九艘泊，牛滝，尻屋では，その共同漁業権や漁協組合員資格等を前提としながらも，それらを各集落での「旧慣」･諸慣行と融合，あるいは併存させながら，幾重もの「共同性」を用意しているのである。

こういった多元的・重層的な「共同性」は尻屋で見たように，「形のある共同性」と「形のない共同性」に分けられた。「形のない共同性」は「形のある共同性」とは別に，かつそれらとはある時には交互嵌合の形をとりながらも見え隠れする「共同性」である。具体的な形態は特定できず，その場その時に応じたアメーバ状の「共同性」とでも言えるものであり，「形のある共同性」の基底に存するとともに，その間隙を埋め，その間の折衝・折り合いを円滑化しているものとして想定されている。「隙間に生じる」とも言われている「実践共同体」と重複することもあり得よう[4)]。そうであれば，これはおそらく村落社会には限定されない「共同性」であり[5)]，日常的な接触や会話，コミュニケーションなどから生まれ，あるいはそれらをもたらす「顔なじみ」状態とも共通性を有するものであろう。

そうであっても，村落社会ではその地理的近接性や生業の同一性等によって対面関係が生まれやすく，それ故にこの「形のない共同性」が生活・生業の双方の場で形成・維持されやすい。しかし，それはその非定型性のために，「形のある共同性」との嵌合，あるいはそれとの併存による秩序化のなかでしか存続しえなかった。他方で「形のある共同性」がもたらしがちな封鎖性を，「形のない共同性」が絶えず揺さぶり，村落社会の外への回路を切り開く契機を提供していると言えるかもしれない。

ここからすると，「ムラとは何か？」という「序論」でも提起した問いに対しては，何がしかの指標によって他と差異化・峻別された地理的領域での，上記の双方の「共同性」を内包する融通無碍な「まとまり」の存続が，ムラの存立の第一の条件であると言えるのではないだろうか。そういう「まとまり」が生活・生業上での各個人による「日常的実践」と相即しているとすれば，それはdoingな「構築主義的」な親族概念や親族慣行とも共通性を有している。そして，この「日常的実践」を許容し，かつそれによって構築される一定の柔軟な仕組みがそこにはできあがっているのであろう。この仕組みのなかで,生活・生業の状況に応じて,「多元的・重層的な個」と「多元的・重層的な共同性」のいずれかが前景化しているのである[6]。

こういった仕組みの一つの対外的側面をかつて桜井徳太郎は「ゴム毬原理」と呼んでいた。これは「外部からの圧力が加わると,民衆はそれに抵抗する無駄を省いて,自分のほうで凹んでしまう。外部からの圧迫は決して永続的ではないから,やがてリタイヤーする。だから外圧期間中は反抗したり積極的に攻めたてることはしない。しばらくして外圧が引っ込むと,その機をみてとって,再びもとのごとく表に出て行きフルに機能する。無理をしないのであるから,毬の生命力は永つづきする[7]」のである。

この「ゴム毬原理」は主としてムラ外からの法・行政上の要請・強制への対応を念頭においている。村落社会においては法・行政上の要請・強制と慣行がせめぎ合う(融合・併存を含む)形で作動していることは本書でも論じてきたところであるが[8],こういったせめぎ合いのなかで存続していく柔軟性をムラが有していることは,「序章」で紹介した滋賀県の上羽田町北方のその後の諸慣行の変化やかつての「減反政策」への対応[9]を考察することによっても指摘された。

この上羽田町北方については,当初は蒲生正男の提唱する「第三の村落類型」である「頭(当)屋制村落[10]」を求めて調査を開始したのだが,最初の調査から17年を経た2003年の再調査では,この間の村内婚率の低下,トウヤ制や神事等の簡略化,その他のいくつかの変化にもかかわらず,その基本的なムラの構成準則は維持されていた。そのなかで注目されたのは,旧来のトウヤ制に象徴されるムラレベルでの共同性,ソーレンシンルイやトナリ等の血縁・地縁関係のレベルでの共同性,そして,これら以外の,個人を単位とする友人や職場での知り合いや村内婚率低下の結果として当地外に展開する親族関係等を含む非定型な共同性としての「形のない共同性」である。これら三者の相互関係のなかでムラとしての柔軟な仕組みが維持されていたのである[11]。

以上見たように,下北半島を対象とした調査という手法によって,法と社会の関係のなかで,行政村という法制度や諸慣行に基盤を有する「形のある共同性」とともに,「形のない共同性」という「見えないもの」(非制度的なもの)が存続している一つの社会のあり方としてのムラを抽出することができた。そこではこの「見えないもの」が「形のある共同性」との関連性を保ちつつ，ムラの外への回路として機能し，ムラとしての柔軟な仕組みに寄与するという姿をあぶり出すことになったが，「序論」で言及した「個」と「共同性」の「対抗的相補性」はこういった仕組みの一つの側面を示すものとなろう。

法と慣行のせめぎ合い状態のなかでの多元的・重層的な〈個と共同性〉が各個人の「日常的実践」や「日常的な会話」等とともに存在し，かつ上記のようにそれらが理論的には村落社会に限定されないならば，先の「ゴム毬原理」や共同性も村落社会に限定することはできないだろう。さらに言えば，こういったムラを今日の「共同体」一般に置きかえることも可能ではないのだろうか。もし可能であるとすると，それを支える条件は何であろうか。具体的な「共同体」ごとにそれはどのように異なるのか。これらの点は本書の射程範囲を超えており，さらなる考察を必要とする。しかし，3．11の東日本大震災以降，益々流動化し，リスク化しているとも言われている現代社会においては，そのリスク化ゆえに強く「絆」が求めら，フォーマルな次元とインフォーマルな次元での〈個と共同性〉のあり方が模索されている。そうであれば，このようなムラのありようは今後も検討に値し，このような視角からの村落社会の考察は，現代社会の様々な領域にも援用できる可能性を秘めていると思われる。

1） 拙稿「親族慣行についての一考察」札幌法学7巻2号（1996年）参照。

2） 末弘厳太郎「調査方針等に関する覚書」『中国農村慣行調査　第一巻』（岩波書店，1952年），拙稿「『生ける法』論の展開」札幌法学10巻1・2合併号（2001年）参照。

3） 棚瀬孝雄「法化社会と裁判」ジュリスト971号（1991年），78頁。

4）「実践共同体は強制的な作業現場にでも隙間に生じる形で（interstitially），インフォーマルにうまく発展するのである。そこで学習されるであろうことは，インフォーマルな共同体が強制への対応として生起させるなんらかの社会文化的実践であろう」ジーン・レイブ，エティエンヌ・ウェンガー（佐伯胖訳）『状況に埋め込まれた学習』（産業図書，1993年）42頁。

5） 例えば，喜安朗は19世紀フランスの都市社会での労働者達の「相互扶助会」を支えるものとして，「社交性」や「民衆の自然な感性のなかに含まれる因習的なもの＝旧来からの持続的な要素によるソシアビリティ」（喜安朗「日常的実践の個性化とソシアビリティ」二宮宏之編『結びあうかたち』〔山川出版，1995年〕218頁）をあげているが，これらも「形のない共同性」をもたらす要素の一つとして取り上げることができる。この次元では個人は「形のない共同性」に溶解しつつ，それに溶解しつくすことなく，変化する状況への「即興性」を備えている状態にあろう。

6） かつての有賀喜左衛門の「生活論」や「相互転換」論もこの点を強調していたように思われる。松田素二『日常的人類学宣言！』（世界思想社，2009年）71頁参照。
7） 桜井徳太郎「結衆の原点」鶴見和子他編『思想の冒険』（筑摩書房，1974年）190頁。
8） 但し，この視点は様々な共同性がもたらす「負の側面」を見逃す可能性があることは十分に自覚しておく必要があろう。2010年5月の日本法社会学会学術大会（同志社大学）において，「下北地方における〈法と共同性〉」というテーマで「ミニ・シンポ」（報告者：前川佳夫・岩崎由美子・塩谷弘康・林研三・鈴木龍也）を行った。その時の会場からの質問の一つに，報告したいつかの慣行や農林水産業のあり方と「法はどうかかわるのか」という質問があった。さらにシンポ後に共同報告者の一人への聴講者からの「アドバイス」においてもこの「負の側面」が指摘された。シンポ時には十分に応答できず，また現在もさほど考えが進展しているわけではないが，以下のように答えておきたい。すなわち，その時の私の報告（尻屋のついての報告）では，法と慣行のせめぎ合いのなかで，慣行が法を「飼い慣らす」側面を強調していたが，逆に法が慣行を遮断することによって，新しい共同性を創造する契機を提供している場合もあり，その事例が当日のシンポでの目名その他の農林業を対象とした塩谷弘康報告と岩崎由美子報告であった。つまり，「法と慣行」のせめぎ合いは同一集落や同一地域においてすらも，常に同一方向に向かうわけではなく――勿論ここには東通村自体の特色としての各集落の自律性の高さも影響しているが――，そこでの生活の実体に相応する方向が表出する。「法も慣行」も生活のなかでの「日常的実践」と相即し，「日常的実践」は生活の必要性から要請されてくるのであれば，その生活の細部にわたって考察が必要となるが，その生活での必要事項は「生活意識」を媒介にしている。有賀喜左衛門によれば「生活の進展は古い生活意識の展開において行われるものであって，われわれが新しい生活条件を選択する場合においても，この選択は一面においてその生活の既存の条件に適合するような仕方において行われるのである。すなわちわれわれはたえず新しい生活資料によってその生活条件の展開を求めながらも，それを古い生活意識に適応せしめようとする努力をやめないのである」（『有賀喜左衛門著作集Ⅷ　民俗学・社会学方法論』〔未來社，1968年〕211頁）と述べているが，この「新しい生活資料」による「生活条件の展開」と「古い生活意識」のせめぎ合いに「法と慣行」のせめぎ合いも含まれることがあり得るが，このことは「古い生活意識」が必ずしも「慣行」に相当するとは限らない。せめぎ合いは「歴史的もつれあい」（杉島敬志編『土地所有の政治史』〔風響社，1999年〕12頁）としての様相をも帯びることがあり得る。新しい「法」であっても「日常的実践」に相即しているのであれば，それまでの「慣行」との「もつれあい」のなかで成立・執行されることもあり，他方の「慣行」も「新しい生活資料」としての新しい「法」を組み入れて実践されることもあり得よう。
9） 行政からのいわゆる「減反」要請に対しては，当地では各農家間での独自の耕作地の「置換」と転作奨励金の配分で，各戸の負担の平等化をはかったが，こういう方式が採用され得る背景にムラの存在が見てとれる。拙稿「ムラと農業――滋賀県下の一農村の事例から」農業法研究23号（1988年）参照。
10） 蒲生正男「日本のイエとムラ」大林太良編『世界の民族13』（平凡社，1974年）所収，拙稿「滋賀県八日市市上羽田町北方の村落構造」大胡欽一他編著『東アジアの文化人類学』（八千代出版，1991年）所収参照。
11） 拙稿「日本農村の共同性」法社会学59号（有斐閣，2003年）参照。

あとがき——下北とフィールドワーカー

下北半島は揺れている。2011年の3.11以降，日本各地の原発立地地域への注目が集まっているが，下北半島もその一つである。否，下北は1960年代末の「むつ小川原開発計画」から始まり，東通村議会での原発誘致決議，東通原発の建設・稼働，さらには最北端の大間町での大間原発の建設と続いてきた経緯から，他の原発立地地域とも異なる視点から見られているのかもしれない。

そういったなかで，この本を刊行することに躊躇がなかったといえば嘘になろう。しかしながら，この本に収めた諸論稿は過去10数年間にわたって下北に通って下北の人々との語らいのなかから生まれてきたものである。そういった人のなかには原発誘致にかかわった人もいたが，多くは農林水産業に従事する「下北の人」であった。そういった人々の生活や生業を，あえてこの時期だからこそ公開することも必要ではないかと考えて，今回の出版を決意した。

下北について語ることは，私自身が村落研究に従事したきっかけを語ることにも通じる。「結語」で記した下北調査の「きっかけ」以前の「もう一つのきっかけ」をここでは述べてみたい。私自身は大学院では法社会学を専攻していたが，大学院に入学した当初から，法律学以外の分野，特に社会人類学や文化人類学，社会学，あるいは政治思想史等にも大いに関心を有していた。籍をおいていた研究室の指導教授の畑穣先生の寛大さもあって，私は自らの関心の赴くままに，他研究科の講義をも受講していた。博士後期課程に進学後には，他大学院での人類学関係の研究会にも顔を出すようになった。その研究会に出席するなかで，またその研究会を主催していたX先生（ここでは一応こう呼ばせて頂く）の示唆もあって，私は村落研究の道に進むことになった。

当初は北関東や近畿地方の農漁村を対象として，いくつかの論文も書かせてもらい，研究会や学会でも報告させて頂いた。ちなみに私の最初の学会報告は日本農業法学会でのものであり，その報告の機会を与えて頂いたのが黒木三郎先生である。黒木先生には「法社会学インターゼミ」でもお世話になったし，三重県鳥羽市菅島での入会調査にも誘って頂いた。そのような研究を続けるなかでX先生が「下北をやってみろ」と私に助言してくださったのが，私と「下北」の最初の具体的な「出会い」であった。当初はある大学の非常勤講師として担当した演習で竹内利美編『下北の村落社会』をテキストとして輪読していたが，「下北」についてはほとんど知識がなく，「東通村」の読み方すらもおぼつかなかったことを記憶している。その後ほどなくして，私は法社会学の専任教員として勤務するために津軽海峡を渡ることになったので，結局その演習で下北調査を行うことはなかった。

赴任後数年して，私は偶然下北に行くことになった。それは非常勤講師時代の友人のA君がたまたま近隣の大学に赴任し，その彼の誘いによって，双方のゼミの合同調査を東通村で行うことになったからである。A君はその後も1，2年間は下北調査を続けていたようだが，私は秋田県や山形県での調査を行うことになった。山形県での調査はその前年に江守五夫先生と森謙二先生のお供をして東北地方を回った時に立ち寄った越沢集落を対象としたものであり，秋田県での調査は鳥海町（現由利本荘市）上笹子で行った。特に秋田県での調査は3，4ヶ年をかけ，学部のゼミを引率した調査もここで行った。

この秋田調査で明らかになった家族・親族慣行（〈エッケ〉）をどう理解すべきかを悩んでいた時に，X先生から再度「下北のオヤグマキをやってみろ」との助言を頂いた。これは私の推測でしかないのだが，X先生自身が1960年代に下北地方を調査しており，その時の問題意識と，当時の私の問題意識にいくぶん共通点があったため，再度の助言になったのではないかと思っている。

さて，下北での最初の単独調査の対象地は東通村目名であった。1996年の6月，私は多少の緊張を感じながら，村役場で紹介して頂いた目名の「部落会長」の奥島松蔵さんに会いに行った。いつでもそうだかが，こういう最初の調査地に赴くときの緊張感は何年たっても慣れるものではない。学生や院生時代のように「若い」時ではなく，ある程度（あるいは今のようにかなり）年齢がいった時も，この緊張感は決してなくならない。

しかし，奥島松蔵さんには，私の予想をはるかに上回って「親切な対応」をして頂いた。初対面にもかかわらず居間にあげて頂き，集落に関する様々な情報を提供していただいた。その年の8月には本格的な調査を目名でさせていただいたのだが，目名の多くの皆様にも快く協力して頂いた。とりわけ，Sさん，Yさんとは「仲良くなった」。Yさんの家は目名で唯一の商店を経営している。私が目名に行く少し前にそこのお母さんが亡くなったので，むつ市にいた息子のYさんが戻ってきて，店番をしていたのだ。ちょうど店の横に空き地があり，よくそこに車をとめさせてもらって，店でYさんと雑談をしていたように記憶している。一方，Sさんの家には一度訪ねたら平日の午後でもあり，当然留守であった。応対して頂いた奥様との雑談のなかで，「日曜日なら在宅していますよね」のようなことを私が言ったものだから，次に日曜日は終日私を待っていてくれたようだ。そのことを後で本人に会ったときに言われてしまい，ここでも大変恐縮してしまった。そのこともあって，その晩はS家でもう1人の目名の方を含めた3人で焼酎を大いに飲んでしまい，肝心の調査は次回になってしまったことを覚えている。

さらに，目名調査の時にはむつ市の民宿に泊まっていたのだが，その民宿のすぐ近くに，目名在住のBさんの長男夫婦が住んでいることがわかった。このB家も旧家であったので長男の方は目名に戻ろうかどうか悩んでいたようだ。2，3度長男の方が民宿にやってきたり，私が長男夫婦の家に行ったりして，様々な話をした。ある晩私が「ビールでも飲みましょう」と言うと，「大学の先生が酒を飲むんですか？！」と驚いていたが，何か勘違いされているようで，私のほうが面食らった。

しかしながら，正直に告白すると，目名では「すべてうまくいった」わけではない。一度だけ私が質問をし始めてしばらくすると，すごい剣幕で追い返されてしまった家があった。「なぜ追い返されたか」。当地にはかつて本書でも言及している「里子」慣行があった。私が追い返された家は，以前にはこの「里子」を多く抱えていた家であった。その家での私のちょっとした発言が「大きな誤解」を生んだようだ。しかし，その一方では「里子」であった年配の方々からは当時のことを聞くことができ，自らが「里子」であったことを隠そうとはしなかった。

本書でも言及したが，こういった意識の違いが生じるてきていることは，当地の方々を含めた我々自身の「家族観」の変化を示すものかもしれない。すなわち，「里子」慣行は下北半島だけでなく，その細部の違いはあっても全国各地で散見される慣行であった。つまり，有賀喜左衛門を引用するまでもなく，家内的領域に「里子」や「奉公人」のような非血縁者が存在することは，かつては「不自然なこと」ではなかったようだ。それが現在のような「子＝血縁」であることが常態化した家族形態に移行することによって，非血縁者＝「赤の他人」，家族＝「血のつながり」・「身内」という等式が成立してきた。よって，そこから外れた形態を「異常視」し，ともすれば「隠そうとする意識」が生まれたのかもしれない。

それはともかく，私が「追い返された」ことはすぐに松蔵さんには伝わっていたらしく，調査の最終日にお礼のために訪れた時には，こちらが慰められたことを記憶している。こういったことは私の経験では他の調査地であるが今までにもう一回あったが，どちらの場合も単に話を聞かせて頂くことを断られたのではなく，「激高して追い返された」のである。この２回の経験はいまでも「フィールドワーカーとしての私の未熟さの証である」と言えるが，本音を言えば，未だになぜ「激高させてしまったか」について正確なところはわからない（わからないから未熟なのであるが）。

その後も松蔵さんには毎年年賀状を送っていたが，約10年後に目名を訪れた時には，その２，３年前に倒れ，自宅療養中であった。私が自己紹介しても覚えてはいなかったが，対応して頂いた「お嫁さん」は，私のことを記憶していたようである。その２，３年後に尻屋調査の帰途，再度立ち寄った時にはすでに亡くなっていた。目名では他にも親切にして頂いた方々は多く，今でも気楽に訪れることができる家もある。かつて話を聞かせてくれたある家の子は，後に私の勤務する大学に進学することにもなった。そして，ついでにその子の「修学指導」を目名に立ち寄った際にその親から頼まれてしまったこともある。

目名の調査の後，漁村である脇野沢村九艘泊の調査に着手した。この調査の時は脇野沢村教育委員会で九艘泊在住の櫛引理三郎さんを紹介していただいた。その理三郎さんには九艘泊在住の前脇野沢村漁協組合長の中島俊治さんを紹介していただいき，九艘泊の漁業に関しては主としてこの中島さんと櫛引さんに長時間にわたって詳しい話を聞くことができた。中島俊治さんはその前の年に体調を崩したが，私との会話はリハビリにもなるとのこと，さらには比較的時間の余裕もあったので，詳しい組合長時代の話をして頂いた。また，この調査時には九艘泊には宿泊場がなく，やむなく役場のある脇野沢本村の旅館や民宿に泊まることとなったが，最初に泊まった民宿のご主人が1960年代の「九学会連合調査」時に竹内利美らの「社会学班」の案内をした方であったことは何かの巡り合わせかとも思った。次に泊まった旅館は実は当村出身の著名な民俗学者の定宿であり，そこの女将さんは調査に関してよく知っていて，私もいくつかのアドバイスをしてもらったことがあった。

調査の最終日に中島さんと別れる時に，なぜだか中島さんが怒っていたような気がしたが，それでも最近の当地では「タラが少なくなったが，下北半島西通でもより北寄りの集落ではまだタラがたくさん来ているようだ」と助言してくれた。この中島さんの「怒り」は，多分「少ししゃべりすぎた自分とそうさせた私」に向けての「怒り」ではなかったろうかと思っている。こういった時の対応は，いまだにどうすればいいのかよくわからない。その時も丁重にお礼を言ってその家を辞しただけだが，数年後に再会した時は大変よろこんでもらったことは確かだ。再会時に「もう一度話を聞かせてほしい」と頼んだら，「生きていれば」と言われた。その後その機会を逸してしまったことは残念である。

九艘泊調査を終えた翌年には，中島さんの助言に従って私は佐井村牛滝を訪ねることになった。しかしながら，この佐井村での調査は残念ながら時間的な関係もあり，さほどの成果をあげられなかった。時間的理由以外の理由は今も不明であるが，そもそも九艘泊調査が「よきインフォーマント」に恵まれすぎていたということもあるかと思っている。というのは，九艘泊調査のある時，脇野沢本村の漁協事務所を訪ねたところ，私が中島さんに熱心に話を聞きに来ていることがすでに知れ渡っており，事務所の方々から予想外の親切な対応をして頂いた。このことがあったので，同様なことを佐井村漁協にも期待したが，やはりそうはうまくはいかなかった。九艘泊の場合が例外であったのであり，中島さんや櫛引さん達に随分お世話になっていたのだとその時に改めて気がついた。

しかしながら，牛滝の「総代」さんや在住の方々には大変親切にして頂いたので，一定の成果はあげられ，思わぬ副産物もあった。というのは，最初に牛滝を訪問した時はそこに民宿があることを知らず隣集落の福浦の民宿に泊まったのだが，その民宿の女将さんから福浦についての興味深い話を聞いたし，女将さんに勧められたそこでの民俗芸能についても一度見てみたいと思った。しかし，残念ながら，この牛滝の調査後に私自身の都合によって一時下北調査は中断したので，福浦にもその後は行っていない。

牛滝調査からしばらくして，友人のC君とともに申請した下北調査に関しての「科研費」が幸運にも採択された。そこで再度の調査開始となったのであるが，今回は尻屋を対象地として選定し，そのときから一昨年までの6年間，毎年東通村と尻屋に通うことになった。しかし，今回は私個人の調査ではなく，友人4人との合同調査としたが，この4人にとっては下北は「未体験」であった。そこで私を含めて5人の間で分担を決め，農林水産業と「原発関係」に分かれ，最初は東通村役場で農林水産業ごとの聞き取り調査から始まった。

私は水産業を担当していたので，役場ではその担当であった坂本信大さんとは毎年会うことになった。この坂本さんには東通村の漁協組合長を紹介して頂いた。同村では8漁協・1内水面漁協が存在しており，合併問題も話し合われていたようであるが，それぞれの漁協間での組合員数や水揚高などの差異は小さくなく，なかなか進まないようである。私は8漁協のすべての組合長さんにお会いしたが，その場に同席して頂いた各漁協の参事さんからのほうが詳しい話を聞けたので，以後は参事さんを訪ねる日々が続いた。

なかでも尻屋漁協の参事さんの古川義克さんには最も多くの話を伺った。実は今回の調査の数年前，九艘泊調査の帰途，大畑町から室蘭行きフェリー（現在は休止中）に乗る予定であったが，少し時間的な余裕があったので，尻屋漁協に寄って「業績報告書」を頂いたことがあった。その時に対応して頂いたのがこの古川さんであった。今回，再度尻屋漁協を訪問した時，私は失念していたが，古川さんは私のことを覚えていてくれたようで，フィールドワーカー（一応私はそう自認している）としては赤面の至りであった。

尻屋ではもう1人，「尻屋部落会会長」の南谷寿一さんにもお会いし，話をお伺いし，かつ他の方々を紹介して頂いた。尻屋で古川さんや南谷さんによると，当地では今でも様々な研究者や学生が調査に訪れているようであり，私が話を聞いているところに，他の研究者の方が訪ねてきたこともあった。私の調査経験のなかでも，こういったことは初めての経験であった。私と古川さんともう1人の「研究者らしき人」，3人の間に何となく「気まずい」雰囲気が生じたように感じた。私は古川さんの顔を見たが，古川さんはもう１人の方に簡単な挨拶をした後，平然と私との会話を継続した。推測するに，このようなことは尻屋では珍しくないようである。南谷さんと会っていた時も，「明日から○○大学の先生と学生さんが調査に来る」というような話を聞くこともあった。南谷さんや古川さんは，その度ごとにそういった人達と会って話をしているのだろうと思うと，何だか申し訳ないような気にもなったことを覚えている。しかし，元々私たちはそういった「迷惑」を日々地元の方々にかけているのであり，その「迷惑」は何らかの研究成果をだすことによって地元に還元するしかない。「我々は地元に交付金をばらまくような調査はできないし，すべきできない」とは例のＸ先生の言葉であったことを思い出した。

尻屋では「三餘会」という男性の年序集団が存在し，また旧戸33戸の当主から構成されている「土地保全会」が存在している。双方の会長さんとも南谷さんの紹介でお会いし，話を聞くことができた。私は調査後には話を聞かせて頂いた方々にはその直後には礼状をだし，毎年年賀状も差し出すことにしている。これはフィールドワーカーは「毎年差し出す年賀状の枚数が増えるようでなければならない」とのＸ先生の「教え」でもあるが，「三餘会」会長は，部落会会長や「土地保全会」会長に比すと，しばしば変わっているようである。「三餘会」会長からは，私が出した年賀状に対して律儀にも毎年返事を頂く。このこと自体が珍しいことであるが，その返事の差出人名が私の年賀状の宛名とは異なっていることがあるのは，さらなる驚きであった。

こういった調査地の方々との年賀状のやりとりは毎年続けるべきであるが，年を経るに従って，昔の調査地の方々とは疎遠になっていくものと思っていたが，それを覆す話を聞いて驚いたことがある。それは山形県で調査していた時である。ある慣行が現在も存続している集落でのことだ。そこのかつての区長さんと話していた時に，著名な民俗学者の名前をその元区長さんから聞いた。その民俗学者がまだ若い時にその地を訪れ調査していったことがあり，２，３年続けて来て，最後の年は結婚して姓が変わっていたが，その奥さんも一緒に来ていたという話であった。そしてその後はかかさずその先生から毎年年賀状をもらっていたので，しばらしてからはこちらからも年賀状を出し，お互いに出し合うようになったが，２，３年前から年賀状が来なくなったという。その話になぜ私が驚いたのか。実はその民俗学者というのは，その2，3年前に亡くなっていたのである。亡くなった時は確か60歳代だったと思う。結婚したのは20歳代であったらしいから，約40年間，この民俗学者は2，3年間訪れたにすぎない集落の元区長さんに年賀状を出し続けていたのである。この話は私にとっては新鮮な驚きであったし，かつてのX先生の「教え」は決して「その場の思いつき」ではなかったことを示していた。

一昨年（2011年）の夏，3.11後の東通村を訪れた。いつものように役場の坂本さんに連絡し，一緒にむつ市の飲み屋街に繰り出した。実は3.11後に一度東通村での地震・津波の被害を知りたくて古川さんと坂本さんに連絡したことがあった。古川さんからは尻屋での被害状況を連絡していただいていたが，坂本さんからは返事がなかったので，多少心配であった。しかし，実際にはいつものように一緒に飲むことになったが，こちらからは今回の地震・津波のことは言い出さなかった。やがて酔いがまわってきた時に，やっと坂本さんが今回の地震・津波のことについて少し語ってくれた。その時，ほんの少しであるが，公務員としての坂本さんの立場と，白糠地区の漁民の息子としての坂本さんの立場が微妙に交錯した瞬間があったかのもしれない。

お世話になった古川さんは，2012年3月で尻屋漁協を定年退職された。古川さんは1975年頃に最初は尻屋の「部落連絡事務員」として来たあとで，漁協職員としても採用され，一時は双方をかねていた時期もあったという。長年尻屋を見つめてきた方が尻屋についてどう思って生きたのかは，これまでの調査の時は聞かなかった。退職した後の古川さんにいずれお会いする機会があれば，そのときには聞いてみようかとも思っている。

聞き取りを中心とするフィールドワーク，特にこういった役場や漁協関係者ではなく「普通の人」からの聞き取り調査は，最近は随分と面倒になってきた。特に本書の第I部での家族・親族慣行についての聞き取り調査は，どうしても「個人情報」の関係から，話し手自身の自粛もあって，以前ほどは「容易く」聞けなくなったし，聞いてもそれを公表するにはそれなりの手順をより慎重にふむ必要がでてきている。

しかし，こうしたことは私達にとっては，今に始まったことではない。はるか昔，こういった調査を始めたばかりの頃，私は引率した学生から「家族関係の調査なんて，プライバシーの侵害ではないか？」との疑問をぶつけられたことがあった。同様なことを経験した同業者も少なくないだろう。こういう疑問には，私はこう答える。「確かに家族・親族調査はプライバシーの調査である。しかし，『プライバシーの侵害』ではない。なぜなら私達はお願いして，相手が答えてくれたことを聞くだけだ。無理矢理聞き出すわけではないし，そういったことはもちろん出来ない。無理矢理聞き出したり，公表することが『プライバシーの侵害』にあたるのだ」。

もちろんお願いして聞き出すためには相当の努力を必要とする。またもやX先生の「教え」であるが，聞き取り調査で断られた時はどうするか。先生曰く，「土下座してお願いしろ」。それを聞いたときの私の反応は，「えっ！　土下座！？」であった。先生曰く「あほ！　本当に土下座するのではないのだぞ（ここは確か「お国なまり」であった）。本当に土下座したら相手だってびっくりするではないか。精神的に『土下座』するんだ」。

上記のX先生の数々の「教え」はなかなか含蓄のある「教え」であったが，先生自身がこれらを全て完全に実践できていたかどうかは知らない（ということにしておこう）。それはともかく，こういった姿勢で調査を行うことは確かに「しんどい」し，「泥臭い」作業である。いわゆる「3K」的な作業かもしれない。しかし，フィールドワーカーとはそういた作業を地道に行い続ける人々であり，人々の営みについてのそういった作業がもたらす成果は，「量的なデータ」の分析だけでは見えてこない側面に光をあてることにもなろう。わが国の法社会学界においても，こういった作業が無視しえない成果をもたらしてきたことは明らかだ。デジタル化やIT化がすすむ現在においても，否そういった時代であるからこそ，ますます今後もこのようなフィールドワーカーの仕事は必要とされているのではないだろうか。

しかしながら，このような村落調査，とりわけフィールドワークでの研究成果がどの程度一般化できるかという，法社会学のテキストではたびたび見かける疑問にも触れておかねばならないだろう。詳しくは別稿で論じる予定であるが，この疑問の趣旨は，フィールドワークでは調査者が調査対象に一定の影響を与えてしまうし（そのため「自然なものではなくなる」），フィールドワークの性格上，その調査対象も限定的なものにならざるを得ないという点にあろう（拙稿「法社会学とフィールドワーク論」札幌法学24巻2号〔2013年3月刊行予定〕参照)。

確かにそういう点は否定できない。つまり，フィールドワークとはこういった「制約」を伴う調査方法ということになるのかもしれない。しかし，それでは「自然なもの」とはどういうものなのか，あるいは「限定的ではない」というのはどの程度の調査範囲なのか。こういった点を考えると，どのような種類の調査であれ，特に上記の疑問を提示している方々がより「客観的調査」として想定している（らしい）「量的調査に」おいても，何らかの「制約」はついてまわるのではないか。

ここでは，そういった否定的な側面を考えるのではなく，フィールドワークがもたらす積極的な側面を考慮すべきかと思う。つまり，これらによって知ることができた事象（事例）は確かに「限定的真実」や「部分的真実」（ジェイムズ・クリフォード）であろうが，事実であるには違いない。「一点突破・全面展開」という言葉を持ち出さなくとも，そういった事実と向き合い，それを記述するなかで，初めて調査対象とそれに関連する全体像に接近することもできるのではないだろうか。すなわち，フィールドワークの成果を記述していくことによって，調査対象に対する自己の位置をはかることが可能となり，そのことによって全体像の「中核」としての「真実」に迫ることができよう。

私はこういった営為の継続によって獲得できる「真実」もあり得るのではないかと考えている。もちろんこの継続は一人の力ではなし得ない。調査地の方々の協力とともに，世代を超えたフィールドワーカーが同一地域を繰り返し採訪することによって明らかになる「真実」や「歴史的変化」もあろう。本書での論稿の多くはそういった意図をもって書かれたものであることは「結語」で言及した通りである。しかしながら，その意図が必ずしもうまく実現されたとは言えないかもしれない。もしそうであるとすれば，後続のフィールドワーカーによって本書は書き換えられていくことを期待するものでもある。

ともあれ，本書の諸論稿をまがりなりにもこのように纏めることができたのは，上記の諸先生の御指導とともに，多くの方々や友人達に助けられながら続けられてきたフィールドワークによるところが大きい。さらに，本書の出版に関しては，それを強く勧めてくれた一人の「友人」のおかげでもある。この場を借りて感謝の言葉を述べたい。また，今回の出版を引き受けて頂いた法律文化社，そして，私事にわたることで大変恐縮であるが，私の長きにわたる「怠惰な大学院生生活」を黙って支えてくれた両親にも感謝したい。

2013年1月

林　研三

【付記】 本書は「平成24年度札幌大学学術図書出版助成制度」による出版であることを明記しておく。また，本書の一部は科学研究費補助金（課題番号18530012，研究課題「下北地方における法と共同性」）による研究成果でもある。

初出一覧（一部加筆修正した）

序章　「村落構造論――ムラと村――」
原題「村落構造」黒木三郎他編『社会と法――法社会学への接近――』（法律文化社，1995年）所収

第Ⅰ部　第1章　「親族慣行と村落社会の現在」
六本佳平責任編集『法社会学の新地平』（有斐閣，1997年）所収

第2章　「親族・慣習的行為・村落――下北村落とオヤグマキ――」
『札幌法学』8巻1号（1997）所収

第3章　「下北村落におけるオヤコ慣行――ユブシオヤと「里子」慣行――」
原題「下北村落におけるオヤコ慣行――「法的慣行」としての民俗語彙とその用法変化――」下森定編集代表『民事法学の構想――内山尚三先生追悼――』（信山社，2004年）所収

第Ⅱ部　第4章　「漁撈組織の法社会学――下北漁村での共同性と差異性――」
『札幌法学』12巻1・2合併号（2003年）所収

第5章　「漁村社会における法と慣行――佐井村牛滝の事例――」
『札幌法学』14巻1号（2004年）所収

第6章　「漁業協同組合と漁業慣行――東通村の事例――」
原題「下北地方における法と共同性Ⅰ　第Ⅰ報告　漁業慣行と漁業協同組合」『札幌法学』21巻1号（2009年）所収

第Ⅲ部　第7章　「漁業集落における〈個と共同性〉（1）――尻屋の村落組織――」
原題「漁業集落における〈個と共同性〉（その1）――青森県下北郡東通村尻屋とその漁業慣行から――」『札幌法学』22巻2号（2011年）所収

第8章　「漁業集落における〈個と共同性〉（2）――「尻屋村民」と「尻屋村制」――」
原題「漁業集落における〈個と共同性〉（その2）――青森県下北郡東通村尻屋とその漁業慣行から――」『札幌法学』23巻1号（2011年）所収

■著者紹介

林　研三（はやし　けんぞう）

1951年　京都市生まれ
現　在　札幌大学法学部教授
〔主要業績〕
『レクチャー法社会学』（法律文化社，2001年，共著）
「日本農村における共同性」法社会学59号（2003年）
「『貰い子』と家族と村落」札幌法学19巻2号（2008年）

Horitsu Bunka Sha

下北半島の法社会学
――〈個と共同性〉の村落構造

2013年2月28日　初版第1刷発行

著　者　林　研三
発行者　田靡純子
発行所　株式会社　法律文化社
〒603-8053
京都市北区上賀茂岩ヶ垣内町71
電話 075(791)7131　FAX 075(721)8400
http://www.hou-bun.com/

＊乱丁など不良本がありましたら，ご連絡ください。
お取り替えいたします。

印刷：西濃印刷㈱／製本：㈱藤沢製本
装幀：仁井谷伴子

ISBN 978-4-589-03494-6